古典文獻研究輯刊

二九編

潘美月・杜潔祥 主編

第 20 冊

劉毓崧文集校證（第三冊）

陳 開 林 著

國家圖書館出版品預行編目資料

劉毓崧文集校證（第三冊）／陳開林 著 — 初版 — 新北市：
花木蘭文化事業有限公司，2019〔民 108〕
目 8+200 面；19×26 公分
（古典文獻研究輯刊 二九編；第 20 冊）
ISBN 978-986-485-959-7（精裝）
1. 劉毓崧 2. 學術思想 3. 文學評論
011.08   108012006

ISBN-978-986-485-959-7

古典文獻研究輯刊
二九編　第二十冊　　　　　　　ISBN：978-986-485-959-7

劉毓崧文集校證（第三冊）

作　　　者	陳開林
主　　　編	潘美月　杜潔祥
總 編 輯	杜潔祥
副總編輯	楊嘉樂
編　　　輯	許郁翎、王筑、張雅淋　美術編輯　陳逸婷
出　　　版	花木蘭文化事業有限公司
發 行 人	高小娟
聯絡地址	235 新北市中和區中安街七二號十三樓
	電話：02-2923-1455／傳真：02-2923-1452
網　　　址	http://www.huamulan.tw 信箱 hml810518@gmail.com
印　　　刷	普羅文化出版廣告事業
初　　　版	2019 年 9 月
全書字數	792803 字
定　　　價	二九編 29 冊（精裝）　新台幣 58,000 元　　版權所有・請勿翻印

劉毓崧文集校證（第三冊）

陳開林 著

目次

〔註1〕「代」，正文作「儀徵縣志稿」。

卷　七

羅茗香先生人日挑菜圖序

　　《太平御覽》引《荊楚歲時記》曰：「正月七日爲人日，以七種菜爲羹。」坡公《春帖子》云：「七種共挑人日菜」，其語實昉於此。而七種之名，自來皆弗深考。論者謂挑菜以作羹，必隨其地之所宜、時之所有，未可執一說以爲定也。然據坡公《春菜詩》云：「蔓菁宿根已生葉，韭牙戴土拳如蕨。爛蒸香薺白魚肥，碎點青蒿涼餅滑。茵陳甘菊不負渠，雪底波稜如鐵甲」，以詩內菜名核之，其一爲蔓菁，其二爲韭牙，其三爲香薺，其四爲青蒿，其五爲茵陳，其六爲甘菊，其七爲波稜。在坡公當日特隨舉春菜之名，而無意中適合七種之數，抑亦可謂巧矣。就此七種言之，蔓菁、韭牙、薺蒿、波稜五種，古今人皆知爲菜。即茵陳、甘菊二種，今人罕知。其本號嘉蔬，而古人則以爲饌品所恒用。杜工部詩云：「茵陳春藕香，脆添生菜美。」朱氏鶴齡《注》云：「脆，茵陳之脆。」李氏時珍《本草綱目》載《食醫心鏡》之茵陳羹。此茵陳爲春菜，可以作羹之證。陶氏宏景《名醫別錄》云：「菊有兩種，氣香而味甘，葉可作羹食者，爲眞菊。」蘇氏頌《圖經本草》云：「菊，初春布地，生細苗，嫩時可食，味甚甘者爲眞菊。」此甘菊爲春菜，可以作羹之證。然則《春帖子》所言人日挑菜，雖不能遽以此七種當之，而春菜之中，此七種爲坡公所恒食，則固無可疑也。

　　乾隆間，新建裘文達公〔註1〕以人日聚集僚友，爲挑菜之會，武進錢文敏

〔註1〕裘曰修（1712～1773），字叔度，一字漫士，號諾皋，江西新建（今江西省南昌市）人。乾隆四年（1739年）進士。

公〔註2〕繪圖以記其事。福州梁芷鄰中丞〔註3〕購得其卷，道光丁未人日僑寓
揚州，招邀同志重興此會〔註4〕，別作新圖。戊申人日，吾鄉羅茗香先生〔註5〕

生平事蹟見《清史稿》卷三百二十一、《清史列傳》卷二十三、《清代學者象傳》、
于敏中《工部尚書兼管順天府尹諡文達裘公曰修墓誌銘》、戴震《工部尚書太
子少傅文達裘公墓誌銘》、《皇清誥授光祿大夫太子少傅經筵講官南書房供奉工
部尚書兼管順天府尹事諡文達顯考漫士府君行述》。著有《裘文達公文集》六
卷《補遺》一卷、《裘文達公詩集》十八卷。

〔註2〕錢維城（1720～1772），字宗磐，一作宗盤，號幼庵，又號稼軒、幼安、茶山。
江蘇武進人。乾隆十年（1745）進士。生平見《清史稿》卷三百〇五、《清史
列傳》卷二十三、《國朝先正事略》卷十五、王昶《刑部左侍郎贈尚書錢文敏
公維城神道碑銘》。著有《錢文敏公全集》。

〔註3〕梁章鉅（1775～1849），字閎中，又字茝林，晚號退庵。福建長樂人。嘉慶七
年（1802）進士。能文工詩，尤熟掌故。著有《藤花吟館詩鈔》、《退庵詩存》、
《長樂詩話》、《南浦詩話》、《退庵隨筆》、《制義叢話》、《試律叢話》、《楹聯叢
話》、《稱謂錄》、《歸田瑣記》、《浪跡叢談》、《退庵題跋》、《三國志旁證》、《文
選考證》等。生平事蹟見《清史列傳》卷三十八、林則徐《兵部侍郎都察院右
副都御史江蘇巡撫梁公墓誌銘》及《退庵自訂年譜》。

〔註4〕梁章鉅《浪跡叢談》卷十一附《人日疊韻詩》（上海古籍出版社 2012 年版，第
142 頁），稱：
丁未人日，在揚州集羅茗香、黃右原、嚴問樵〔保庸〕、魏默深〔源〕、吳熙載
〔廷颺〕、畢韞齋〔光琦〕作挑菜會，古無此目，借坡公「七種共挑人日菜」
句為名。揚州飲饌豐侈，習以為常，聊存示儉之私忱，或可行成竹西韻事也。

〔註5〕諸可寶《疇人傳三編》卷四（阮元、羅士琳、華世芳、諸可寶、黃鍾駿等撰；
馮立升、鄧亮、張俊峰校注《疇人傳合編校注》，中州古籍出版社 2012 年版，
第 542～545 頁）
羅士琳，字次璆，號茗香，甘泉人。上舍生，循例貢太學。遊京師，嘗考取天
文生。以出儀徵太傅文達公門下，故相從最久。太傅再撫浙，西湖詁經精舍初
開，名材畢集，因得徧交通人。當代明算君子，尤多相識。咸豐元年，恩詔徵
舉孝廉方正之士，郡縣交薦，以老病辭，未應廷試。三年春，粵匪陷揚州，死
之，年垂七十矣。
少治經，從其舅江都秦太史〔恩復〕受舉子業，已乃盡棄去，專力步算，博覽
疇人之書，日夕孳求數年。初精習西法，自譔言曆法者曰《憲法一隅》。又思
句股、少廣相表裏，而方田與商功無異，差分與均輸不殊。按類相從，摘《九
章》中之切於日用所必需者若干條，悉以比例馭之，匯為比例十二種，以各定
率冠首，以借根方載後，以諸乘方開法附末，凡四卷，曰《比例匯通》，刻於
嘉慶之季。後雖悔其少作，實便初學問塗也。
道光二年試京兆，始獲見《四元玉鑒》原書。三年春，假得順德黎平陽應南舊
鈔本。又得錢塘何夢華氏〔元錫〕新刻大德本，為元和李茂才〔銳〕欲補草而
未果者。於是服膺歎絕，遂壹意專精於天元、四元之術。生平詣力孟晉，無過
是書矣。明經博文彊識，兼綜百家，於古今法算尤具神解。以朱氏此書實集算
學大成，思通發明，乃殫精一紀，步為全草，並有原書於率不通及步算傳寫之

譌，悉爲標出，補漏正誤，疑義則反覆設例以申明之，推演訂證，就原書三卷二十有四門，廣爲二十四卷，門各補草。（下略）

又嘗著《春秋朔閏異同考》，徧列黃帝、顓頊、夏、殷、周、魯、漢七曆，條其同異，以補宋中子之書之亡。（下略）

又因讀《四元玉鑒》，於「如像招數」一門，有所會通。更取明氏捷法，御以天元，知密率亦可招差。其弧與弦矢互求之法，與《授時曆》之垛積招差，一一符合。且以祖氏之《綴術》失傳已久，其法厪見於秦書。即大衍之連環求等遞減遞加，亦與明氏捷法相近。爰融會諸家法意，爲撰《綴術輯補》二卷。

又甄錄古今疇人，仍依太傅體例，各爲列傳，用補前傳所未收者，得補遺十二人，附見五人，續補二十人，附見七人，大凡四十有四人，離爲六卷，次於前傳四十六卷之後統，成五十有二卷。

二十年後，集所校著，都爲《觀我生室匯稾》十有二種。如《四元玉鑒細草》二十四卷、《釋例》二卷、《校正算學啓蒙》三卷、《校正割圓密率捷法》四卷、《續疇人傳》六卷，皆別有單行本外，已刻者尚得七種：曰《句股容三事拾遺》三卷、附例一卷、本繪亭監副博啓法補其佚，取內容方邊圓徑垂線交互相求，一以天元馭之；曰《三角和較算例》一卷，取斜平三角中兩邊夾一角術，鎔入立天元法，用和較推演成式；曰《演元九式》一卷，括《玉鑒》中退升降消長諸例，借無數之數，以正負開方式入之；曰《臺錐積演》一卷，以《玉鑒》茭草、果垛二門足補少廣之闕，爰取臺錐形段引而申之；曰《周無專鼎銘考》一卷，以《四分》周術爲主，佐以《三統》漢術，推得宣王十有六年九月既望甲戌，與銘辭正合；曰《弧矢算術補》一卷，以元和李氏四香《遺書》原術未備，爲之增補者二十有七，合成四十術；曰《推算日食增廣新術》一卷，推廣正升、斜升、橫升之算法，以求太陰隨地隨時之明魄方向分秒，復以其術通之，求交食限內之方向及所經歷之諸邊分焉。自餘若《春秋朔閏異同》、《綴術輯補》、《交食圖說舉隅》、《句股截積和較算例》、《淮南天文訓存疑》、《博能叢話》，又如干卷，則未有刻本也。

而明文書局編《中國史學史辭典》（明文書局 1986 年版，第 548 頁）載：

羅士琳（約 1785～1853），清甘泉（今江蘇揚州）人，字次璆，號茗香。以監生循例貢太學，考取天文生。少治經學，後專力算學，博覽疇人書，通西法，在數學方面頗有造詣。校著有《觀我生室匯稿》十二種、《句股容三事拾遺》及《附例》、《三角和較算例》及《疇人傳續編》等。未刊有《春秋朔閏異同考》、《綴術輯補》、《交食圖說舉隅》、《句股截積和較算例》、《淮南天文訓存疑》、《博能叢話》等。

檢《疇人傳三編》及張岳崧《筠心堂集》卷六《羅茗香四元玉鑒細草序》（郭祥文點校，海南出版社 2006 年版，第 215～216 頁），知《中國史學史辭典》漏載《四元玉鑒細草》二十四卷。

朱蘭《題羅茗香小影》（朱炯編《朱蘭文集》，浙江大學出版社 2015 年版，第 100 頁）稱：「科頭兀坐悄無言，意興俺然遠俗喧。幾縷新嫺盤竹嶼，一簾涼月佇桐軒。味如糯酥芳逾烈，心比爐灰燼尚溫。香草美人非幻跡，眼前詩料與誰論。」則其人之情韻可見。

丁晏《頤志齋感舊詩》（民國四年羅氏雪堂叢刻本）有《羅茗香徵君》，云：

名士琳，甘泉人。咸豐元年以孝廉方正徵。君精於推步律算之學，阮太傅最重

踵而行之，更推廣其例，於十七日爲展挑菜之會，多爲畫圖，廣徵題詠〔註6〕。綜計前後諸圖所繪之菜，雖互有參差，然與坡公《春菜詩》中所述七種相符者強半，其未列者止茵蔯、甘菊二種而已。茗香先生以畫圖見示，命作序文〔註7〕。毓崧竊謂報本反始之情，古賢所重，故菜羹瓜祭貴乎每飯不忘。今挑菜之筵，既因坡公而盛，則瓣香展敬以傚「蘋蘩薀藻」〔註8〕之誠，固禮之所宜然，而不可竟闕者矣。茵蔯、甘菊，久已不登於俎，在今日幾視如葵菜、落葙，而自坡公視之，未必非昌歜、羊棗之味。果其思所嗜以薦豆籩，是亦妥侑馨香之道也。來歲春初，先生倘欲復舉此典，仿昔人爲坡公作生日之例，變通而行之，則芻蕘葑菲之愚，或尚有一得之可取者歟？

展重陽樗園雅集圖序　代先君子作

《北堂書鈔》引魏文帝《與鍾繇書》曰：「九爲陽數，而日月並應，俗嘉其名，以爲宜於長久，故享燕高會。」《六帖》亦引此書，而「日月並應」之下有「故曰重陽」四字，是重陽之名昉於此矣。《唐會要》云：「開成元年，上曰：『去年重陽改九月十九日，未失重九之義。』」《舊唐書·歸融傳》改作取重九之義，作重陽之意〔註9〕。案：《文宗本紀》開成元年之前一年爲太和九年，是展重陽之事創於此矣。然考《太平御覽》引《荊楚歲時記》曰：「九月九日，四民並藉野飲讌。」杜公瞻云：「九月九日宴會，未知起於何代。然自漢世來未改。」《西京雜記》曰：「九月九日飲菊花酒，云令人長壽。」蓋

之。癸丑年逾六旬，陷揚城，圍城罵賊而死，聞者壯之。

茗香淹雅士，儒行何溫溫。句股窮周髀，推策精專門。古松西流水，簌簌步疇人。城摧罵賊死，身隕名猶存。睢陽誓爲厲，助戰酬君恩。

〔註6〕李祖望《鍥不捨齋詩》有《羅茗香先生沿東坡詩事人日招飲玉清宮作挑菜會》（《清代詩文集彙編》第637冊，第62頁），云：

東風昨夜催新綠，嘉蔬漫遣園丁劚。青菁赤甲筍廚珍，辛盤錯雜賓筵續。此時春酒椒花馨，此時春色梅梢足。名流群屐何翩翩，故事遙攀蘇玉局。清華宮闕仙人居，仙人樓上飛黃鵠。支枕遊仙夢未醒，白雲幾度空遐矚。舉杯在手心胸開，幕天席地呼醽醁。玉饌金盤何足論，菜羹留得儒家俗。歸來喜賦冶春詞，爲寄草堂歌一曲。

〔註7〕上文稱「戊申人日」，可知作於此年，即道光二十八年（1848）。

〔註8〕《左傳·隱公三年傳》：「苟有明信，澗谿沼沚之毛，蘋蘩薀藻之菜，筐筥錡釜之器，潢污行潦之水，可薦於鬼神，可羞於王公，而況君子結二國之信。」

〔註9〕《舊唐書》卷一百四十九《歸崇敬傳》附《歸融傳》：「時兩公主出降，府司供帳事殷，又俯近上巳，曲江賜宴奏請改日。上曰：『去年重陽，取九月十九日，未失重陽之意，今改取十三日可也。』」

相傳自古，莫知其由。洪稚存先生《釋歲》云：「古人每以隻月爲盛會，除正月一日爲歲首不計外，如三月三日、五月五日、七月七日、九月九日，其日月皆應陽數，故古人於此日讌集出遊。其制蓋昉於三代。」據此，則重陽之名雖盛於漢以後，而其制固起於周以前矣。又考《周易·乾》卦初九，崔憬《注》云：「九者，老陽之數。」干寶《注》云：「陽重故稱九。」今考《說文》九字下云：「陽之變也」，與崔說正相表裏。蓋《周易》以變者爲占，惟老陽能變，故陽爻用九。《乾》爲老陽之卦，而六爻用九，皆爲老陽之爻，以陽卦而值陽爻，故初九爲重陽之數，九二以下五爻亦爲重陽之數。干氏《坤》卦初六《注》云：「重陰故稱六。」以是推之，則《乾》初九《注》所謂「陽重」者，即「重陽」之變文耳。卦爻俱用九，則稱陽重。月日俱在九，則稱重陽。其例正屬相等。初九爻與九二、九三等爻，均爲陽重之爻。初九日與十九、廿九等日，均爲重陽之日。其例亦屬相同。據此，則展重陽之事，雖特著於《唐書》，而其義實遠宗於《周易》矣。

同郡金君雪舫〔註10〕博學多聞，孜孜嗜古，尤好以文字之飲，招集友朋。

〔註10〕阿克當阿修；姚文田、江藩等纂《同治續纂揚州府志》卷十三《人物·文苑》（《中國地方志集成》江蘇府縣志輯42，江蘇古籍出版社1991年版，第824頁）載：

金長福，字雪舫，貢生。父芸，工書法。長福功聰慧，眇一目，博洽經史，尤深《選》學。屢試不售，淡於進取。然好學，至老不倦。著有《廣陵新舊事》、《小墨莊詩話》及駢體古文古今體詩數十卷。咸豐三年後，揚郡三次失陷，與當事辦團防盡力，保奏以教諭加提舉街。卒年七十五。

董玉書《蕪城懷舊錄》卷一（蔣孝達、陳文和校點，江蘇古籍出版社2002年版，第40頁）稱：

（金）長福字雪舫，博洽經史，尤深《選》學。著有《廣陵近事》、《小墨莊詩話》、《紅雪吟館詩稿》、《海陵竹枝詞》、《廣陵近事詩》。

汪鋆《揚州畫苑錄》（曾學文點校《揚州著述錄》，廣陵書社2011年版，第150頁）載：

（吳）幼蓮名希齡，鋆執友也，工詩，善飲，性豪邁。嘗與邑名士范膏庵、羅茗香、葉酒生、文用和、金雪舫、王石屏、王毓卿輩聚飲於紅橋酒肆，聚必豪飲，凡歌詩度曲、聯韻猜枚，盡醉乃散，月必半之，尚嫌其寂也。

萬柳《清代詞社研究》（中州古籍出版社2011年版，第251頁）載：

道光年間，徐穆等人曾結淮海詞社。徐穆爲王焱《受辛詞》題辭曰：「寥落詞人鬢已華，意園酬唱渺天涯。苦心君似秋蓮子，無味我如甘蔗渣。白石新腔矜自度，碧山舊曲埽淫哇。誰憐老眼昏花甚，代訂宮商興轉賒。」後注曰：「道光年間，秦玉笙孝廉曾招同人爲淮海詞社，分調拈題，一月一會，刻有《意園酬唱集》行世。會中諸人，如君之尊人及王西御、金雪舫，篋伯昆仲、符南樵、朱震伯、周小雲、張春卿、芮稌庵、吳琴南、李冰未、許淨齋，一時

道光丁未秋九月十九日〔註11〕，邀同人雅集樗園，爲展重陽之會，文淇亦與其列。猥蒙不棄，以畫圖見示，屬爲弁言。自慚拙於措詞，無以仰酬盛意。爰即展重陽之說，略加推衍，以就正於同會諸公焉。

汪雲閣虹橋感舊圖序

自來名人不藉重於勝地，而勝地則藉重於名人。揚郡虹橋之建，時代匪遙而勝景流傳，直欲駕乎二十四橋之上。固以地據西郊衝要，爲畫橈蠟屐所必經，而實因賢士大夫觴詠釣遊，足壯湖山之色。豈非地以人重者歟？

東臺汪君雲閣以《虹橋感舊圖》屬題。余謂建橋於勝地，或隨時以盛衰；而題橋有名人，不隨時以顯晦。前乎此者，雲閣同宗之碩彥，有若舟次〔註12〕、蛟門〔註13〕；同邑之耆英，有若賓賢〔註14〕、良御〔註15〕；並以虹橋爲文酒聚會之地，集中皆有明徵。其學術均探本溯源，卓然自立。舟次精於考證沿革，有班、范之才；蛟門長於辨析是非，有韓、蘇之識；賓賢深於性情寄託，有陶、杜之風；良御工於敘述闡揚，有歐、曾之筆。四君子抱道自珍，別裁僞體，初未嘗借標榜以獵名，而實至名歸，士林欽矚。其遊蹤屢涉，固虹橋所藉以增重者矣。在雲閣作此圖本，欲以擄懷舊之念。余作此序，更望以發思古之情。雲閣誠有志於慕宗老之清修，企鄉賢之實學，不僅慨想良遊，寄情酬唱，抑且詠懷古蹟，抗志躋攀。吾知識者必謂昔人所繪之圖，如《虹橋小景》、《虹橋攬勝》諸作，此圖可以繼聲斯，此序亦非徒作也已。

文酒之讌甚盛。未幾風流雲散，而諸君俱歸道山，如余尚存，爲君題集，能無慨然？」

〔註11〕 可知此文作於此年，即道光二十七年（1847）。

〔註12〕 汪楫（1626～1689），字舟次，號悔齋，「江都人，原籍休寧」。著有《悔齋集》、《觀海集》。生平見《清史稿》卷四百八十四《文苑一》、《清史列傳》卷七十一《文苑二》、李元度《國朝先正事略》卷三十九。

〔註13〕 汪懋麟（1639～1688），字季用，號蛟門，又號十二硯齋主人，晚號覺堂。江南揚州府江都縣人。著有《百尺梧桐閣集》。生平見徐乾學《刑部主事季用汪君墓誌銘》、方象瑛《汪蛟門墓誌銘》、《清史稿》卷四百八十四《文苑一》、《清史列傳》卷七十一《文苑二》、李元度《國朝先正事略》卷三十九。今人胡春麗《汪懋麟年譜》，收羅完備。《清史稿》汪楫傳、汪懋麟傳相次，云：「並有詩名，時稱『二汪』」。

〔註14〕 吳嘉紀（1618～1684），字賓賢，泰州人。傳見錢林《文獻徵存錄》卷十、《清史稿》卷四百八十四《文苑一》。

〔註15〕 張符驤（1663～1727），字良御，泰州人。《碑傳集補》卷八有沉默《張符驤傳》。

吳讓之先生小紅橋唱和詩冊跋

　　道光乙未，李蘭卿〔註16〕都轉官常鎮通海道権署，在揚與紳士寓公唱和，幾無虛月。是年上巳日，小紅橋修禊，會者十六人，同集載酒堂，以所題楹帖中「晝了公事，夜接詩人；禪智尋碑，紅橋修禊」十六字分韻。秦敦夫先生〔註17〕恩復分得「紅」字，程定甫先生〔註18〕贊清分得「事」字，謝椒石先生〔註19〕學崇分得「智」字，徐松泉先生〔註20〕培深分得「修」字，張劍泉先生〔註21〕銘分得「公」字，黃春谷先生〔註22〕承吉分得「晝」字，阮梅叔先生〔註23〕亨分得「尋」字，秦玉笙先生〔註24〕巇分得「夜」字，丁小硯先生〔註25〕

〔註16〕　徐世昌《晚晴簃詩匯》卷一百二十五（聞石點校，中華書局1990年版，第5361頁）載：「李彥章，字蘭卿，侯官人。嘉慶辛未進士，內閣中書，歷官山東鹽運使。有《榕園詩集》。」

〔註17〕　丁紹儀《國朝詞綜補》卷十七（清光緒刻本）載：「秦恩復，字敦夫，江都人。乾隆五十二年進士，官編修。有《享帚詞》。」

〔註18〕　黃叔璥《國朝御史題名》（清光緒刻本）載：「程贊清，字定甫，江蘇儀徵縣人。嘉慶壬戌進士。由翰林院編修考選山東道御史，歷任山西按察使，四品京堂休致。」

〔註19〕　黃燮清《國朝詞綜續編》卷五載：「謝學崇，字仲蘭，號椒石，南康人。嘉慶七年進士，授編修。歷官開歸陳許道。有《小蘇潭詞》六卷。」

〔註20〕　黃叔璥《國朝御史題名》載：「徐培深，字資之，號松泉，貴州石阡府人。嘉慶丁丑進士。由戶部員外郎考選江南道御史，掌廣西道。」

〔註21〕　黃叔璥《國朝御史題名》載：「張銘，字步渠，號劍泉。江蘇江都縣人。嘉慶戊午舉人。由刑部郎中考選山東道御史，仕至廣東雷瓊道。」

〔註22〕　諸可寶《疇人傳三編》卷二（《疇人傳合編校注》，第520頁）載：
黃承吉，字春谷，歙縣人，用江都寓籍舉於鄉。嘉慶十年成進士，改官知縣。天資過人，為漢儒之學，研究精微。通曆算，能辨中西之異同。尤工詩古文，自出機杼，空無依傍，著有《夢陔堂集》四十九卷、《經說》又若干卷。

〔註23〕　謝堃《春草堂詩話》卷一（清刻本）載：
阮亨，字梅叔，一字仲嘉，儀徵人。為宮保介弟。脫略時習，與世無競，有文名，詩其餘事也。幼隨宦京師，賦蕉花曲，有「小欄定有吟花客，淺碧羅衫一樣長」之句，人多以阮蕉花稱之。集中佳句美不勝收，余尤愛《詠月》一律，云：「皓月乍離海，天涯生暮寒。一輪何皎潔，萬里共團圞。馬上停鞭望，閨中滅燭看。有人當此際，不敢倚紅欄。」

〔註24〕　丁紹儀《國朝詞綜補》卷三十三載：「秦巇，字玉笙，江都人。道光元年舉人，官教習。有《思秋吟館詞》。」

〔註25〕　（日本）小澤文四郎編《劉孟瞻先生年譜》（鄭曉霞、吳平標點《揚州學派年譜合刊》，廣陵書社2008年版，第606頁）載：
光緒《江都縣續志·列傳》卷二十一：「丁元模，字鴻度，號小研。道光五年順天舉人，官刑部雲南司郎中。無幾，以親老乞養歸里。卒年四十一。」又按：《蘿陔堂文集》卷十丙申中秋書載酒堂事，小研之卒在於道光十六年中秋。

元模分得「詩」字，阮受卿先生〔註26〕祜分得「人」字，梅蘊生先生〔註27〕植

〔註26〕 何彤雲《廣縵堂文集》有《阮南村先生傳》（《叢書集成續編》第 140 冊，上海書店出版社 1994 年版，第 174～175 頁），云：

家君司教廣西州時，所與最善者二人：一爲外舅陳仁山先生，其一則先生也。家君之獲交於先生因外舅，一見如平生歡，遂命〔彤雲〕往執業門下，凡七年。先生素剛介，不輕與人交，尤恥謁。當時官吏或訪之，往往避匿不肯見，顧獨與家君善。家君喜飲酒，先生量愈宏甚，以故尤相得。每過，家君必與外舅俱。外舅不甚飲，而先生與家君酌，必極醉乃罷。先生貧，歲必授徒，資其束脩，遇無力者則不取。其教人循循然有本末次第，每歲補弟子員及試高等食餼者，率常數十人。先生自少工爲舉子業，顧每試則不利。中間廢棄者已十年。甲午秋，會劉蘊山先生來視州事，見先生所嘗爲文，奇之，故爲勸駕。先生不得已，往就試焉，卒不得志，由是絕意仕進。幅巾野褐，載一鴟酒，恣情山水間。遇佳勝處，則藉草開尊，頹然獨醉。生平於詩不常作，作亦不甚矜惜，隨手散棄。先後與家君唱和者，才十餘篇云。始〔彤雲〕嘗聞先生與外舅兩家尊人皆嘗爲戎府記室，歲得金僅僅自救，而不能視人急，見即推與之，無少吝，久而稍聞於衆，識者咸以爲陳阮之門將大矣。已而，外舅登賢書，先生貢成均。其後外舅出宰成安，移宰吳橋，循聲徧畿輔，位祿勳業隆隆，未有止期。而先生一登拔萃科，坎坷潦倒，訖無所成，竟以卒。今其子衣食將不周，亦無復有人振恤之，如其先世急人急者。嗚呼！可哀已。先生夙愛《離騷》，嘗與家君飲酗擊節，誦《九章》、《天問》諸篇，誦已輒欷歔籲泣下，顧家君連舉數觥。家君徐曰：「原處衰亂之世，身被放逐，其悲憂窮戚，固也。今某與先生遭際盛時，得優游無事，日以飲酒，不可謂非幸也。願先生姑捨是。」先生笑曰：「諾。」自後不復讀《離騷》。先生卒於道光甲辰春，赴至京已逾半載，卒之日月皆闕如。〔彤雲〕既未能銘先生墓，故粗舉其行事著於篇，其詳俟訪之先生子。先生名祜，字受之，號南村，廣西州人。何〔彤雲〕曰：夫人於密友良朋，或旬月不相見，則徘徊思慕，常若不勝。況傳道解惑受益尤多，一旦隔絕五六年以至於死，其爲情當何如哉！以先生之文，取科第如拾芥。顧屢試不售，偃蹇以終，豈所謂豐於德而嗇於命乎？古者鄉先生沒而可祀於社，如先生者其人與！

次爲《南邨先生傳》（第 174～175 頁），云：

先生阮氏，諱祜，字受之，南邨其號也。世爲廣西州人。早歲以選拔貢京師，廷試報罷歸里。未四十即棄舉子業，立學以教後進，遠近翕然宗之，從遊者衆，所成就不可勝計。甲午秋，奉天劉蘊山先生珩來攝州事，高先生之行而惜其才，固勸入試，爲具車馬以促之。先生感其意，乃勉就試，俄得而復失，人或慰之。先生曰：「吾豈有異哉？此爲劉公行也。」自後終其身不復應鄉舉。晚歲家益貧，州人延主書院講席，有惡先生者爲蜚語以謗之。先生內自傷憤而成疾，逾歲卒，年六十有餘。先生偉軀幹，豐頤廣顙多髭，豐裁甚整，時人嚴憚之。乃至婦人童子，見者必肅然起立。而性和厚，與人接無少長賢愚必以貌。平居寡言笑，而豪於飲。飲酗，論古今事，縱橫博辯，人不能難。喜從先君子飲，興至則拊節高歌，甚至泚筆濡墨，疾書行斜，字縱意淋漓不能休。至於酒闌燭跋，肴數炙數冷，僮僕踣睡頭觸屏，而先生娓娓無倦容。州東二里許有湖，周一頃餘，僧寮數楹，踞湖中島，煙水渺瀰，草樹微茫，

之分得「接」字，吳讓之先生〔註28〕廷颺分得「橋」字，潘小江先生〔註29〕宗

風景頗極閒敞。蓋先生與先君子所嘗觴詠之地云。

論曰：始，先君子司教是邦，至則求邦人之有學行者，咸稱南邨先生。先君
子立命彤雲兄弟往受業於門。當是時，與先生亞稱者，有師宗傅巖何先生。
何先生與先生同年貢京師，同試於廷，其不得亦同。何先生三子皆貴顯，享
五鼎之養，以老壽終。而先生身不免於坎壈，諸子貧困。古云爲善不昌其身，
必於其子孫，豈於先生而理或爽歟？抑猶有待而然也。悲夫！

〔註27〕 劉文淇《青溪舊屋集》卷十《清故貢士梅君墓誌銘》（《劉文淇集》，第236～
238頁）云：

君諱植之，字蘊生，姓梅氏。祖諱訓，自宣城徒江都。考諱徇，積德在躬，
鄉黨稱長者。幼孤，育於其舅范氏，范以爲嗣。及長，娶於黃，生子某，即
以之繼舅氏後，而己歸宗。繼娶於胡，乃生君。君年十二，已能爲古今體詩。
二十學駢麗之文，博覽經史，工書善琴，而所嗜尤在詩。性簡傲，凡鄉里先
達及流寓名公有所招邀，未嘗輕造其門，必歷久知其學實勝己，乃執弟子禮
事之。朋輩所心折者，僅十數人，視世俗齷齪之士蔑如也。家貧無書，所讀
經注及古文詞，率手自鈔寫。偶購《舊唐書》殘本，展轉借全帙錄之，二旬
而畢。余交遊中，多勤學之士，其最攻苦者：甘泉薛傳均子韻，於百憂中手
不釋卷；儀徵汪谷小城，病至咯血，誦讀自若。而君實似之。君中歲迭遭考
妣喪，未除服而妻許氏又卒。家室蕩然，其愁苦抑鬱無聊賴之狀，一寓於詩。
余每不忍卒讀，勸其少輟。君諾之，而莫能改。然君即不事吟詠，而所處爲
生人極艱，身非金石，摧折之，斬艾之，欲求無死，不可得已。余固憂君之
不永年也，而君竟以肺疾卒。悲夫！繼娶黃孺人，結縭甫七載，生男女各一，
皆不存。沒之前夕，新舉一男，君猶強撫視之，名之曰毓。曾未匝日，繐絰
一襲加於文褓。嗚呼！可哀也已。
君由揚州府學增生，中式道光己亥科舉人。生於乾隆甲寅六月二十日，卒於
道光癸卯九月二十四日，春秋五十。即以其年十二月十二日，葬甘泉縣施家
沖，祔其考處士君之墓。君詩近體主少陵，古體則導源康樂。駢文宗江、鮑，
而參以庾、徐哀豔。散行文亦雅有歐、曾矩獲。所著《嵇庵詩集》六卷，友
人王君瓚華梓行之。其《續集》四卷、《文集》二卷，則門人上元黃國華所刻
也。江都薛壽及君妻姪儀徵黃春熙，亦嘗受學於君，謂君之學行不可無所稱
述，伐石刊詞，埋諸幽壤，以渴華不能遠求巨公之文，而匄文於余。余文何
足傳君，君之詩文，其必傳於後則無疑也。爰爲銘曰：
君志之高潔兮，飲清風而餐白雪也。君學之勇決兮，挽六鈞而徹七札也。謂
韞於中，宜有所設施兮，奚出門而車軸折也。惟遺編足以垂後兮，芳馨其不
滅也。

〔註28〕 丁紹儀《國朝詞綜補》卷三十八：「吳熙載，字讓之，儀徵人。監生。有《飽
瓜室詞》。」又王鋆《揚州畫苑錄》卷二（清光緒十一年刻本）載：
吳廷颺，字熙載，號讓之，儀徵諸生。善各體書，兼工鐵筆，邢上近無與偶。
餘事作花卉，亦有士氣。詩不多作，惟《題楊石卿秋林詩思圖》云：「烏柏丹
楓葉漸凋，杜陵蓬鬢感蕭蕭。奚囊收得秋光滿，聊與西風破寂寥。」
鋆按：先生五十後以字行。少爲包愼伯先生入室弟子，邃於小學。其篆書鐵
筆，當世無儷。所作花卉，亦風韻絕俗。鋆亂後師事之，終日晤於泰州姚氏

藝分得「禪」字，羅藹人先生〔註30〕景恬分得「禊」字，蘭卿先生分得「碑」字，先君子分得「了」字〔註31〕，各賦五古一首，又各和王漁洋《冶春詞》原韻二十首。是冊為讓之先生自書所作「橋」字韻修禊詩，並和《冶春詞》，款署定甫先生，蓋即修禊之歲屬書也。同治乙丑〔註32〕，通州姜君瑨溪〔註33〕得諸市中，持以相示。上溯乙未，已三十年。讓之先生以書法名海內，作詩書冊時，年三十七，今已六十七矣。當時賓主唱和十六人，中存者不過數人。廣陵名勝之區，經兵燹之後，十不存一。回憶疇昔耆宿文讌之盛，邈若山河。三復之餘，不禁感慨繫之矣。

鮑聲甫西湖感舊圖序

咸豐癸丑二月，粵寇竊據江寧。乙卯、戊午兩科，江南鄉試未能舉行。己未十月，借用浙江貢院。庚申二月，賊陷杭州，未幾棄去。論者歸咎於應試人多，間諜混跡其中，致有此失。先是，戊午年即有借闈之說，為當事所格。至是，向之阻止者，益自詡其料事之明。並為一談，牢不可破。彼殊不思康熙丁巳，因三逆阻兵叛據，西南特開鄉科，變通辦理。江西、湖廣附江南，福建附浙江，山東、山西附河南，成例昭然，永垂法守。爾時，封疆方面，實力奉行。不獨完善之地，莫不乂安。即淪陷之區，亦漸次收復。足見

遲雲山館，精於金石考證，著有《通鑒地裏今釋》，稿存歸安吳平齋觀察處。詩古文辭皆工，惜不多作，鑒僅得《蘆花》四律，刻入《十二硯齋隨錄》。李維之觀察輯得先生遺刻，成《晉銅鼓齋印存》四卷。

〔註29〕 姚瑩《後湘詩集》續集卷三（清中復堂全集本）《成都逢潘小江題其詩集》：「新歌舊唱總多愁，白髮相逢又早秋。等是滔滔一江水，蜀中鳴咽甚揚州。」

〔註30〕 何紹基《東洲草堂詩鈔》卷二十二《羅藹人太守招飲繁塔寺三賢祠，祠祀李、杜、高三公，益以何仲默、李獻吉。酒後作書示門人傅青餘、何夢廬、胡蘇龍》（曹旭校點《東洲草堂詩集》，上海古籍出版社2006年版，第613頁）云：論詩尚友豈孤，請看上座何人乎。青蓮少陵與達夫，同時命酒相狂呼。大才一泄天欲枯，信陽北地蓋小儒。何時肩隨到座隅，誰實為此謬獻諛。不顧古鬼相揶揄，梁園欲雪風響麤。繁臺白塔相縈紆，感時撫事增歡籲。飲不成醉歸鴉道，年來吟聲如蛩笑。凍墨兩盌尚可濡，胸中奇氣紙上鋪。古賢懷抱蓋未紓，不幸命作詩人徒。二三子勉為時需，衰頹莫效東洲夫。

〔註31〕 《劉文淇集》（第260～261頁）有《李蘭卿觀察〔彥章〕招同桃花庵修禊和新城王文簡公冶春詞》二十首存六。

〔註32〕 文章作於此年，即同治四年（1865）。

〔註33〕 姜渭（1832～1869），字瑨溪，通州人。傳見劉壽曾《傅雅堂文集》卷四《姜瑨溪先生墓碑君》。

有守土之責者，果能慎守其一，而備其不虞，何奸宄之能逞？然杭城之變，是否非由內應，疑竇難明，究未有以折服其心閒，執其口也。及同治甲子，克復江寧，擒獲賊帥僞忠王李秀成，訊鞫累日，親書供詞數萬言。其敍辛酉再陷杭州，尚多鋪張之語，而敍庚申初陷杭州，絕無矜詡之詞。自謂所部止六七千人，前鋒止一千二百餘人，其得城出自意料之外。故一則曰非人力，再則曰並非人力所爲，且申之曰非立心去打杭州。然後知錢塘之猝失，洵非由於內應。民間傳言城陷後，有皖南人過舊寓，其家識爲上年應試士子者。無論事未必然，即或有之，亦必次年爲賊所脅，斷非上年爲賊所遣，則固確鑿可徵矣。夫以秀成之狡黠誇誕，且未嘗引是役以爲己功，彼藉口於謹司管鑰，而極力譽賊以自解其畏葸避事之譏者，尚何說以處此哉！

　　東臺鮑君聲甫〔註34〕，是歲應試浙闈，樂西湖之勝，歸里後，追維風景，繪感舊圖〔註 35〕索題。爰就此意論斷發明，俾世之受高位、膺重寄而持祿養安，漠然於士氣文風者，知所愧焉。至於西湖新舊之殊，盛衰之感，以及聲甫之清才樸學，壯志雅懷，則同人言之詳矣，故不復云。

虹橋秋禊圖序

　　《說文》無「禊」字，桂未谷《說文義證》據本書「頪」字下有「讀若禊」之語，附綴「禊」字於示部之末。然小徐本作「讀若楔」，大徐本初刻亦作「楔」，後乃改作「禊」，則許君原書固未有「禊」字矣。《廣雅》云：「禊，祭也。」王氏《疏證》云：「《續漢書・禮儀志》云：『三月上巳，官民皆絜於東流水上，自洗濯，祓除去宿垢，疢爲大絜。』」「絜」與「禊」通，其意謂「絜」爲古字，「禊」爲今字也。吾友陳卓人《句溪雜著》有《說禊》一篇，其中有云：「禊，祭。取義於絕除穢惡，則古或即段契爲之，後乃加示爲禊耳。然經典有「祓」無「禊」，「祓」、「禊」同韻，則後世「禊」字，其古「祓」之變體與？」其意蓋謂「祓」爲正字，「契」爲假借字，「禊」爲變體字也。

〔註34〕　鮑振玉，字聲甫，號誾庵，同治廩貢生，東臺人。

〔註35〕　杜文瀾《採香詞》卷一《憶舊遊・題鮑問梅〈西湖感舊圖〉》（《續修四庫全書》第 1727 冊，第 10 頁），云：
　　　　　　羃生綃一碧，樹影湖光，者是西泠。烽火連三月，怪圖中絲柳，都減春情。故鄉幾回飛夢，隨雁度南屏。甚踏雪橋荒，棲雲徑冷，愁說重經。
　　　　　　飄零共千里，況鮑老傷心，剛賦蕪城。對酒商歸計，問孤山何日，蠟屐同登。瘦梅定應相識，遺鶴隔煙迎。怕戍角吹寒，沙邊誤卻鷗鷺盟。

今按：二說均屬可通，當兼取之，其義始備。蓋「契」與「絜」皆從韧字得聲。《說文》韧字下云：「巧，韧也。從刀豐聲。」「豐」字下云：「屮，蔡也。象屮生之散亂也。」「契」字下云：「大約也。」「絜」字下云：「麻一耑也。」據此，則「韧」字本義爲以刀除屮，引而申之則有刻斷除絕之義。古者契約必刻斷，然後分持；絜麻必刻斷，然後修整。契約既分持，則必除絕其財貨；絜麻既修整，則必除絕其緒餘。再引而申之，凡事之刻斷除絕者，可謂之契，亦可謂之絜。「契」即「鍥」之鍇聲，「絜」即「潔」之正體，故「契」與「絜」皆有刻斷疢疾、絕除垢塵之義。《說文》訓「祓」字爲除惡之祭，徐廣《史記注》訓「禊」字爲祓除，蓋「祓」字從犮字得聲。《周禮》：「赤犮氏掌除牆屋狸蟲」，「女巫掌歲時祓除釁浴」。犮有除義，故祓亦有除義。然則「祓」爲正字，「契」、「絜」均爲假借字，「禊」爲變體字，無可疑矣。

古人春秋皆可修禊，故漢武帝以八月祓霸上。劉公幹《魯都賦》、謝玄〔註36〕暉《曲水侍宴詩》亦俱言秋禊。近代則春禊盛行，秋禊罕舉。然而秋色清高，得天地之義氣；秋容嚴肅，壯軍旅之威稜，則修禊於秋者，證諸刻斷疢疾、絕除垢塵之義，尤爲符合。所謂滌瑕蕩穢而鏡至清者，實可於秋禊之禮徵之，固不獨流連景光，寄情遊覽而已也。

揚州虹橋，舊爲勝地，初建時本係用板，而周以朱欄，名爲紅橋。新城王文簡公嘗修禊於此，其後改建以石，取垂虹飲澗之象，易「紅」爲「虹」。盧雅雨〔註37〕、朱子穎〔註38〕、曾賓谷〔註39〕諸先生相繼修禊於此，就中惟

〔註36〕玄，原作「元」。
〔註37〕李斗《揚州畫舫錄》卷十《虹橋錄上》（清乾隆六十年自然盫刻本）云：
盧見曾，字抱孫，號雅雨山人，山東德州人。（下略）公工詩文，性度高廓，不拘小節，形貌矮瘦，時人謂之「矮盧」。辛卯舉人，歷官至兩淮轉運使。築蘇亭於使署，日與詩人相酬詠，一時文讌盛於江南。乾隆乙酉，揚州北郊建拳石洞天、西園曲水、虹橋攬勝、冶春詩社、長堤春柳、荷浦薰風、碧玉交流、四橋煙雨、春臺明月、白塔晴雲、三過留蹤、蜀岡晚照、萬松疊翠、花嶼雙泉、雙峰雲棧、山亭野眺、臨水紅霞、綠稻香來、竹樓小市、平岡艷雪二十景。丁丑，脩禊虹橋，作七言律詩四首云：
綠油春水木蘭舟，步步亭臺邀逗留。十里畫圖新閬苑，二分明月舊揚州。
空憐強酒還斟酌，莫倚能詩漫唱酬。昨日宸遊新侍從，天章捧出殿東頭。
重來脩禊四經年，熟識虹橋頓改前。潴汊暢交零雨後，浮圖高插綺雲巔。
雕欄曲曲生香霧，嫩柳紛紛拂畫船。二十景中誰最勝，熙春臺上月初圓。
溪劃雙峰線棧通，山亭一眺盡河東。好來鬥茗評泉水，會待圍荷受野風。
月度重欄香細細，煙環遠郭影濛濛。蓮歌漁唱舟橫處，儼在明湖碧漲中。
迤邐平岡艷雪明，竹樓小市賣花聲。紅桃水暖春偏好，綠稻香含秋最清。

賓谷先生曾行秋禊，其餘則止行春禊。然皆在揚州全盛之年，文采飛騰，湖山輝映，可謂極清遊之樂事，備酬唱之大觀矣。道光乙未、丙申之間，李蘭卿先生〔註 40〕亦修禊於此。雖園囿已多彫敝，而壇坫猶有主持，尚可想像前

合有管絃頻入夜，那教士女不空城。冶春舊調歌殘後，獨立詩壇試一更。
其時和脩禊韻者七千餘人，編次得三百餘卷。乙酉後，湖上復增綠楊城、郭香海慈、雲梅嶺春深、水雲勝槩四景。署中文讌，嘗書之於牙牌，以爲侑觴之具，謂之牙牌二十四景。

〔註 38〕 李斗《揚州畫舫錄》卷三載：
朱孝純，字子穎，號思堂，漢軍籍。父倫瀚，官御史。工指頭畫，得舅氏高且園法，與錢塘李山、平湖楊泰基齊名。公詩字畫稱三絕，以「一水漲喧人語外，萬山青到馬蹄前」句得名。轉運兩淮時，復梅花書院、修節孝、雙忠諸祠，皆其舉也。
朱孝純有《海愚詩抄》十二卷（《清代詩文集彙編》第 388 冊），未見有題詠之作。

〔註 39〕 包世臣《藝舟雙楫》卷七下《附錄一下・曾撫部別傳》（黃山書社 1993 年版，第 463～466 頁）云：
公諱燠，字庶蕃，一字賓谷，姓曾氏，世居江西之南豐。（下略）溯公宦轍，留揚州者至久，其地居水陸之衝，四方名流所集聚。自趙宋時，韓、歐、劉、蘇相繼守土，賓讌之盛，輝映古今。閱數百年至國初，周櫟園侍郎，監督鈔關，遠紹逸響。而王阮亭尚書繼以司理揚州，誠心求士，士歸之如流水之赴壑。二公皆履卿貳，立治績，而世人之豔稱者，乃在鈔關司理時，誠哉其難之也。後又百年，盧雅雨、朱子穎爲都轉，稍續前緒。至公而大盛，是以揚州人士，以公羋採爲上接阮亭者，信矣。
曾燠《賞雨茅屋詩集》卷九《七月七日吳白菴招飲越秀山上卽席奉酬兼寄江淮故人》（《清代詩文集彙編》第 456 冊，第 164 頁）：「卻憶揚子津，秋禊集冠裳。」自注：「曩在廣陵每以七月舉行秋禊。」卷十三《既作長壽寺後池修禊序復繫一詩》（第 207 頁）：「悵然倚虹園，廿載事如昨。」自注：「昔在揚州紅橋修禊，距今廿年矣。」
另外，樂鈞《青芝山館詩集》卷十二有《三月三日虹橋修禊賓谷都轉用前韻示同座諸公次韻奉呈》（《清代詩文集彙編》第 481 冊，第 186 頁），云：
小苑青旗翻，高齋紙窗破。冥冥春事深，渺渺春愁大。從公修禊事，借景徵詩課。激灩波搖鏡，灣環船轉磨。在笘頗好遊，雖病不言癉。身屢勝地逢，事每芳時左。人海嘗隨流，硯田欲揚埵。今值袚濯辰，盡洗襟懷涴。如酒解宿醒，如食救清餓。公實濟時英，胄有無價貨。賓朋盡髦彥，禮數絕矯娑。虹橋雲影長，蜀岡石徑坷。栁色方妍鮮，花態故阿那。隔院瓊簫鳴，別嶼蘭橈過。好風時送香，啼鳥競相賀。燈宴晚乃張，酒軍雄莫挫。茲辰故事繁，陳言古人唾。詠高曾晳志，詩始姬公作。盛會經千場，名士定幾箇。北海不能超，南箕不可籤。擊鉢吟未成，繪壁遊還臥。心折大夫歌，才愧羣賢和。

〔註 40〕 沈學淵《桂留山房詞集》有《醉蓬萊・李蘭屏比部蘭卿太守招同人集石畫園修禊，蘭卿用葉石林韻先成此解，依韻和之。時比部太守將還朝》（《續修四庫全書》第 1516 冊，第 421 頁），云：

此之流風餘韻也。至於今日薦遭寇亂，遺跡蕩然，回首當年，曷勝感慨。昔李氏格非嘗曰：「園囿之興廢，洛陽盛衰之候也。」〔註41〕余亦曰：園囿之興廢，揚州盛衰之候也。且揚州園囿之興廢，視虹橋喧寂為轉移。而虹橋喧寂之端倪，視修禊盛衰為趨向。則祓除雖云小節，亦豈不可以覘全局也哉！此圖作於道光乙巳之秋，上距蘭卿先生宦揚之時不及十年，下距粵匪兵燹僅八年耳。《周易》之理，剝極則復返，否極則泰來。近者賊黨漸離，人心思奮，所望軍旅之威稜，益振天地之義氣，昭宣指日蕩平，不留餘孽。一若舉行秋禊者，刻斷痎疾，絕除垢塵，俾揚州再覯承平，虹橋復臻熙皞，此實莫大之幸也。余即以此圖為之兆矣。

輿地紀勝序　代阮文達公作

　　南宋人地理之書，以王氏儀父象之《輿地紀勝》為最善。全書凡二百卷，備載南渡以後疆域，每府、州、軍、監分子目十二門，府州沿革第一，縣沿革第二，風俗形勝第三，景物上第四，景物下第五，古蹟第六，官吏第七，人物第八，仙釋第九，碑記第十，詩第十一，四六第十二。體例謹嚴，考證極其該洽。陳氏《直齋書錄解題》推重其書，而自元以來傳本漸少。明人所編《輿地碑目》，即就《紀勝》中碑記一門鈔出別行，錢竹汀先生《養新錄》云：「今世所傳《輿地碑記目》者，蓋其一門，不知何人鈔出，想是明時金石家為之也。」所闕者六州、一軍，潭州、彭州、縣州、漢州、邛州、黎州、天水軍，此外尚有珍州、階州，原書本無碑記，不在此數。蓋其時已佚去七卷矣。顧氏千里《序》云：「疑明人編此書時，已未見其全也。然錢曾《讀書敏求記》著錄王象之《輿地紀勝》二百卷，鏤刻精雅，楮墨如新，乃宋本中之佳者。似仍係完帙，不審尚在世間否耳。」自是以後，刻本不可復得。錢竹汀先生訪求此書四十年，始於錢塘何氏夢華元錫。齋中見影宋鈔本，真罕觀之秘笈也。余昔官浙江，假何氏本影寫全部，覈以《輿地碑目》，較彼時所見又少二十四卷，溫州、婺州、處州、衢州、光州、無為軍、安豐軍、成都府、重慶府、眉州、夔州、開州、施州、達州、珍州、忠州、沔州、階州、成州、西和州、鳳州、文州、龍州，凡二府、十九州、二軍，共為地二十有三。因

　　借一灣春水，綠上蒹葭，板橋西去。〔園即蒹葭草堂故址。〕如此登臨，盡年年羈旅。嵐黛吹香，湖雲潑畫，帶杏花疏雨。問訊亭臺，近來無恙，燕和人語。　老輩風流，詞場曹〔石倉〕謝〔在杭〕，多少斜陽，一般飛絮。祇賸山黌，是舊曾遊處。暢好題襟，連番中酒，又綠波南浦。且聽明朝，旗亭客唱，冶春詩句。

〔註41〕語見李格非《洛陽名園記・呂文穆園》。

成都府分上下兩卷，故爲卷二十有四。共闕三十一卷。《養新錄》云：「失三十二卷。」顧氏千里云：「其第一百三十五興化軍，錢少詹未見，而云『闕三十二卷』，鈔本有之，故今不在所數焉。」今案：《竹汀先生日記》數《紀勝》闕卷，有百三十五至百四十四之語，顧說是也。此外，有闕葉之卷復十有六焉。臨安府、平江府、饒州、揚州、楚州、黃州、濠州、寶慶府、襄陽府、均州、循州、永康軍、興元府、巴州、洋州、劍門軍。然自何本之外，更無別本可以參稽。《十七史商榷》卷六十四云：「《輿地紀勝》，子從朱奐借閱，嫌殘闕未鈔。」今案：朱本未知轉屬何人，西莊先生既嫌其殘闕，則非足本可知。竹汀先生亦與朱氏相識，其校《輿地碑目》即借鈔朱氏之本，而《養新錄》但述何本卷數，且云「想海內不復有完本」，則朱本斷不多於何本可知。則雖有闕文，彌堪寶貴矣。嗣因《四庫總目》未收此書，爰加以裝潢，獻諸內府，並仿當日館中提要之式，進呈《提要》一篇，藏副本於文選樓，而存《提要》之纂〔註42〕於《揅經室外集》〔註43〕。蓋深重此書，望好事者爲之重刻耳。

　　嘉慶丁卯，儀徵令顏公續修縣志，余屬江君鄭堂藩以《紀勝》中眞州一卷，校補前令陸公《舊志》，得數十條，顏公刻諸《續志》之末，而《紀勝》原文未能刻也。道光壬寅，丹徒包氏欲刻嘉定、至順《鎮江志》，借錄選樓鈔本，余遂檢《紀勝》中鎮江府一卷，俾其附刻於後，而全書仍未能刻也。是歲，甘泉岑紹周提舉建功方重刻《舊唐書》，延其友分纂校勘記，而自輯逸文。

〔註42〕　纂，《輿地紀勝》所附《序》作「稿」。（王象之編著；趙一生點校《輿地紀勝》第 1 冊，浙江古籍出版社 2012 年版，第 7 頁）

〔註43〕　《揅經室外集》卷五《輿地紀勝二百卷提要》（阮元著，鄧經元點校《揅經室集》，中華書局 1993 年版，第 1287 頁），云：
宋王象之撰。《四庫》未著錄。惟有《輿地碑記》四卷，云：象之，金華人，嘗知江寧縣，所著有《輿地紀勝》二百卷。今未見傳本，此即其中之四卷。今於江南得影宋抄本二百卷，前象之有自序。象之，東陽人，略云：「余披括天下地理之書，參訂薈粹，每郡自爲一編。以郡之因革見之編首，而諸邑次之，以及山川、人物、詩章、文翰皆附見焉。東南十六路，則效范蔚宗《郡國志》條例，以在所爲首，而西北諸郡亦次第編集。」今考其成書之年，在宋嘉定十四年。故其所指在所，以臨安府爲首。而一切沿革，亦準是時。又「宮闕殿門壽康宮」下，引《朝野雜記》云「寧宗始禪」云云，則是作序在嘉定，全書之成，又在理宗時矣。是書自卷一行在起，至劍門軍訖，共府二十五、軍三十四、州一百零六、監一，共府、軍、州、監一百六十六。內或有一府一軍而分爲上下二卷，故與總數不合。其卷首全闕者，自十三至十六，又自五十至五十四，又自一百卅六至一百四十四，又自一百六十八至一百七十三，又自一百九十三至二百，共闕三十二卷。至其餘各卷內之有闕頁，皆注明於目錄卷數之下。

擬俟其告成，即從事於《紀勝》。癸卯春初，奉《舊唐書》謁余求序，且言願刻《紀勝》全書，請先假歸影鈔，然後授梓。余欣然許之。未幾，余舊居福壽庭第爲鄰火所焚，凡選樓書籍分藏於彼者，悉燼於一炬，而《紀勝》以借鈔之故，巋然獨存。洎影鈔既畢，紹周復延儀徵劉孟瞻文淇。及其子伯山毓崧。纂輯紀盛校勘記，而自補鈔本闕文。戊申孟夏，《舊唐書校勘記》刻工已竣，《逸文》亦垂欲開雕，將次第及於《紀勝》，而紹周遽亡。其子秋舲淦。及其從子仲陶鎔。爲刻《逸文》，仍乞余爲序。余勸其並刻《紀勝》，以成紹周未竟之志，秋舲與仲陶咸悼念遺書，引爲己責。今歲，先以《紀勝》付諸剞劂，延江都沈戟門棨。、凌東笙鏞。分任校字之事，其《校勘記》與《補闕》亦陸續刊行，復乞余爲序。

余考地理類總志之書傳於今者，以《元和郡縣志》爲最古，其次則《太平寰宇記》，而兩書皆有闕文。前此孫氏星衍刻《元和志》於山左，其闕文六卷，則嚴氏觀補之。萬氏廷蘭刻《寰宇記》於江西，其闕文八卷，則陳氏蘭森補之。《紀勝》有功於地理，足以接武兩書。紹周所補者，皆據群書所引原文裒輯成編，而不雜以他說，其意特爲矜慎。又得秋舲、仲陶爲之刊布，全書廣爲傳播，可謂後先濟美，盛舉出於一門矣。余以壯歲所得之書，越五十餘年，竟得見其鋟板。海內讀書之士，疇昔欲見而不可得者，今乃一旦盛行，洵衰年之快事也。故樂爲之序，使好刻古書者知所勸焉。〔註44〕

輿地紀勝跋

《輿地紀勝》，爲南宋王氏象之所作。象之，《宋史》無傳，今以本書及他書參互考之。象之字儀父，據本書李埴《序》。婺州金華縣人。婺州即東陽郡，故自序及各卷標題皆稱東陽。李《序》亦稱東陽，陳氏振孫《直齋書錄解題》則稱金華。《紀勝》婺州久闕，據《方輿勝覽》、《方輿紀要》，婺州在梁陳時曾名金華郡。前乎此者，吳、晉、劉、宋、南齊；後乎此者，隋、唐、趙宋；皆稱東陽郡。其屬邑則東陽縣，在州治東。其名始於唐垂拱二年。金華縣即州治附郭，其名始於隋開皇十八年。而前此開皇十二年，曾名東陽縣。是郡縣之名東陽，皆在金華之先。南宋時，婺郡仍名東陽，不名金華。首邑自名金華，不名東陽。王氏稱東陽，指郡名而言；陳氏稱金華，指縣名而言；與當時制度正合。若謂東陽

〔註44〕 《輿地紀勝》所附《序》，文末有「道光己酉八月，太傅、予告大學生、在籍食全俸揚州阮元敘」。（王象之編著；趙一生點校《輿地紀勝》第 1 冊，浙江古籍出版社 2012 年版，第 8 頁）

指縣名而言，則陳氏與王氏同時，不至誤改其鄉貫。若謂金華指郡名而言，則金華郡之名既不若東陽郡之古，且非當日官書公牘所用之名，進退兩無所據，陳氏斷不若是之誤也。其父名師亶，紹興末爲宜春主簿。袁州「官吏門」王師亶，注云：「《郡志》云：袁州月樁歲額八萬八千餘貫。紹興末年，先君子爲宜春簿，嘗作文誌月樁之苦。今減二萬五千餘貫，自先君子啓之。」今案：此條兩言先君子，蓋師亶即象之之父也。原本「師」字闕筆作「帥」，「亶」字闕筆作「𠆎」，蓋本作「亶」，譌作「𠆎」也。他卷「師」字不闕筆，蓋因上一字與伯叔相同，而「亶」字必闕筆。如安吉州「官吏門」夏侯亶，慶元府「景物下」渡母橋，注引舒亶詩，「人物門」舒亶，「仙釋門」亶洲山，廬州「沿革門」引《通鑒》夏侯亶，江陵府「府沿革門」引《楚世家》句亶王，岳州「岳陽樓詩門」引丁亶詩，皆作「亶」。宋代不諱「亶」字，其爲象之家諱無疑。辰州「景物上」潊口注引《楚辭》「邅回」，「邅」字闕筆作「𨖰」，亦因此也。錢氏《養新錄》言「象之父名無考」，蓋偶未檢及此條耳。其後曾知江州，江州「古蹟門」濂溪書院，注云：「先生所居名濂溪。及先生隱居廬山，有水經所居之前，亦以濂溪名之。後百餘年，象之先君子守九江，爲建拙堂及愛蓮堂於祠之側。」今考濂溪卒於熙寧六年，歲在癸丑，下距乾道九年癸巳，適滿百年之數。師亶之知江州，當在是年以後。又按：漳州「官吏門」朱子，注云：「象之紹熙辛亥遊廬山，親見晦翁所作《西原菴記》。」辛亥係紹熙二年，上距熙寧癸丑一百一十八年，與百餘年之數亦相符合。象之《自序》云：「余少侍先君，宦遊四方，江、淮、荊、閩，靡國不到。」廬山既在江州境內，則象之遊廬山，或即在師亶守江州時，亦未可知也。仲兄名益之，字行甫，官大理司直。嘗至成都，著有《職源》及《漢官總錄》、《西漢年紀》。《自序》言：「仲兄行甫西至錦城。」《養新錄》云：「予又記一書，稱王益之字行甫，金華人，蓋即儀父之仲兄。」今考《直齋書錄解題》云：「《職源》五十卷，大理司直金華王益之行甫撰。《漢官總錄》十卷，王益之撰。」錢氏所謂「又記一書」，當即指此而言。《四庫全書提要》云：「《西溪年紀》三十卷，宋王益之撰。益之字行甫，金華人。官大理司直。所著有《漢官總錄》、《職源》等書，見馬端臨《經籍考》。今他書散佚，惟此本以載入《永樂大典》獨存。」與錢說可以互證。其何時至成都，則無確據。叔兄名觀之，字中甫，曾知德化縣，後爲夔州路漕使，嘗至重慶、沔、瀘。《自序》言：「叔兄中甫，北趨武興，南渡渝瀘。」《養新錄》云：「陳直齋亦稱其兄觀之爲夔路漕，則中甫疑即觀之字。」按：《直齋書錄解題》云：「《輿地圖》十六卷，王象之撰。至西蜀諸郡尤詳，其兄觀之漕夔門時所得也。」此錢說所本。今考《輿地圖》久佚，《紀勝》夔州亦闕，《輿地碑目》「夔州碑」記《晉桓溫隸字碑》，注云：「嘉定癸未，漕使王觀之並黃太史跋。徙置漕廨。」《紀勝》江州「古蹟門」濂溪書院，注云：「又其後，象之季足觀之爲德化宰，新造祠宇、書院、講堂。」「足」字之形與「兄」字相似，必是「兄」字之譌。「季」字乃最幼之稱，弟可稱季弟，而兄

不可稱季兄，當是「叔」字之誤。《桯史》卷二云：「王中父觀之，宰德化。」父與甫，自來通用。中甫爲觀之字，既有明徵，則「季足」爲「叔兄」之誤，更無疑義矣。象之《自序》作於嘉定辛巳，言「行甫、中甫歸來，道梁、益事，皆袞袞可聽」。而夔州碑記述觀之官漕使事，在嘉定癸未，後於辛巳二年，是「北趨武興，南渡渝瀘」在辛巳之前，而官夔路漕使則在辛巳之後。宋時瀘州屬潼川府路，沔州即北魏之武興郡，屬利州西路；重慶府即唐之渝州，屬夔州路。其時爲何官，則無明文。**象之曾官長寧軍文學**長寧軍，卷末附載《長寧縣志》一條，並載象之案語，云：「寶慶乙酉，太守孫公若蒙作《長寧續志》，時象之備員郡文學，遂得以考訂本末附見。」**知分寧縣**，隆興府「官吏下」，陳敏識注云：「象之出宰分寧，相望百年，而陳公之英風遺烈今猶未泯。」今考縣沿革，分寧縣注：「敏識由知分寧縣遷官，在建炎四年。」是年歲在庚戌，下距紹定三年庚寅，適滿百年之數。象之爲分寧縣宰，當在是年前後。《紀勝目錄》之前載曾鳴鳳與象之書札，云：「示所著《紀勝》之書，作邑而有餘力及此，豈俗吏所能爲哉？」其書末，鳴鳳結銜稱「江西運副新除知廣州」。按：分寧縣爲隆興府屬邑，正江南西路所轄。所謂作邑者，當即指分寧而言。惟其書末但題七月日，其爲何年之七月，則尚待考矣。**知江寧縣**，《直齋書錄解題》稱象之之官如此。按：《景定建康志·江寧縣壁記》無象之之名，或疑直齋誤記分寧爲江寧，然陳氏與王氏同時，似不應誤述其所治之邑。今考《書錄解題》《易林》條下有「嘉熙庚子」之語，庚子係嘉熙四年，次年即改元淳祐。陳氏書中所述南宋年號至嘉熙止，而淳祐以後未嘗言及，則其成書似即在嘉熙末年。嘉熙以前爲端平，端平以前爲紹定。自紹定戊子至嘉熙庚子，首尾共十三年。象之知江寧縣，當不出此十三年之內。《江寧縣壁記》載紹定、端平、嘉熙諸縣令在任去任年月，皆前後相接，惟周大昌以端平三年七月二十八日任滿，惠孔時以端平三〔註45〕年十月十七日到任，按《壁記》上下文，凡言任滿者皆指去任之日而言，自七月二十九日至十月十六日相隔數十日，斷無曠職待人之理，意者象之知江寧縣即在此時，而《壁記》偶失載耳。宋時江寧爲次赤縣，分寧爲望縣，象之官江西時，運副曾鳴鳳與書云：「久欲與諸公薦揚於朝，近方得與大帥言之」，亦不過在鳴鳳未行之前。然則象之由望縣而遷次赤縣，殆亦薦達之力歟？**其終於何官**，則不可考矣。《養新錄》云：「象之不審終於何官。」今考象之以紹熙辛亥遊廬山，即使其年至少，亦當將近弱冠。至嘉熙庚子，首尾正五十年，已及懸車之歲。此後即有遷擢，亦未必至顯位矣。**象之出自望族**，《景

〔註45〕 三，原作「二」，今據《景定建康志》改。《景定建康志》卷二十七《官守志四·諸縣令》（周應合纂《景定建康志》，南京出版社 2009 年版，第 722 頁）載：「周大昌，通直郎。紹興六年六月十一日到任，至端平三年七月二十八日任滿。惠孔時，宣教郎。端平三年十月十七日到任，至嘉熙二年八月任滿。」又，《輿地紀勝》所附《跋》正作「三」。（王象之編著；趙一生點校《輿地紀勝》第 11 冊，浙江古籍出版社 2012 年版，第 3956 頁）

定建康志・安撫司僉廳壁記》載淳熙間王將之爲參議，嘉定間王觀之爲主管機宜文字。《總領所題名記》載嘉泰二年太府卿，王補之《轉運司題名記》載淳熙五年運判，王師愈《籤判題名記》載嘉定七年承事郎，王師閱諸人皆未注籍。貫覈其時代觀之，似即象之叔兄。至於將之、補之，疑亦象之昆弟輩。師愈、師閱疑是象之父師宣昆弟輩。由科第起家，《通考》「學校門」云：「紹聖元年，三省立格，侍從臺諫國子長貳歲舉堪任諸州學官一員，須嘗中進士、或制科、或從太學上舍得第。於是內外見學官，非制科進士出身，及由上舍生入官者，並罷。」又云：「高宗建炎初復教官試，凡有出身，許應分兩場試之。」據此則宋時文學教授之官，必由科第。象之曾爲長寧軍文學，則必有科名可知。於掌故夙所留心，生平勤於咨訪，廣州「古蹟門」大奚山注云：「象之嘗聞婺之士友鄭岳」云云，思州「風俗形勝門」云：「此據涪州夏判官說」云云。尤好表揚前哲。歸州「官吏門」趙誠，注云：「象之竊謂沿泝無易舟之苦，皆趙史君誠之功，而祀典不及，失其旨矣。」隆慶府「古蹟門」李杜祠堂，注云；「按：劍門題詩以太白、子美爲重，因爲建祠，刻二詩於前，榜其堂曰文燄輿地。」《碑目》婺州碑記《張巡許遠雙廟辯》，注云：「嘉泰甲子，余謁郡侯南康李公景和，見其追逮土偶，械繫於庭。及余之郊外，聽輿人之頌曰：此廟非他，即唐張許之祠也。後余繙閱故書，見《唐・張巡傳》載許遠子玫爲婺州司馬，柳子厚南公廟碑載南霽雲子承嗣爲婺州別駕。今婺之雙廟與倅廨鄰，意者南、許二子之所立乎。自李翰作傳以表其事，而當時之異論始息。余不量其譾薄，欲強引史傳，以證其廟食之始末，眎李翰爲難矣。」

　　其編輯此書，用力最深。《自序》云：「余因暇日，搜括天下地理之書及諸郡圖經，參訂會稡。」李《序》云：「今儀父所著，第得首卷所紀行在所以下觀之，則知其論次積日而成，致力非淺淺者。」《自序》作於嘉定辛巳孟夏，嘉定乃寧宗年號，故其言聖天子者即係寧宗。英德府「古蹟門」天子岡，注云：「紹聖五年，聖天子登寶位，英爲潛藩。此山蓋兆於千百載之前。」《一統志》二百七十七所引作寧宗自英王入位，蓋兆於此。今考南宋光宗紹熙五年傳位寧宗，《紀勝》「聖」字乃「熙」字之誤，蓋紹聖乃北宋哲宗年號，距寧宗即位之年甚遠也。然辛巳係嘉定十四年，而書中所載有嘉定十五年之事。鄂州「州沿革」云：「嘉定十五年，割武昌縣爲軍。」壽昌軍「軍沿革」云：「嘉定十五年正月，武昌縣陞作壽昌軍。」且屢稱寧宗之廟號，是自序雖作於寧宗末年，而全書則成於理宗初年。《拏經室外集・輿地紀勝提要》云：「前有象之自序，今考其成書之年，在南宋嘉定十四年，故其所指行在所，以臨安府爲首，而一切沿革亦準是時。又『宮闕殿門』壽康宮下引《朝野雜記》云：『寧宗始受禪』云云，則是作序在嘉定。全書之成，又在理宗時矣。」今按：《紀勝》言寧宗者頗多行在所。「宮觀廟宇門」開元觀，注云：「寧宗舊邸，嘉王之府也。」安慶府「府沿革」云：「又以寧宗潛邸，陞舒州爲安慶府。」郴州「州沿革」云：「寧宗時，溪峒擾攘。」「縣沿

革」資興縣，注云：「寧宗開禧、嘉定間，湖南溪峒李元勵平貴州。」「州沿革・榮州景物上」潛藩，注並引《朝野雜記》云：「寧宗自英國公出就傅。」建寧府「人物門」朱子，注云：「寧宗朝，仕至待制。」皆可爲證。《提要》蓋舉其最先見之一條耳。**理宗登極，改元寶慶**，**故其書述寶慶時事，言今皇上者乃係理宗。**寶慶府「府沿革」云：「今皇上登極，以潛藩陞寶慶府。」順慶府「府沿革」云：「近以主上潛邸，陞順慶府。」**言御諱者，亦係理宗。宋之瑞州，本名筠州。**《紀勝》瑞州「州沿革」云：「寶慶初，以州名犯今御諱，改爲瑞州。」臨江軍「景物下」瑞竹山，注云：「中一字犯御諱，故更曰瑞竹山。」蓋此山原名瑞筠山也。**蓋理宗諱昀，當時以筠字及馴、巡等字俱爲嫌名，故此書於筠字則改爲均**，嘉興府「人物門」徐岱，注云：「觀察使李棲均欽其賢。」嚴州「詩門」載溫庭均《桐廬舊居詩》。台州「官吏門」王均，注云：「見《梁書》。」南安軍「詩門」引《談苑》云：「劉均《送章南安詩》，楊文公嘗以爲警句。」今按：梁之王筠、唐之李棲筠、溫庭筠、宋之劉筠，《紀勝》皆改「筠」爲「均」，其爲避諱無疑。**於「馴」字、「巡」字則改爲「循」。**臨安府「景物下」徑山寺，注引蘇軾《遊徑山詩》云：「雪窗循免元不死。」今考《東坡集》，「循」作「馴」。建康府「歷代詩門」載李白《詠王東循歌》，今考《太白集》，「詠」作「永」，「循」作「巡」。他卷改「馴」、「巡」爲「循」者仿此。**書中屢及寶慶時事，或言寶慶中，**行在所「臺閣門」，注云：「寶章閣，寶慶中置。」**或言寶慶初年，**行在所「學校門」宗學，注云：「寶慶初年，宗室始陳乞依太學例，上舍內舍人並注教授。」**或言寶慶元年，**寶慶府「府沿革」，注云：「寶慶元年。」**或言寶慶二年，**安吉州「州沿革」云：「寶慶二年，從臣集議，請改湖州爲安吉州。」**或言寶慶三年。**順慶府「府沿革」，注云：「寶慶三年。」**李埴之《序》作於寶慶丁亥季秋，**胡氏《通鑑注》卷三引李埴《輿地紀勝》曰：「丹陽在今歸州秭歸縣東八里，屈沱楚王城是也。」今考《紀勝》歸州「古蹟門」丹陽城，注云：「在秭歸東三里，今屈沱楚王城是也。」《輿地志》：「秭歸縣東八里有丹陽城」，與《通鑑注》大略相同。胡氏不言王象之，而言李埴，蓋誤記作序之人爲著書之人耳，**丁亥係寶慶三年，則此書所述沿革，自當以是年爲斷。**《養新錄》云：「此所載寶慶以前沿革，詳贍分明。」

　　然楚州之改淮安軍、寶應縣之升寶應州，皆在是年六月，《方輿勝覽》寶應州沿革敘升州之事，在寶慶三年六月。淮安軍沿革敘改軍之事，但言寶慶，未載年月。今以《宋史紀事本末》、《續通鑑》等書考之，亦在是年六月。**而此書仍稱楚州寶應縣者，蓋書成於四五月之間。故事在二三月以前者，皆可載入，如朱子之贈太師、史彌遠之封魯公，是其證也。**建寧府「人物門」朱子，注云：「今贈太師文公。」慶元府「人物門」史浩，注云：「子丞相魯公彌遠。」今以《宋史紀事本末》、《續通鑑》等書考之，朱子之贈太師在是年正月，史彌遠之封魯公在是年三月。**至六七月以後，則不及載矣。**

　　惟書中述及紹定年號，紹定在寶慶之後而得附載之者。蓋因象之過重慶時，與人辯證夏禹之塗山，故備列其考訂之語。重慶府「景物上」塗山，注云：「紹定丁亥，象之過重慶，憲使黎伯異方類次圖經，謂重慶之塗山上有禹廟，則其爲古之塗山也明甚。象之答云：『山名之同者多矣』云云，坐客大笑。始知重慶之塗山，非古之塗山也。」今考紹定元年係戊子，若丁亥仍係寶慶三年，是年十一月南郊後大赦，改明年爲紹定元年，象之過重慶疑在下詔改元之後，故誤以寶慶爲紹定耳。即其爲分寧縣宰，亦在紹定年間，而陳敏識之祠，實其在任時所立，故亦紀其始末附載於此書。象之以寶慶元年官長寧軍文學，三年過重慶府。長寧與重慶皆屬四川，是寶慶年間未曾離蜀。其宰江西分寧，必在紹定元年以後。或疑當在寶慶元年以前，不知宋時諸州縣令係從八品，而文學教授則從九品。其時入仕者，大抵先任文學教授，後遷縣令。史傳所載，班班可考。象之知分寧縣，豈得在官長寧文學之前乎？蓋以其與己事有關，特續補於成書之後爾。〔註46〕

輿地紀勝續跋

　　古人之作志乘，於人物一門，或節取其長，或記以垂戒，故地理家編輯人物，至《太平寰宇記》而始詳，其中載及小人者，不一而足。許州有褚彥回，鄭州有鄭愔，亳州有桓溫，雍州有牛僧孺，鳳翔府有王世充、元載，并州有喬琳，蒲州有楊國忠，魏州有路岩，博州有華歆，瀛州、梓州皆有李義府，杭州有朱异、許敬宗，秦州有李逢吉，洮州有董卓。蓋但言人物，而不特標先賢、耆舊、烈士之名，則美惡雖殊，不嫌同列，猶之記官吏者未立循吏之稱，則其所收亦不必皆爲名宦也。

　　王儀父作《輿地紀勝》，其官吏、人物兩門所錄頗寬，實仿《寰宇記》之例，就中如李宗閔、見封州官吏。韋保衡、見賀州官吏。盧多遜、見吉陽軍官吏。王欽若、見臨江軍鄂州人物。丁謂、見雷州吉陽軍官吏。馮拯、見肇慶府德慶府官吏。夏竦、見隆興府官吏江州人物。陳執中、見梧州官吏。鄧綰、見瀘州官吏。舒亶、見慶元府人物。蒲宗孟、見平江府官吏閩州人物。章子厚、見雷州官吏。曾布、見鎮江府廉州賀州官吏。張商英、見峽州人物，滁州、靳州、歸州、隨州、重慶府官吏。耿南仲、見南雄州官吏。孫覿，見象州官吏。其生平行事不齒於君子之林；載之者，非節取其長，即記以垂戒。其爲志存彰癉，本屬顯然，而建康府「人物門」列秦檜於末，則尤有深意。其注云：「中興相。」高宗主和議，收諸將兵柄。蓋欲著其主和弭兵之誤國，故據事直書，而罪狀自明。其上文「景物下」華陽觀注，載檜子熺之

〔註46〕　《輿地紀勝》所附《跋》，文末有「道光己酉孟冬，儀徵劉毓崧跋」。（王象之編著：趙一生點校《輿地紀勝》第 11 冊，浙江古籍出版社 2012 年版，第 3960 頁）

事，而目爲罪魁。華陽觀，注引《繫年錄》云：「秦熺遊茅山，因留詩華陽觀，有『家山福地古雲魁，一日三峰秀氣回』，留宋貺〔註47〕即鑄板揭梁間。熺再來，見碑側有白字隱然，提梯視之，乃曰：『富貴而驕是罪魁，朱顏綠鬢幾時回。』詰其所自，了不可得。」則其深惡痛絕於檜可知。

他卷官吏、人物等門，於南宋賢臣爲檜所傾陷者，如趙忠簡、見潮州、吉陽軍、泉州官吏。岳忠武、見岳州州沿革。李莊簡、見郴州、藤州、瓊州、昌化軍官吏。洪忠宣、見饒州人物，英德府官吏。胡忠簡，見吉州人物，衡州、新州、昭州、吉陽軍官吏。皆備舉其本末，以見檜之陰邪。其波及株連爲檜遷怒詆誣者，如段拂、見興國軍官吏。折彥質、見郴州官吏。王趯，見全州雷州官吏。又辰州官吏門，亦記其貸錢與李莊簡。因其親厚趙忠簡；知浹、見袁州人物。趙士儦、見建寧府官吏。因其救解岳忠武；楊煒、見紹興府人物，台州萬安軍吉陽軍官吏。邵大受、沈長卿，皆見化州官吏。因其羽翼李莊簡；白諤、見萬安軍官吏。因其稱道洪忠宣；方公美、見紹興府人物。陳剛中、見贛州官吏。王庭珪、見衡州官吏，辰州人物。方疇，見永州官吏。因其推重胡忠簡。凡此諸人，必歷敘其由，以見檜之羅織善類。

若夫觸檜得禍者，如解潛、見南安軍官吏。王庶、見道州官吏。韓紃、見循州官吏。胡寅、見新州官吏，及建寧府人物胡安國注。馮時行，見重慶府人物，蓬州官吏。則以不願議和；邵隆，見辰州、敘州官吏。則以不樂割地；劉紹先，見廉州官吏。則以上用兵之策；胡寧，見建寧府人物胡安國注。則以出規戒之言；黃龜年、見福州官吏。張皋，見昌州人物。則以條奏其奸；張九成、見臨安府人物，南安軍官吏。僧宗杲，見臨安府仙釋。則以評論其失金；安節，見嚴州官吏。則以彈其宗族；辛次膺，見臨安府官吏，又衡州官吏門亦記其不附和議。則以劾其姻親。忤檜見排者，如高閌、見慶元府人物。魏良臣、見池州官吏。許忻、見撫州人物。凌景夏，見均州官吏。則以異議爲其所銜；張闡，見泉州官吏。則以名望爲其所忌；李若谷，見江州官吏。則以耿直爲其所怒；鄭剛中、見桂陽軍官吏。韓京，見循州官吏。則以才略爲其所疑；呂摭，見梧州官吏。則以有頤浩之舊怨爲其所讐；何兌，見英德府官吏。則以訟馬伸之功爲其所嫉。諷檜被斥者，如芮燁，見武岡軍官吏。則以吟詩；吳元美，見南雄州、容州官吏。則以作賦；張伯麟，見吉陽軍官吏。則以題壁；趙令衿，見泉州汀州官吏。則以誦書。並一一具陳，以見檜之始終怙惡。

〔註47〕 留宋貺，《景定建康志》卷十四《建康表十》於二十四年甲戌（1154 年）記此事，作「留守宋貺」。（周應合纂《景定建康志》，南京出版社 2009 年版，第 308 頁）

至於張守、見常州人物。向子忞，見江陵府下官吏下令佐胡安國注。則以名臣而幸免於檜之傾陷；張淵道、見靜江府官吏，及吉陽軍官吏趙鼎注。汪應辰，見信州人物，及靜江府官吏。則以善類而幸免於檜之詆誣；石公揆，見紹興府人物石公弼注。則觸檜而幸免於禍；廖剛、見南劍州人物。方滋，見廣州官吏下。則忤檜而幸免於排；趙逵、見資州人物。趙性，見合州人物。則譏檜而幸免於斥。亦述其事蹟，以見當檜擅權之日，士大夫防身遠患之甚難。

他如章元振、見肇慶府官吏。馬孝友，見閬州官吏。則不欲由檜以進；汪澈，見沅州官吏。則未嘗爲檜所知；劉芮、李燮、羅博文，皆見靜江府古蹟門秦城驛注。則不賦秦城王氣之詩；左郚，見台州人物。則有過秦氏舊宅之詠；陳俊卿，見興化軍人物。則首攻檜之殘黨；馮方、見普州人物。王十朋，見普州人物馮方注。則始滌檜之餘污。莫不加意表章，以見不肯附檜者，爲難能而可貴。

甚至馮楫，見瀘州官吏。助檜而亦遠出；范同，見瑞州官吏。附檜而亦見疏；万俟卨，見歸州人物。詔檜而亦被黜。沅州官吏門載卨守城事，亦節取其長。此等無足比數之人，而猶登諸簡牘，以見檜之險賊，即其黨亦隙末凶終。故合計全書刺檜之惡者，多至百有餘處，不啻檮杌之遺風矣。

書中有稱檜爲秦公者，特沿襲舊志之文，未經刊削。黃州景物下臨皋亭，注云：「元名瑞慶堂，以故相秦公檜之父觸舟其下，秦公於是乎生。」而儀父之於檜，固有貶而無襃也。檜之改諡繆醜，在開禧二年。其復初諡，在嘉定元年。其再改諡繆狠，在寶祐二年。儀父之成《紀勝》，在復初諡之後，再改諡之前。當是之時朝局，是非未定，而著書者欲誅奸諛於既死，俾清議獲伸，豈非直道之士哉？余慮閱是書者，疑官吏、人物之有濫也，因詳爲辯證，以釋其疑焉。〔註48〕

輿地紀勝校勘記序　代先君子作

文選樓影宋鈔本輿《地紀勝》，張氏鑒所校頗詳。岑君紹周建功。重刻此書，延文淇及子毓崧纂輯《校勘記》，成書五十二卷。於張氏之說採錄無遺。其是者則加以引申；嘉興府人物門陸抗，注云：「字紡節。」張氏云：「『紡』當作『幼』。」今按：《三國志・陸抗傳》正作「幼」。鎮江府人物門有吳俶，張氏云：「『俶』當作『淑』。」

〔註48〕　《輿地紀勝》所附《跋》，文末有「道光己酉季冬，儀徵劉毓崧跋」（王象之編著：趙一生點校《輿地紀勝》第 11 冊，浙江古籍出版社 2012 年版，第 3964 頁），可知作於道光二十九年（1849）。

今按：以注中所言事蹟及《宋史》、《東都事略》證之，張說是也。其非者則加以駁正；安吉州人物門徐氏，注云：「弟齊聃，聃之子堅。」張氏云：「『齊』疑是『徐』之訛。」今按：上文有唐徐聃。據《唐書・徐齊聃傳》，「聃」上當有「齊」字。張氏反欲改「齊」為「徐」，非也。平江府人物門顧少連注云：「元友直在坐歡解之。」張氏云：「『歡』似當作『勸』。」今按《唐書・顧少連傳》正作「歡」，不必改為「勸」也。其有疑者則為之剖析；臨安府景物上杭印，注云：「白樂天詩序云：『余去年脫杭印。』」張氏云：「杭印一條不可通，似有脫誤。」今按：《樂天集》此句下云：「今年佩蘇印。」蓋言先為杭州刺史，後為蘇州刺史。杭印、蘇印，即二州刺史之印，非有脫誤也。安吉州人物門劉述注云：「貶琦黜監當。」張氏云：「監當二字疑誤。」今按：《東都事略・劉述傳正》作「監當」，蓋監當乃宋時監稅之稱，非有誤也。其未詳者則為之證明；平江府官吏門鄧攸，注云：「吳人歌之曰：『況如打五鼓。』」張氏云：「況如二字不可解。」今按：據《晉書・鄧攸傳》，「況」乃「紞」之誤。紞如者，打鼓之音也。臨江軍人物門謝舉廉，注云：「後預上書邪等云。」張氏云：「邪字未解。」今按：以《東都事略》及《宋史》考之，徽宗時，凡以熙寧、元豐、紹聖之政為非者，皆目為上書邪等，與元祐黨人相埒，至南宋時概與昭雪。故預其列者，世以為榮。此處邪字並非誤也。其論之不定者則參考以折衷；紹興府古蹟門秦望山，注云：「其碑尚乃存。」張氏云：「乃字疑衍，否則尚乃二字文倒。」今按：據上文，此句係《十道志》之語，下文碑記門秦望山碑注引《十道志》云其碑尚存，此句乃字係衍文。張氏前一說是也。其說之互歧者則援據以決斷。揚州古蹟門章武殿，注云：「遣使奉安於逐州神御殿。」張氏云：「逐字誤。」滁州景物上原廟注云：「於是命工寫三聖御容。癸亥，遣使奉安於逐州神御殿，而逐州立原廟。」張氏云：「前數卷中有逐州字，疑其誤。以此觀之，逐其訓每耶？」今按：兩條上文皆引《通略》云：「太祖擒皇甫暉於滁州，太宗下劉繼元於并州，真宗禦契丹於澶州，宜立原廟三州，以昭遺烈」。據此，則逐州係指滁並澶三州而言，逐字不誤。張氏後一說訓「逐」為「每」是也。吳氏蘭修所加條記之語，足與張說相輔，則並為搜羅。嘉興府縣沿革嘉興縣，注云：「□表以惡名曰囚拳。」張氏云：「觀第六葉景物由拳條作囚倦，未知孰是。」吳氏云：「按「：《寰宇記》作『囚倦』，是也。」車氏持謙、許氏瀚所校《碑目》之書，皆與《紀勝》有關，則並為登載。顧氏千里序車氏所刻《碑目》云；「予嘗得孫淵翁、趙晉齋兩家寫本，又據殘闕《紀勝》原書，就所存之卷逐一讐校，乃始補其脫者共若干行，正其誤者幾不勝校數。上元車明經秋舲從予傳其副，復屬其同邑友陳君仲虎覆勘再三，以付梓氏。」許氏跋鈔本《碑目》云：「此袁壽階傳鈔錢竹汀校本，以贈黃小松者也。近有刻本，其譌誤轉多，須持此校之。」今按：刻本與鈔本不同者甚多，茲全載於《校勘記》中。其是非得失，閱者當自識之。其諸家按語所未及，則核以群書，凡地志在《紀勝》以前者，如《元和志》、《寰宇記》、《九

域志》、《輿地廣記》之類，實《紀勝》所本。在《紀勝》以後者，如《方輿勝覽》多沿襲《紀勝》之說，《一統志》、《方輿紀》要每引用《紀勝》之文，其詳略異同，足資校訂。以及史傳說部詩文集，可以補脫正譌者，並為條舉臚陳。其未有顯據者，則存以待考，亦疑事毋質之義爾。

　　《紀勝》原書之體例，最為謹嚴，每卷分十有二門，而亦時有增益。故縣沿革之後，間有載羈縻、溪洞州、縣、城、場者，柳州、雅州、黔州皆有羈縻州，邕州有溪洞州、縣，瀘州有樂共城，融州有沛溪場、樂善州。亦有載監司、宗司、軍帥沿革者。福州、泉州皆有監司、宗司沿革，鎮江府、建康府、江州、鄂州、上利州皆有監司、軍帥沿革，臨安府、紹興府、池州、饒州、隆興府、撫州、贛州、眞州、泰州、衡州、常德府、廣州、韶州、靜江府、象州、梧州、建寧府、嘉定府、潼川府、遂寧府、資州、重慶府、興元府皆有監司沿革，江陵府、上金州皆有軍帥沿革。今按：嘉興府、慶元府皆有市舶司，安慶府有淮西提刑司，蘄州有榷茶場，和州有提舉司。依全書之例，各條之前皆當有監司沿革一行。風俗形勝之前，有載歷代宮苑、殿閣制度者。建康府，在南宋時為陪都之地，置行都留守，故特設此一門。亦猶臨安府在當時為行在所，其宮闕殿等門皆他卷所無也。四六之後，有載《續志》考訂境土故疆者。長寧軍修《續志》時，象之為郡文學，故備述已所考訂者列於卷末。是皆因地制宜，為此變通之法，固非自紊其例也。

　　若夫縣沿革門，或附鎮。茶陵軍縣鎮門載：永安鎮、霞陽鎮、茶陵鎮、舡場鎮。注云：「縣沿革與軍沿革同。」官吏門，或分上下，或分牧守、令佐。臨安府、鎮江府、隆興府、揚州、廣州，官吏皆分上下。江陵府下官吏，牧守為一門，令佐為一門。紹興府、建康府、寧國府、徽州、襄陽府，官吏亦分上下，官吏下皆注令佐。或附封建，或附遷客、避地寓客、過客。永州官吏門，注云：「封建附。」袁州官吏門注云：「封建、遷客附。」新州官吏門，注云：「皆遷客也。」潯州、高州、合州官吏門皆注云：「遷客附。」昭州官吏門，注云：「遷客避地附。」柳州官吏門，注云：「遷客寓客附。」德安府金州官吏，注云：「寓客附。」藤州官吏，注云：「遷客過客附。」人物門，或附遷客，南康軍、辰州。或附耆老，昌化軍。或附烈女。江陰軍。仙釋門，或附神，徽州、隨州、福州、邵武軍、普州、重慶府、南平軍。或附神異，廣德軍、德安府。或附隱士，滁州。或改仙釋為道釋，昌化軍、長寧軍。或有仙而無釋。萬安軍。碑記門，或改稱碑碣，建康府。或改稱碑刻，房州。或改稱記錄文。長寧軍。詩門，或分上下，揚州、岳州、峽州、漢陽軍、鄆州、廣州、靜江府、梧州、潼川府、興元府、利州、閬州、洋州、劍門關。或分各類。揚州、岳州、峽州、廣州。詩各分上下之外，揚州又有懷古詩，岳州又有岳陽樓詩、洞庭湖青草湖詩、君山詩，峽州又有楚塞樓詩，廣州又有越王臺詩、五羊菖蒲澗仙詩、峽山寺詩。他如臨

安府、嘉興府等卷之詩，不分上下，而別立門目者，其類甚多。若泉州洛陽橋詩，注云「諸橋附」，則是分類之中仍有附錄，更變例之尤者矣。與古蹟與仙釋，或並爲一門；大安軍。官吏與人物，或並爲一門；德慶府、茂州、大寧監、大安軍。亦不過偶有參差，未能畫一，於大體究無損也。

至於所載事蹟，有不合列於景物者，常州神君、紹興府一邱二元，皆當列於官吏。瑞州八行科、江州三隱、揚州三魁五雋、高郵軍四學士，皆當列於人物。建康府青溪姑、南康軍窮神，皆當列於仙釋。有不合列於古蹟者，池州宋齊邱增賦，當列於風俗形勝。撫州杯山三聖，當列於仙釋。有不合列於官吏者，信州龐籍、楊億，當列於人物。池州《三賢壁記》，當列於碑記。有不合列於人物者，南康軍五賢堂，當列於古蹟。常州豐稷、賀州岳飛、金州裴瑾、季康張仲方，皆當列於官吏。有不合列於仙釋者，隆興府葛仙壇、葛仙山、王喬壇、應聖宮、十二眞君宅、麻姑觀，建昌軍麻源，郴州武丁岡，茶陵軍赤松壇，彌勒山大悲山，辰州鬼葬山，皆當列於古蹟。有不合列於碑記者，歙州折絹本末，當列於風俗形勝。澧州柿木成太平字，當列於景物。有不合列於詩者。瓊州詩門引《虞衡志》翠尖浮半空，當列於風俗形勝。且有前後重出者，未盡刪除；嘉興府仙釋門有師夏氏，又有寶安禪師；有朱涇船子禪師，又有船子和尙。覈其事蹟，彼此全同，其爲重出無疑。餘仿此。彼此互見者，未盡符合；廣州景物下觀音院，注云：「盧肇有詩，詳見詩門。」今考詩門，未載盧肇此詩。建寧府風俗形勝門西山之爽，注云：「見紫霞洲注。」今考景物下紫霞洲，注未言西山。漳州景物上湯泉浮山，注云：「見西江下」；景物下瑞泉堂，注云：「見閩中道院下」；今考景物上西江注未言湯泉浮山，風俗形勝門閩中道院注未言瑞泉堂。瀘州景物下觀音岩，注云：「詳見《崇德廟記》。」今考景物古蹟仙釋碑記等門，皆未載《崇德廟記》。款式懸殊者，未盡更正。撫州監司沿革提舉茶鹽常平司條下，「象之謹按」云云。衡州監司沿革荊湖南路提點刑獄司提舉常平茶鹽司條下，皆有「按國史」云。金州軍帥沿革金州都統司條下，「《朝野雜記》」云云。俱係單行大字，依全書之例，當作雙行小字。思州碑記門縉紳馮先生作《夏總幹墓誌》云云，亦係單行大字。車氏持謙云，與通篇體例不符，疑原本有誤。時代錯雜者，未盡清釐。按：全書之例，官吏皆序時代。臨安府官吏下，陳渾上當有漢字，虞翻上當有吳字，房琯上當有唐字，秦少游上當有國朝二字。他皆仿此。又按：全書之例，人物敘時代，而仙釋不敘時代。蓋仙釋之時代多荒邈難稽，其可考者甚少，故不復細爲分析。其有敘及時代者，蓋沿地志之舊文，未經刊削耳。此則百密之一疏，不無遺憾。

《自序》所謂書品浩繁，非一家所有，隨假隨閱，故編次之序未能盡歸律度者，亦自覺其有未安耳。然而校勘古人之書者，當識其大綱，而不必苛求小失。今於細故之無關體要者，第就初見發其凡，俾由此可以類推，而其

餘則不復毛舉，臨安府風俗形勝門，兩引白樂天《冷泉亭記》，其中未間以它篇。依全書之例，次條當言同上。而亦重述人名、題目者，蓋刪掇地志舊文，未及審覈耳。又景物上上湖、下湖注云：「餘杭縣南五里有｜｜，西二里有下湖。」依全書之例，注中下湖二字亦當作｜｜。此蓋編輯時偶失檢耳。後凡類是者，當以此意求之。以免繁瑣之弊焉。〔註49〕

輿地紀勝補闕序　代甘泉岑紹周提舉作

道光癸卯春初，建功刻《舊唐書》既成，即欲重刊鈔本《輿地紀勝》，兩書皆延同人纂輯校勘記。《舊唐書校勘記》梓行之後，建功曾就諸書所引《舊唐書》與今本不相附麗、無須悉載於《校勘記》者，為之會萃成書，名曰《舊唐書逸文》，凡十有二卷。《紀勝校勘記》脫稿後，建功因復仿前例，就諸書所引《紀勝》為今本所闕，不必列入《校勘記》者，掇拾搜羅，別為一編，共得十卷，名曰《紀勝補闕》。

蓋《舊唐書》雖有逸文，而無闕卷，其闕葉亦無明徵。若《紀勝》則全闕者三十一卷，溫州、婺州、處州、衢州、光州、無為軍、安豐軍、潭州、成都府上、成都府下、崇慶府、眉州、彭州、縣州、漢州、邛州、黎州、夔州、開州、施州、達州、珍州、忠州、沔州、階州、成州、西和州、鳳州、文州、龍州、天水軍。有闕葉者十有七卷，臨安府、平江府、饒州、揚州、楚州、黃州、濠州、寶慶府、襄陽府、均州、循州、永康軍、興元府、閬州、巴州、洋州、劍門軍。是故據《紀勝》本書之注此門，言詳見他門，則闕葉之逸文可知；平江府風俗形勝門全闕，據仙釋門晉支遁注，則風俗形勝門當有晉支遁事。濠州景物下古蹟、官吏、人物等門皆闕，據風俗形勝門各條，則景物下當有條然亭，古蹟門當有塗山禹廟，官吏門當有梅呂，人物門當有莊子。興元府官吏門全闕，據府沿革注，則官吏門當有蕭思話。此卷言詳見別卷，則闕卷之逸文可知。光州全闕，據安慶府古蹟門獨山楊行密祠注，則光州古蹟門當有獨山。忠州全闕，據萬州人物門甘寧注，則忠州人物門當有甘寧。其當補者一也。

《輿地碑目》即節錄《紀勝》中碑記一門，故闕卷內之碑記可補，顧氏千里《碑目序》云：「且今者《紀勝》闕卷三十有一，好事者每惜其末由補全，孰知求之此書，則三十一卷之碑記一門，唯荊湖南路之潭州，成都府路之彭州、縣州、漢州、邛州、黎州，利西路之天水軍，俄空其七耳。以外尚多無恙者，實原書之墜簡也。」今按：珍州、階州，原書

〔註49〕　《輿地紀勝》所附《序》，文末有「道光丁未十二月，儀徵劉文淇撰」（王象之編著：趙一生點校《輿地紀勝》第11冊，浙江古籍出版社2012年版，第3969頁），可知作於道光二十七年（1847）。

本無碑記，成都府分上、下兩卷，碑記例在下卷，故上卷不應有碑記。顧氏言「俄空其七」，此三卷不在所數之內。蓋闕卷三十一，無碑記可補者十卷，有碑記可補者二十一卷。闕葉內之碑記亦可補。顧氏《碑目序》又云：「今所據但鈔本闕卷之外，復多闕葉。如楚州、濠州、興元府及永康軍之下半碑記，均藉此書而僅存。愈微其有益者，非尠矣。」而碑記之注有言詳見各門者，復可定爲逸文。崇慶府全闕，據碑記萬歲寺碑注及法天寺留題注，則景物下當有萬歲寺、法天寺。又據碑記善頌堂留題注，則官吏門當有趙抃。眉州全闕，據碑記杜子美兩川夔峽諸詩石刻注，則景物下當有大雅堂。鳳州全闕，據碑記隋朗法禪師碑注，則仙釋門當有隋朗法禪師。其當補者二也。

《一統志》、《方輿紀要》所引《紀勝》，往往在闕卷、闕葉之中，疑是時尚有完本。錢遵王《讀書敏求記》載《紀勝》二百卷，云：「鏤刻精雅，楮墨如新，乃宋本中之佳者。」顧氏《碑目序》云：「似仍係完帙，不審尚在世間否耳。」今按：《一統志》稿本係崑山徐健菴尚書所輯，顧景範亦與分纂之列。景範與遵王皆常熟人，健菴亦與遵王同郡，其時書局設於洞庭山，所引《紀勝》或即據遵王之完本，亦未可知。至於《紀要》所引《紀勝》，當即景範在書局時所摘錄耳。其當補者三也。

所引逸文，有作《方輿紀勝》者，疑即《輿地紀勝》之訛。《一統志》福州府、福寧府、泉州府，各引《方輿紀勝》一條。《方輿紀要》鄭州引《方輿紀勝》一條。有但言王象之者，亦皆《輿地紀勝》之語。《方輿紀要》衢州府引王象之三條，壽州、東平州、河州、隰州、永寧州，各引王象之一條。今並一律採錄，以備參稽。其非《紀勝》原文，則毫不濫載。蓋用《元和志逸文》之例，不使他說與原文雜糅。嚴氏觀《元和郡縣補志》、陳氏蘭森《寰宇記補闕》，皆原文少而他說多。惟周氏夢棠《元和志逸文》專輯《御覽》、《玉海》、《通鑑地理通釋》等書所引原文，絕不雜以他說。雖闕卷、闕葉未能頓復舊觀，而以僞混眞之弊，亦庶乎免矣。

若夫原本並非闕卷，又無闕葉，而他書所引實係逸文者，蓋王氏此書，每卷分子目十二，《養新錄》云：「《輿地紀勝》每府、州、軍、監分子目十二：曰府州沿革，若有監司、軍將、駐節者，別敘沿革於州沿革之後；曰縣沿革；曰風俗形勝；曰景物上；曰景物下；曰古蹟；曰官吏；曰人物；曰仙釋；曰碑記；曰詩；曰四六。」而子目間亦偶闕。有時明注其闕，橫州梁山軍人物門，南安軍柳州仙釋門，靖州詩門，衡州、威州、渠州、敘州、黔川、雲安軍、蓬州四六門，封州仙釋門、碑記門，石泉軍碑記門、詩門，宜州碑記門、四六門，茶陵軍碑記門、詩門、四六門，皆增注闕字。有時未注其闕。襄陽軍融州人物門，歸州、新州、化州、欽州、鬱林州、南平軍、隆慶府、洋州四六門，皆未注闕字。有時不但不書闕字，抑且不標子目之名，故或少一門，襄陽軍、雲安軍無官吏，漢陽軍、連

州、容州、利州無人物，柳州、欽州、威州無仙釋，橫州無碑記，武岡軍、信陽軍、高州、賀州、昌州、廣安軍、富順監、萬州、梁山軍無四六，茶陵軍景物不分上下。或少二門，天水軍無古蹟、人物，鬱林州無人物、仙釋，萬安軍無人物、四六，吉陽軍無仙釋、碑記，潯州、大寧監無仙釋、四六。或少三門，廉州無人物、仙釋、碑記，靖州無人物、仙釋、四六，藤州無人物、碑記、四六。或少四門，沅州無人物、仙釋、碑記、四六。或少五門，思州無官吏、人物、仙釋、詩、四六。此闕卷闕葉之外，所以尙有逸文也。況乎傳寫者不無偶遺，而全書之通例，每卷各門之末大率皆留空行，以待續有增補。凡今本所載太略者，必有脫文；德慶府碑記門止有《圖經》一種，貴州碑記門止有《懷澤志》一種，此外更無一碑。所記未全者，必有墜簡。隆慶府縣沿革普成縣注，但言縣之舊名，未言何時改今名。此原本有而傳寫之本無也。成書以後，有空行可續者，則附入各門之中；衡州碑記門，注云：「《圖經》無碑記門，而碑記散見諸處，無年月可考。」據此，則是州碑記必有續入者，可知各卷碑記門之例，志書皆列於末。此卷《衡陽志》後，又有《吳九眞谷府君碑》、《臨海谷侯碑》，其爲增補無疑。無空行可增者，則補注子目之下；建寧府人物門，注云：「王安石、李綱皆生於松溪之簿廳，主簿陳當時嘗書於壁，以爲盛事。」今按：此門之末無空行，故夾註於子目之下。此初印之本無而續增之本有也。諸書所引逸文，意者初印之本所無，續增之本所有，而《一統志》、《紀要》所引，係續增之本歟？抑或原本實有此條，今本傳寫逸去，而《一統志》、《紀要》所引仍係原本歟？

　　惟是目錄所載郡縣，自行在所臨安府至天水軍，祇南渡偏安疆域。《直齋書錄解題》云：「行在宮闕官寺，實冠其首，闕河版圖之未復者，猶不與焉。」而逸文內所載郡縣，有屬京東西路者，東平府一則。有屬京西北路者，鄭州一則，陳州二則。有屬陝西永興軍路者，京兆府一則。有屬陝西秦鳳路者，河州、洮州各一則。有屬河東路者，絳州、隰州、石州、蔚州各一則。皆北宋全盛之提封，至南宋時則不列版圖之內，似非《紀勝》所應有。然考王氏《自序》云：「東南十六路，以在所爲首，而西北諸郡，亦次第編集。」則當日於東南諸路纂輯告成，復就西北各州別爲續錄，猶之祝穆《方輿勝覽》止述東南，而它書所引逸文兼及西北，《一統志》直隸順天府、河南南陽府汝州、陝西鳳翔府商州、華州，所引各一則。《方輿紀要》直隸大名府、陝西西安府，所引各一則，鳳翔府所引二則。亦於成書之後更有補編耳。呂午《方輿勝覽序》云：「我瞻四方，禹跡茫茫，思日闢於先王，慨未歸於故疆。必也志存乎修攘，步極乎亥章，使吾和父涉歷彌長，聞見彌詳，紀載益鋪張，而《勝覽》益輝煌。」今按：和父即祝穆之字，祝氏補紀北方郡縣，蓋因呂《序》所言而推廣之也。王氏地理之學

較祝氏尤深，使所紀西北諸郡之書至今具在，其沿革掌故當必蔚爲巨觀。惜乎舊本全亡，轉引者僅見此十數則，用是匭爲甄錄，附諸東南各路之餘。俾閱者由此類推，尚可想見其原書之梗概也。

至於王氏別有《輿地圖》十六卷，與《紀勝》相輔以行，其搜輯甚詳。《直齋書錄解題》云：「《輿地圖》十六卷，王象之撰。《紀勝》逐州爲卷，《圖》逐路爲卷。其搜求亦勤矣，至西蜀諸郡尤詳。」而自元、明以來，更無稱引之者。其體裁義例，末由窺測其大凡，與《元和志》之佚去原圖同爲憾事，此則非後人所能臆補者已。

胥浦考

《隆慶儀眞縣志》云：「胥浦，在縣西十里甘露鄉，舊志相傳爲伍員解劍渡江故處。」又云：「舊志載胥浦有子胥祠，然祠廢已數百年。」據此則浦之得名，由於伍相〔註50〕，其來已久，而非起於近時，蓋地以人重者矣。乃論者或以爲疑，其故有三：一則以奔吳之時先後難定也，一則以渡江之地遠近難明也，一則以濟阨之人有無難決也。今請徵之載籍，舉凡所疑者，悉爲釋焉。

《史記・子胥傳》云：「伍胥既至宋，乃與太子建俱奔於鄭。太子建又適晉，晉頃公曰：『滅鄭而封太子。』太子乃還鄭。從者知其謀，告之於鄭，誅殺太子建。建有子名勝。伍胥懼，乃與勝俱奔吳。」《吳越春秋》所記略同。《呂氏春秋・異寶篇》云：「五員亡荊，急求之，登太行而望鄭，去鄭而之許，因如吳。」《越絕書》云：「子胥聞之，即從橫嶺上太山，北望齊晉。於是乃南奔吳。」說雖小異，亦謂子胥

〔註50〕 吳世傑《近集南歸集》有《胥浦懷古》（《覽湖草堂集》，清康熙刻本）云：
赤岸走濤聲，白沙明江滸。靈飇颯然至，識是子胥浦。吹簫向吳市，被髮傍江渚。我來懷英風，歷落振千古。堅貞著鴟夷，大義虧覆楚。擊楫一長望，白晝疑江雨。翠旗紛有無，精英自軒舉。回顧浣女灘，微茫久延佇。
陳文述《頤道堂集》詩選卷七《胥浦是伍子胥解劍渡江處古詩二首》（清嘉慶十二年刻道光增修本）云：
遺廟枕江滸，落日黯危渡。子胥昔亡命，使劍於此去。太息蘆中人，途窮更日暮。乞市龍蟠泥，耕野豹隱霧。一旦說闔閭，功名感遭遇。父仇亦既復，國事敢弗顧。覆楚功已成，報越謀竟誤。吁嗟屬鏤賜，悲憤到末路。所以錢塘潮，千載有餘怒。三復小海唱，吾憶夏仲御。
瀨女既抱石，漁父亦沉舟。婉孌與衰朽，不知焉所求。此心苟無媿，見疑亦何尤。奈何狥行路，性命輕浮漚。戰國此風盛，布衣傲王侯。侯嬴奪晉符，田光復燕仇。與人家國事，皆以一死酬。名節誤意氣，忠孝消恩讎。輕死與苟活，正士良所羞。

先至北方，然後奔吳。案：《左氏·昭二十年傳》云：「棠君尙謂其弟員曰：『爾適吳。』」又云：「員如吳，言伐楚之利於州於。夫尙教之以適吳，員遂從其言，如吳。」《公羊·定四年傳》云：「伍子胥父誅乎楚，挾弓而去楚，以干闔廬。」《穀梁·定四年傳》云：「子胥父誅於楚也，挾弓持矢而干闔廬。」是三傳皆言子胥去楚即往吳也。此子胥自棠奔吳，未歷他國之證。春秋時，宋、鄭等國皆畏楚，而楚又畏吳。子胥既欲謀楚，豈肯近捨強大之吳，而遠就弱小之宋鄭乎？《哀十六年傳》云：「鄭人省之，得晉諜焉，遂殺子木。其子曰勝，在吳。」杜《注》云：「子木，即建也。夫但言勝在吳，而未言與子胥往吳。」《新序·義勇篇》云：「建有子曰勝，在外。」亦不言與子胥同奔。此子胥一身奔吳，不偕勝行之證。子胥父奢，因白建之枉，爲平王所殺。子胥志在復讎於平王，縱不遷怒於其子孫，亦斷不與建同奔宋、鄭，又焉得與勝同奔吳乎？子胥及勝先後奔吳，皆在昭二十年，而勝之奔在秋冬之際，《史記·子胥傳》云：「鄭定公與子產誅殺太子建。」《左氏·哀十六年傳》云：「楚太子建之遇讒也，自城父奔宋，又辟華氏之亂於鄭。」《昭二十年傳》載華氏之亂，楚建之奔在是年六月。子產之卒，《傳》雖未言何月，而既載於是年之末，則必在冬時無疑。建自鄭適晉，又自晉還鄭，中閒幾經展轉，其爲鄭人所殺，非秋末即冬初。勝之奔吳，必此時也。子胥之奔在春夏之間。《左氏·昭二十年傳》先言三月太子建奔宋，次言召伍尙、伍員，然後言殺伍奢、伍尙。其往返亦需時日，大約非春末即夏初。子胥之奔吳，必此時也。《吳越春秋》所紀蘆漪深葦之語、麥飯盎漿之詞，正與節序相合，然則奔吳之時先後不難定矣。

　　春秋時棠邑，即今日之六合。《御覽》一百六十九引《十道志》曰：「六合縣，本秦棠邑縣，春秋時棠也。」而邗邑，即今日之揚郡。《左氏·哀九年傳》云：「吳城邗，溝通江淮。」杜《注》云：「今廣陵韓江是。」儀徵之地，自今日言之，則揚郡之西、六合之東也。自春秋時言之，則邗邑之西、棠邑之東也。吳未叛楚以前，專屬於楚。《左氏·成七年傳》云：「教之叛楚。」又云：「吳始伐楚，伐巢，伐徐。」杜《注》云：「前是吳常屬楚。巢、徐，楚屬國。」案：以《元和郡縣志》考之，徐國即泗州之地，在邗邑之北，而吳境則在邗邑之南。當楚國全盛之日，吳與徐皆屬於楚。邗邑介乎吳、徐之間，亦必屬於楚矣。吳既城邗以後，專屬於吳。《說文》「邗」字下云：「國也。今屬臨淮。一曰邗本屬吳。」段《注》引錢氏大昕云：「許前後兩說，後說似即用《左氏》『吳城邗，溝通江淮』之文。」案：邗爲國名，許君必有所據，其爲何國所滅，則不可考。至於本屬二字，乃對今屬而言，亦謂城邗以後，非謂城邗以前也。子胥奔吳，在叛楚以後、城邗以前。雖淮上之路，吳人久已往來，而江北之區，吳國尙未戍守。《左氏·襄三年傳》云：「晉侯使荀會逆吳子於淮上，吳子不至。」杜《注》云：「道遠多難。」《昭十三年傳》云：「晉侯會

吳子於良，水道不可，吳子辭，乃還。」杜《注》云：「下邳有良城縣。」案：申公巫臣及其子狐庸，自成公七年已往來於吳、晉。而吳子壽夢於襄十年曾會諸侯於柤，必皆取道於淮上。特江北未入版圖，假道而行，不若置郵之便耳。邗邑既爲閒田，故此浦亦無專屬。當時邗邑若已屬吳，子胥必先投之以紓難。邗邑若尚屬楚，則平王必嚴備之以捕亡。今皆不然，故知其無所屬也。三國時，吳、魏畫江爲境，廣陵之地彼此棄而不居，與吳、楚之事相似。子胥欲由棠邑渡江，則恐楚人設伏以遮之。《通鑑地理通釋》引《元和郡縣志》云：「瓜步山在六合東南二十里，臨大江。」案：《吳越春秋》云：「到昭關，關吏欲執之。」然則瓜步之渡，必有掩伺之人可知，此子胥所以不改往也。欲由邗邑渡江，則恐楚人窮追以困之。《吳越春秋》云：「追者在後，幾不得脫。」惟此浦在兩邑之間，伏未及設，追求及至，故由是以渡江也。以今日形勢論之，自胥浦至江尚有十里之遠，明李文《胥浦橋記》云：「又十里，南入於江。」而當日即由此渡江者，古今水道遷徙靡常，故昔日瓜洲爲江中之沙，而後世立鎮；嚴氏觀《元和郡縣補志》據《寰宇記》引原文云：「瓜洲鎮，昔爲瓜洲村，蓋揚子江中之沙磧也。狀如瓜字，遙接揚子渡口。」昔日胥浦爲江口之渡，而後世建橋，其事正相類耳。然則渡江之地遠近不難明矣。

由棠邑而至此浦，則過雞留山，《隆慶儀眞縣志》云：「雞留山，在縣西三十五里。」案：據此則胥浦在雞留山東二十五里。由此浦而往吳都，則過溧水。吳都即今蘇州府城。自胥浦渡江往蘇州者，溧水、溧陽皆其要道。子胥至雞留山時，濟其阨者爲馮氏女；至溧水時，濟其阨者爲史氏女；說詳《浣紗女祠墓考》。至此浦時，濟其阨者爲漁父。三人皆有德於子胥，而漁父之功尤巨。《吳越春秋》、《越絕書》言漁父殺身以送子胥。《吳越春秋》云：「子胥行數步，顧視漁者，已覆船自沉於江水之中矣。」《越絕書》云：「子胥行，即覆船，挾七首自刎而死江水之中，明無泄也。」《呂氏春秋》、《史記》言漁父邁跡，以避子胥。《呂氏春秋》云：「丈人度之絕江，五員過於吳，使人求之江上，則能得也。」《史記》云：「伍胥既渡，解其劍以與父，父不受。」以情勢揆之，當以邁跡之說爲確。蓋子胥業已渡江，追兵不足爲患，又何慮其泄言，漁父止合伏處以終其身，不應如二女之自殺以明義也。然諸書雖傳聞異辭，而極力表彰，如出一口，誠以賢豪義士隱於漁釣之內，潛於津渡之間者，古今不乏其人。如庾季堅得達於會稽，《通鑑》九十四云：「蘇峻遣兵攻吳國內史庾冰，冰不能禦，棄郡奔會稽。至浙江，峻購之甚急。吳鈴下卒引冰入船，以籧篨覆之。每逢邏所，輒以杖叩船曰：『何處覓庾冰，庾冰正在此。』人以爲醉，不疑之，冰僅免。」文信國得脫於京口，《指南錄》云：「與人爲謀，皆以無船，長歎而止。余元慶遇其故舊，爲敵管船，遂密叩之，許以承宣使銀千兩。其人曰：『吾爲宋朝救得一丞相回，建大功業，何以錢爲？』」《後序》云：「至

京口，得間奔眞州。」皆賴舟子、榜人之力，而漁父之事正與相同，則實有其人明矣。況其後漁父之子進一言於子胥，而退師以報其恩。《吳越春秋》云：「鄭定公前殺太子建，而困迫子胥，乃令國中曰：『有能還吳軍者，吾與分國而治。』漁者之子應募曰：『臣念前人與君相逢於途，今從君乞鄭之國。』子胥歎曰：『吾蒙子前人之恩，豈敢忘也。』於是乃釋鄭國。」《越絕書》云：「吳使子胥救蔡，誅強楚，有野人謂子胥曰：『止。吾是於斧掩壺漿之子，發簞飯於船中者。』子胥乃知是漁者也，引兵而還。」案：鄭國未嘗困迫子胥，《左傳》亦不言子胥伐鄭。其時昭王在隨，子胥欲得而甘心，何肯捨隨而伐鄭？且楚爲子胥大仇，攻之不遺餘力，然後罷兵，豈因漁者之子而退？況鄭與隨去邗邑甚遠，漁者之子焉能往應其募乎？竊疑困迫子胥者，乃奔吳時棠人之事。子胥欲報者，乃破楚後過棠之時。邗邑去棠甚近，故漁者之子往見子胥耳。後人因棠本楚邑，指爲入楚時事。又因鄭殺子建，指爲攻鄭時事。皆失之矣。其事與留雞於山，並彰彰在人耳目，子胥破楚，還過邗邑，留雞以祀浣紗女。其伐棠而遇漁者之子，即在是時。安可以烏有亡是爲疑乎？然則濟阨之人有無不難決矣。

　　要之，揚郡水名可考者，以胥浦爲最古，而邗溝諸跡在其後焉。揚郡人物可考者，以漁父爲最先，而召平等人在其後焉。觀其濟子胥於此浦也，作歌以示其途，則有明哲之智。《越絕書》云：「至江上，見漁者，曰：『來渡我。』漁者知其非常人也，欲往渡之，恐人知之，歌而往過之，曰：『日昭昭侵以施，與子期乎蘆之碕。』子胥即從漁者之蘆碕，日入，漁者復歌往云：『中心目施，子可渡河。何爲不出？船到即載，入船而伏。』」取餉以恤其乏，則有愷悌之仁。《吳越春秋》云：「子胥既渡，漁父乃謂曰：『爲子取餉。』子胥疑之，乃潛身於深葦之中。有頃，父來，持麥飯鮑魚羹盎漿，因歌而呼之曰：『蘆中人，蘆中人，豈非窮士乎？』子胥乃出，曰：『性命屬天，今屬丈人。』」託詞以卻其贈，則有耿介之廉。《呂氏春秋》云：「解其劍以予丈人，丈人不肯受，曰：『荊國之法，得五員者爵執圭，祿萬擔，金千鎰。昔者子胥過，吾猶不取，今我何以子之千金劍爲乎？』」遜語以隱其名，則有謙讓之節。《越絕書》云：「半江，而仰謂漁者曰：『子之姓爲誰，還得報子之厚德。』漁者曰：『縱荊邦之賊者，我也。報荊邦之仇者，子也。兩而不仁，何相問姓名爲？』」蓋深得士君子之風，而非僅具俠烈之氣。厥後子胥佐強吳以摧勁楚，勳績震耀於寰區，而回溯其所自來，皆出若人之賜。子胥既立廟於胥浦，則漁父之祀不合闕如。即特建專祠，亦非踰分。《隆慶縣志》言知縣申嘉瑞改建子胥祠於儀眞西門之外，而並祭漁父，固其宜耳。況子胥歿後，浮江之地，後人稱爲胥山；事見《史記》。生前濟江之津，後人號爲胥浦，彼此正相輝映，考古之士所樂聞也。論者既不疑胥山爲緣飾之名，豈可疑胥浦爲附會之說耶？

浣紗女祠墓考

《隆慶儀眞縣志》及《雍正揚州府志》紀白沙馮氏浣紗女事，甚爲詳悉。蓋子胥自楚奔吳，乞食於女，囑以勿言女，遂赴水死，以示絕口。《隆慶縣志·人物考》云：「浣紗女馮氏，故白沙人。」《祠祀考》引舊志云：「伍員亡楚過此，見女子浣紗，因囑之曰：『後有追兵，至切勿言。』女遂赴水，以示絕口。」《雍正府志·祠祀門》云：「女飯伍員，員囑以勿言，遂赴水死。」子胥破楚還，過其地，欲報其家不得，乃留雞於山祀之，後人因名其山曰雞留。祠與墓皆在其側。《隆慶縣志·山川考》云：「雞留山，在縣西三十五里。舊志云：『伍子胥欲報浣紗女，而不知其家，乃留雞於山祀之。』」《名跡考》云：「浣紗女馮氏墓，舊志在雞留山南。」《祠祀考》云：「浣紗女廟，舊在縣西四十里。舊志云員感其義，後回至其地留雞以祀，即今雞留山也。眞人慕義，立廟祀之。」《雍正府志·山川門》引《名勝志》云：「伍子胥既得志，欲報浣紗女，而不知其處，乃留雞於山以祀之，謂浣紗女葬此山也。」《列女門》云：「後員滅楚還，留雞祀之而去，人因名其山曰雞留，立廟山側。」二《志》所言，本於舊志及《名勝志》，固確有據依，可爲典要，而非輕聽流俗以濫登也。惟是《吳越春秋》、《越絕書》皆言子胥至溧陽瀨水時，乞食於女子，子胥既行，女子投瀨水死〔註51〕。其事頗與浣紗女相類。

《雍正揚州府志》以溧水之事爲虛，儀徵之事爲實。《烈女門·浣紗女傳》注云：「《吳越春秋》以爲溧水事。按：溧水爲吳內地，與楚絕遠，追員者勢不能及。而白沙接壤棠邑，不半日可至。舊志載此，蓋必有所據也。」《雍正儀眞縣志》及《嘉慶揚州府志》以溧水之事爲實，儀徵之事爲虛。《雍正縣志·山川門》引《吳越春秋》、《越絕書》云：「據此，女子當在溧陽，非儀眞也。舊志相傳，今姑仍之。」《嘉慶府志》云：「按：今江寧府溧水縣，有唐李白撰《瀨水上古貞義女碑》。」據此，則不在儀徵境內矣，姑存之以俟考。今考《吳越春秋》、《越絕書》載子胥告溧水女子之詞，但令其掩壺漿，而不戒以勿言。良以儀徵在江北、溧水在江南，在江北則追者甚可虞，至江南則追者不足慮。故所履之地既異，斯所囑之語亦殊。所謂言豈一端，各有所當。彼以溧水之事爲虛者，非也。溧水之女子爲史氏，李太白《碑》文云：「貞義女者，

〔註51〕 張九鉞《紫峴山人全集》詩餘卷上《水龍吟·溧陽城外訪瀨上貞義女祠作》（清咸豐元年張氏賜錦樓刻本）云：

春風花落無言，貧家貞女纔三十。無心擊漂，忽逢告困，憐伊匍匐。手掩壺漿，身投懶渚，月澄波白。算義聲傳激，淮陰老嫗，也解進，王孫食。　此去勾吳咫尺，遂生平，報仇事業。誓懷神鬼，雪誠今古，千金憑擲。經過壯士，甘爲下拜，還潸淚滴。只當年不死，雄文甚處，訪青蓮石。〔春風三十、花落無言，及文或不死，皆太白《貞義女祠碑銘》中語。〕

溧陽黃山裏史氏之女也。」儀徵之女子爲馮氏，則其姓不同。史氏女擊緜絮，《吳越春秋》言擊緜，《越絕書》言擊絮。馮氏女浣紗，則其業不同。過溧水，投金於瀨；《吳越春秋》云：「子胥等過溧陽瀨水之上，將欲報以百金，而不知其家，乃投金水中而去。」過儀徵，留雞於山；則其跡不同。是明係二處之事，不當牽合爲一。彼以儀徵之事爲虛者，亦非也。蓋一人之身，所歷之境、所遇之人，前後相類者，史傳所述，往往有之。故以吳國之事證之：闔廬初用專諸以謀王僚，繼用要離以謀慶忌，見《左傳》及《吳越春秋》。不得謂專諸之事爲實，要離之事爲虛也。以楚人之事證之：子常甫索裘佩於蔡昭，旋索驌驦於唐成，見《左傳》及《吳越春秋》。不得謂蔡昭之事爲實，唐成之事爲虛也。以寄食之事證之：韓侯先乞於亭長，後乞於漂母，見《史記》及《漢書》。不得謂漂母之事爲實，亭長之事爲虛也。以列女之事證之：晏子曾見婧女而救其父，又賢御妻而薦其夫，見《晏子春秋》及《列女傳》。不得謂御妻之事爲實，婧女之事爲虛也。然則子胥由楚奔吳，乞食於二女，皆當時之實事。焉得因浣紗女之跡不列於《吳越春秋》、《越絕書》，而遂以爲虛乎？

且以揚郡舊跡言之，自禹王祠以外，郡人之祠見於志者，莫古於浣紗女祠〔註 52〕；自盤古墓以外，郡人之墓見於志者，莫古於浣紗女墓。誠以山川之內，雞留山得名最先；列女之中，浣紗女裦然居首。雖所行爲賢智之過，不盡合於中庸，然其秉節之堅貞，《吳越春秋》述溧水女子之言曰：「妾獨與母居三十年，自守貞明，不願從適，何宜饋飯而與丈夫，越虧禮義，妾不忍也。」案：浣紗女之投水，蓋欲以自表其貞，而非但以示絕口，與溧水女子異地有同心焉。《吳越春秋》贊溧水女子云：「貞明執操，其丈夫女哉！」其論最爲平允，即移以贊浣紗女可矣。仗義之慷慨，《吳越春秋》云：「女子知非恒人，發其簞筥，飯其盎漿，長跪而與之，子胥再餐而止。女子曰：『君有遠逝之

〔註 52〕屈復《弱水集》卷七《浣紗女祠》（清乾隆七年賀克章刻本）云：

滿祠紅葉樹，長染浣紗秋。雪浪追兵勢，蘆花乞食愁。簾間看翠羽，簷外聽江流。仙矣金何用，英雄薦未休。

張九鉞《紫峴山人全集》詩餘卷上《水龍吟·弔浣紗女祠在眞州城西百沙江上]》（清咸豐元年張氏賜錦樓刻本）云：

當時巾幗英雄，浣紗先有江頭女。追兵後蹙，洪波前截，亡臣線縷。俊眼千秋，義聲俄頃，非關讐楚。歎白沙滾雪，皓月年年，照不了，貞心苦。　遺廟猶存舊浦，望酬恩，祀雞何取。榴花香裏，菖蒲風外，明瑫翠羽。來搴芳芷，恍逢英魄，幾番簫鼓。通胥江一片，靈潮夜夜，拜鱄鮮去。〔《揚州府志》載子胥以雞祀女山下，今名祀雞山。子胥死後，越兵入吳，化鱄鮮，阻越兵，祀之乃退，名其門曰鱄門，今訛爲葑鱄。鮮即江豚。〕

行，何不飽而餐之？」」案：浣紗女之事，志乘雖未詳言，然既肯飯子胥，則大約必與之相類。明李文《重建伍子胥祠記》云：「不食，將饑而死矣，幸而獲盬飧焉。則浣紗女子未必非天所假以濟子胥。」其說得之。足以廉頑而立懦，固非尋常巾幗所敢希也。試思饋飧以紓家難者，僖氏之妻；見《左傳》及《列女傳》。殺身以顯弟名者，聶政之姊。見《史記》及《續列女傳》。自迂儒評之，必有大不滿者，而《列女傳》中皆加以褒頌，絕無貶詞。蓋善善從長，無取乎深刻之論耳。況僖氏之妻敬上賓以加禮，實欲免禍於他年。而浣紗女拯窮士以捐生，非因邀福於異日，則其品益高矣。聶政姊憫勇俠於死後，僅傳行刺之聲。而浣紗女恤孝子於危途，俾遂復讐之志，則其德益大矣。夫以奇特偉絕之人，昭著於二千載以上，而闔郡之貞姬烈媛，由是而奮興，則有神於世風，洵非淺鮮。其祠之當葺，更重於露筋；其墓之當封，倍急於五烈。此八邑之公議，而非一鄉之私言也。乃墓既蕪而弗修，祠又遷而漸廢，《隆慶縣志》云：「後廟寖廢，今移建於城西二里許外河之涯。隆慶元年知縣申嘉瑞過之，見廟頹，門側惟設沙門佛坐，因命改闢門向，重修祠宇，專祀馮氏」云。《雍正縣志》云：「今復頹壞，改為僧居。」僅祔祀於子胥廟中。李文《記》云：「像子胥於堂，兼繪蘆碕丈人於壁之左，浣紗女子於壁之右。」轉不若高郵英烈夫人之祠墓，尚有整理之者，真可歎矣。有主持教化之責者，其念之哉！

楊石卿泰山紀遊序

　　王荊公《遊褒禪山記》云：「入之愈深，其進愈難，而其見愈奇。有怠而欲出者，遂與之俱出，而予亦悔其隨之，而不得極夫遊之樂也。」其詞雖主於紀遊，而其意實藉以喻學。蓋事之中怠者，必貽後悔，而不克副其初心。推其致此之由，則多為旁人所阻。凡半途而自畫者，皆所隨之非其人耳。

　　今觀楊君石卿所著《泰山紀遊》〔註53〕，其入之深，進之難，見之奇，

〔註53〕 呂芸芳、於慶明主編《泰安歷代書目提要》（山東省地圖出版社 2004 年版，第58～59頁）著錄此書，稱：
《泰山紀遊》一卷／（清）楊鐸撰——道光年間成書
本書是楊鐸的泰山紀遊詩文集。據《紀遊》稱：己亥（1840）與史積涵同遊泰山，因作此書。全書首為《登泰山詩》八首，次為《泰山紀遊》文，附以《徐樹人刺史觀日出記》。卷首有趙宜梅、唐仲富、劉毓崧、蔣湘南、王鴻、王景壽、王吉元諸家題詞。劉毓崧《通義堂文集》卷十三有《楊石卿泰山紀遊序》。民國周叔弢《自莊嚴堪善本書目》三十五頁著錄：「《泰山紀遊》一卷，清楊鐸撰，稿本。汪鋆繪圖並跋，方朔跋，戴望題詩。一冊。」今藏北京圖書館（參見周郚《敘錄》）。

較諸褒襌不啻倍蓰，而得極其遊山之樂，則更遠過於荊公。其自述之詞曰：「時陰雨連緜，勸者半，沮者半，遂決計行。」此不誤隨於初也。又曰：「山益峻，路益險，風雪漸大，輿人勸返。予曰：『不登絕頂，與不來同。』」此不懈怠於中也。又曰：「泰山之勝，已得其概。使當日畏雨不往，不幾爲山靈所笑。」此不貽悔於後也。至於秦碑殘字，唐石全文，元君舊祠，大夫古樹，莫不詳爲引證，有所據依。洵足徵績學之功，而不僅見壯遊之志矣。

君雅好金石，所宗仰者爲錢辛楣先生。《潛揅堂集》中有《登岱詩》，云：「畏難長恐中途誤，陟險全憑定力持。」自注云：「前月大雨，磴道間爲水所壞。行至山半，尚有相阻者，予堅執不可。」其所敘正與此記相符，豈非事之巧合者歟？異日者君援據金石以訂經史之文，上繼潛揅堂之《跋尾》〔註54〕，毓崧雖不敏，尚樂睹其成書焉。

靈星門考

郡邑學校之門，榜曰櫺星，相沿已久，未有述其命名之由者。遍檢字學之書，及星家之書，櫺字與星字絕不連屬。案：《明史稿·禮儀志》志四云：「洪武十五年，新建太學成。前大成門，又前爲靈星門。三十年，以國學孔子廟隘，命工部改作，其制皆帝所規畫。大成門六楹，靈星門三。」據此，則明初本作「靈」字，其後轉而爲「櫺」，乃形聲相似之誤耳〔註55〕。然而其

楊鐸，字石卿，清代商城（今河南商城）人。工畫，並嗜金石之學，少歲即遍遊齊魯，訪碑不倦，常與山東樸學家許瀚論學。著有《函青閣金石記》及《中州金石目》八卷。

〔註54〕周中孚《鄭堂讀書記》卷三十四史部二十（民國吳興叢書本）載：《潛研堂金石文跋尾》六卷《續》七卷《再續》六卷《三續》六卷，原刻本。國朝錢大昕撰。大昕仕履見編年類。竹汀博採自三代迄元金石文字，以考正經史之學，多歐、趙前賢所未逮。家藏拓本二千餘種，著有《跋尾》八百餘篇。每積二百餘篇，輒爲門弟子轉寫付梓，故先後共成四集。其《再續》、《三續》兩刻，因無再字三字，各於卷首行以下以利字貞字別之，跋中俱以辨別小學、考證史事爲主，而評論詞章之美惡、品題書法之工拙亦間及焉。王西沚〔鳴盛〕《序》稱其《二十二史考異》固已得未曾有，出其餘技以治金石，而考史之精博，遂能超軼前賢云。然竹汀考證金石，《十駕齋養新錄》尚有一卷，計三十五通，《潛研堂文集》所載尚有二十篇，試鈔取以刊附諸後，而錢氏一家之學全矣。

〔註55〕程廷祚《青溪文集》卷四《櫺星門辨》（宋效永校點《青溪集》，黃山書社2004年版，第94～96頁），稱：雍正間，陽羨任鈞臺前輩與余同在通志館，偶語及櫺星門，鈞臺曰：「吾於此

有遺恨焉。昔年少時，吾鄉有老儒者，常呼我暨同學諸子問曰：『爾等欲聞欞星門之說乎？』眾翕然曰：『願聞。』老儒曰：『聞不若是易也。』徐曰：『方今環海以內，唯我知此耳。爾等欲聞，其頓首於地者四。』眾恥頓首，且疑其言之誕也，遂不從，老儒亦不復言。吾今耄矣，終不得聞欞星之說。世有勤學好問者，其尚以吾爲戒。」余聞之惕然，今二十年矣。考靈星之名，始於漢初高祖令天下祠靈星是也。《後漢書》云：「舊說靈星謂天田星也。一曰龍左角爲天田，官主穀」；《晉書·天文志》則云：「東方角二星爲天關，其間天門也。左角爲天田，其南爲太陽道；右角爲將，其北爲太陰道，蓋天之三門。」《宋史·禮志》則云：「仁宗天聖六年，築南郊壇，外壝周以短垣，始置靈星門。」夫以郊壇外垣爲靈星門者，所以象天之體，即《晉志》以左角爲天門之意也。故以天田爲天門，可考莫如《晉書》；以郊壇外垣之門爲靈星門，可考莫如《宋史》。其移用於聖廟，則何昉乎？曰亦始於宋景定。《建康志》、《金陵新志》並言聖廟立靈星門。郊壇用之，聖廟又用之，何也？曰：此以尊天者尊聖人也，其義至爲明晰。所不可解者，歷考載籍，並作靈星。〔《毛詩序》：「靈星之尸」。《正義》引《漢書·郊祀志》云云，曰：「史傳之說，靈星惟有此爾。」〕惟《元志》以靈作欞，（按：《明史》：「洪武十五年，新建太學，聖廟前大成門，又前爲靈星門。」是《元史》誤而《明史》未嘗誤也。）後人承而用之，則未知其意之所居矣。夫義不可得而言者，謬誤之事也。或曰：欞星者，取養先於教之意；既知欞星之即靈星，而不疑其字之訛，已爲可笑，或又曰欞，取義於疏通，則但見其字爲窗欞之欞而附會之，並不知有靈星矣。經書之多曲說，其類此者可勝道哉！追思鈞臺之言，彼陽羨之老儒，豈不知晉、宋諸書世所常見，而謂獨己知之者，蓋卓然見靈之不當作欞，而欲出一言以正之。惜乎，鈞臺不足以發其覆，而使之存疑千古也！夫禮法之嚴，莫重於聖廟，而儼然以謬聞訛字榜於其前，數百年之中，不知者以爲當然，其知者亦不過曰養先於教而已。余能無三歎於此夫！

陸以湉《冷廬雜識》卷四「靈星門」條（上海古籍出版社2012年版，第167～168頁），稱：

聖學欞星門當作靈星門，上元程綿莊徵君廷祚嘗辨之云：「《詩·絲衣》小序，高子曰：『靈，星之尸也。』漢高祖始令天下祀靈星。《後漢書》注：『靈星，天田星也。欲祭天者，先祭靈星。』《宋史·禮志》：『仁宗天聖六年，築南郊壇，置靈星門。至理宗景定間，移用於聖廟。』蓋以尊天者尊聖也。《建康志》、《金陵志》並云：『聖廟立靈星門。』《元志》誤以『靈』作『欞』。後人承而用之，則不知其義之所在矣。」程所辨如此。余按：《明史·禮志》至聖先師孔子廟祀：「洪武十五年，新建太學成。廟在學東，中大成殿，左右兩廡，前大成門，門左右列戟二十四。門外東爲犧牲廚，西爲祭器庫，又前爲靈星門。」是欞星之當作靈星，審矣。

胡適1934年1月23日《致江紹原》（《胡適全集》第24卷，安徽教育出版社2003年版，第166～168頁）亦討論「靈星」，僅舉及程廷祚《欞星門辨》，而未及劉毓崧此文。

陳立《句溪雜著》卷五《欞星門考》（《清代詩文集彙編》第632冊，第409頁），云：

今天下學宮于大成門外有門，額曰欞星門。自來均未悉其何所取義。案：欞

字之當作靈星，猶顯而易明。其義之取諸靈星，則隱而難曉。嘗以古書言靈星者逐一考之，然後知門名靈星，原設於社稷壇，而非設於學校，此典制之所當釐正者也。

　　蓋靈星之名，始見於《詩序》。《周頌・絲衣・序》云：「繹賓尸也。高子曰：靈，星之尸也。」「靈」字之訓爲「神」。《論衡・祭意篇》云：「靈星者，神也。」《風俗通・祀典篇》「靈星」條云：「靈者，神也。」其星乃辰之神，《風俗通》云：「辰之神爲靈星，故以壬辰日祀靈星於東南。」《通典》云：「壬辰位祠之，壬爲水，辰爲龍，就其數也。」一名龍星，一名天田，是爲農祥，《獨斷》云：「舊說曰靈星，火星也。一曰龍星。火爲天田。」《風俗通》云：「左中郎將賈逵說以爲龍第三有天田星。」張晏《漢書注》云：「龍星左角曰天田，則農祥也。」即二十八宿中之房星，主農時田務者也。《周語》云：「長馬，農祥也。」韋《注》云：「農祥，房星也。」《說文》「晨」字下云：「房星，爲民田時者。」「辱」字下云：「辰者，農之時也。故房星爲辰。」周家立祠以祭，配以后稷。漢代因之，《史記・封禪書》云：「或曰周興而邑邰，立后稷之祠，至今血食天下。於是高祖制詔御史，其令郡國縣立靈星祠。」《漢書・郊祀志》約同。《通典》云：「周制，仲秋之月祭靈星於國之東南。漢興八年，高帝命郡國縣邑立靈星祠。言祠后稷而謂之靈星者，以后稷又配食星也。」亦與社稷同祀。《獨斷》云：「明星神，一曰靈星。厲山氏之子柱及后稷，能殖百穀，以利天下。故祠此三神，以報其功也。」《後漢書・高句驪傳》云：「好祠鬼神，社稷零星。」《注》云：「《前書音義》：『龍星左角曰天田，號曰零星。』《風俗通》曰：『辰之神爲零星。』」蓋「零」與「靈」通，零星即靈星也。此亦社稷、靈星並祭之證。有古人雩祭祈穀之遺意，《論衡》云：「靈星之祭，祭水旱也。靈星二月見，則春雩祈穀雨；龍星八月將入，則秋雩祈穀實。」故就歲星之位以報功焉。《論衡》云：「世儒案禮，不知靈星何祀。緣明星之名，說曰歲星。」《通典》云：「東南祭之，就歲星之位也。歲星爲星之始，最尊，故就其位。王者所以復祭靈星者，爲人祈時，以種五穀，故別報其功也。」綜而論之，辰神之司天田、房宿之應農祥、雩祭之候龍星、祈穀之就歲位，皆與社稷之事相涉，而與學校之事無關。是靈星門者固社稷壇之門也。其移爲學校之門者，則又有故。

星疑即靈星，靈星之見於經者，《詩・周頌序》：「《絲衣》，繹賓尸也。」高子曰：「靈，星之尸也。」意以爲祀靈星而賓尸。所歌見於史者，則《漢・郊祀志》高祖詔御史，「令天下立靈星祠。」張晏《注》「龍星左角曰天田，則農祥也，農見而祭之」是也。然與學宮無涉。惟《獨斷》有云：「靈星，火星也，一曰龍星。」《月令章句》：「自亢八度至尾四度，謂之大火之次。」火有文明之象，故學宮取以額其門歟？角亢氐房星尾箕，又爲蒼龍宿體，今卜驗家猶以蒼龍占文學，其遺意歟？

　　蓋三代以前，各國不皆有學。《王制》云：「天子命之教，然後爲學。」《文王世子》云：「凡始立學者，必釋奠於先聖先師。」據此，則未命之教者，固不立學矣。五代以前，各縣亦不皆有學。《漢書·文翁傳》云：「至武帝時，乃令天下郡國皆立學校官。」是前此者不每郡有學也。《通考》云：「慶曆四年，詔州縣皆立學。」是前此者不每縣有學也。凡無學之地，士之習業者皆在鄉校、州序、黨庠、里塾之中，其名則通稱鄉學，其地則附於鄉社。《周禮·地官·州長》云：「若以歲時祭祀州社，則屬其民而讀法，亦如之。春秋，以禮會民，而射於州序。」《尚書大傳》云：「歲事已畢，餘子皆入學，距冬至四十五日始出學，傳農事。上老平明坐於右塾，庶老坐於左塾，餘子畢出，然後皆歸。」案：上老、庶老既以課讀而兼課耕，則左塾、右塾必以里塾而附里社。若夫《周禮》所言之州學，亦附於州社，當與此同。至於鄉校、黨庠附於鄉社、黨社，更可推矣。夫后稷既祀於社，《周禮·封人》云：「掌設王之社壝。」鄭《注》云：「不言稷者，稷，社之細也。」賈《疏》云：「舉社則稷從之矣，故言社不言稷也。」據此，則鄉黨州里之社亦兼祀稷，明矣。則靈星亦祀於社可知。《周禮·黨正》云：「春秋祭禜亦如之。」鄭《注》云：「禜謂雩禜水旱之神」，蓋亦爲壇位，如祭社稷云。案：《論衡》以春秋祀靈星爲雩祭水旱，與此注所言正合。靈星本與后稷合食，則其位與社稷相併，明矣。賢士大夫既祀於社，《後漢書·孔融傳》云：「郡人甄子然、臨孝存知名，早卒。融恨不及之，乃命配食縣社。」韓愈《送楊少尹序》云：「古之所謂鄉先生歿而可祭於社者。」則先聖先師亦祀於社可知。後世家塾之中，尚得祀先聖先師，則古者未建國學之時，祀先聖先師於社，未爲不可。況社稷之神專，與先聖先師相埒，則並祀正其宜耳。是故社稷壇之門當名靈星，而鄉學之門不當名靈星，特以鄉學附於社稷壇，地相近，而名似難辨耳。迨宋以後，學校遍於天下，不復附於社稷壇矣。乃有司營建，但知用鄉學之制度，遂以靈星名學校之門，而社稷壇之門轉無有以靈星名者，雖社學之語猶存，而靈星之祀竟莫或舉也。古所云久假不歸者，其此之謂歟？

重修泰州尊經閣記　代蘄水郭雨三都轉作

　　《春秋左氏傳》云：「言以考典，典以志經。」《爾雅·釋言》訓「典」爲「經」，與《傳》義正合。《禮記·文王世子》云：「典書者詔之，書在上庠。」《說文》解「典」字云：「五帝之書也。從冊在丌上，尊閣之也。」解「丌」字云：「下基也，薦物之丌。象形。」解「畁」字云：「約在閣上也。」徐氏《繫傳》云：「典，《尚書》所謂大訓，在東序。司馬遷所謂金匱石室之書閣，所以承物。」由是言之，「典」字本取義於尊經，故頒書籍於學宮者，即典書

上庠之舊制；儲書籍於尊經閣者，即薦典閣上之成規。當倉史造字之時，特加冊於丌上，足證初有書契，早已建閣珍藏。然則周外史所掌三皇五帝之書，楚倚相所讀典墳邱索之籍，諒無不庋諸高閣，以示尊崇。此後世石渠、天祿所由錫書閣以嘉名，而尊經閣遍設於泮宮，又推廣秘閣之書於學校。蓋良法美意，其所從來者遠矣。

泰州之尊經閣，創自前明嘉靖丁亥。其後，崇禎丙子拓地重建。國朝康熙己丑、乾隆戊申，兩次興修。咸豐癸丑，余由詹事府贊善外轉淮揚兵備道，兼權兩淮鹽運使司，督課於泰州學官，以尊經閣漸圮來告，因檢閱州志，有明代贊善錢君受益所撰《尊經閣記》。知其時兵備淮揚者，為鄭君二陽，實分俸以助重建。今茲宦轍，幸步後塵，於是首倡捐廉，董率興作，經始於乙卯季夏，至孟冬而落成。官紳士庶僉議立碑，以誌其事。凡出貲用力者，既勒姓氏於石，復請余為作記文。

余謂尊經閣之設，乃朝廷所以嘉惠士林。俾寒畯無書者，得借觀而肄業。故江都史宮保未第之年，常登尊經閣讀書。及策名禮部，褒然居首，座主儀徵阮文達公因睿廟垂詢，舉此事以對。其後位隆九列，清德益彰，而弼教明刑，最加意於宗法服制。其政績根乎經術，亦如文達之相業，本於摯經。此海內共傳為美談，而非僅揚州一郡之盛事矣。

泰州為揚郡大邑，讀書應試者頗多。其經學淵源，亦夙有端緒。宋代胡安定先生振興儒術，在濂洛未起之前。其教授蘇湖，立經義治事齋，講尋實用，京師太學取其法以定課程。由是受詔為國子師，天下知所矜式。此崇尚實學以尊經者也。明時王心齋先生，為陽明高弟。陽明論學，宗旨謂「六經之實理具於吾心」〔註56〕，心齋親受其傳，故能身體力行，確有自得。遠近慕其道者，莫不信從。執技之人，亦殷然願學。此躬行實踐以尊經者也。我朝陳泗源先生，深於算術，而《春秋內外傳》探討尤勤。荷聖祖特達之知，預纂修於館閣。其釋經主於屬詞比事，據實測虛，而筆削之精微，昭然若揭。此實事求是以尊經者也。然則泰州之人士有志於經術者，亦奉三先生為模範而已。是故安定之里居分隸如皋，而泰州立書院者，仍享祀焉。心齋之戶籍遠繫安豐，而泰州述鄉賢者，咸樂道焉。泗源之數學得自宣城，而泰州溯師

〔註56〕語見王陽明《稽山書院尊經閣記》（王守仁撰，吳光、錢明、董平編校《王陽明全集》，上海古籍出版社 2015 年版，第 215 頁），又見周汝登《王門宗旨》卷五（明萬曆刻本）。實理，均作「實則」。

承者，必首及焉。後進諸生能學安定之尊經，則敦實學而不騁遊詞；能學心齋之尊經，則務實踐而不流空寂；能學泗源之尊經，則重實事而不涉浮華。未遇者以尊經勵一己進修，當法史宮保之誠篤；既仕者以尊經導眾人趨向，當慕阮文達之恢宏。將見經學昌明，人材蔚起，庶幾收尊經實效，而不徒博尊經虛名，上以副國家培植之仁，下以衍桑梓留貽之澤。此固使者所深望於多士，而亦此邦耆宿所宜訓迪其後輩者也。爰從所請，為作記文，既美其樂事勸功，且藉以申勉勖之意云爾。

鹽鐵論跋

漢桓寬著《鹽鐵論》十卷，凡六十篇，皆輯賢良、文學諸人與御史大夫桑弘〔註57〕羊及丞相史、御史爭辨之語。弘羊等貪嗜貨財，而其流毒最深者，則在於推廣賣官之路。賢良文學闡明經術，而其為功尤巨者，則在於挽回鬻爵之風。觀於《輕重篇》載御史之言曰：「買官贖罪，損有餘，補不足，以齊黎民。」《貧富篇》載大夫之言曰：「陶朱公以貨殖尊於當世。」《孝養篇》載丞相史之言曰：「蓋聞士之居世也，衣服足以勝身，故身修然後可以理家，家治然後可以治官。」此皆言推廣賣官之說也。《本議篇》載文學之言曰：「高帝禁商賈不得仕宦，所以過貪鄙之俗，而醇至誠之風也。排困市井，坊塞利門，而民猶為非也，況上之為利乎？」《刺復篇》載文學之言曰：「富者買爵販官，免刑除罪，公用彌多，而為者狗私。」《除狹篇》載賢良之言曰：「今吏道壅而不選，富者以財買官，咸出補吏，弱者猶使羊將狼也，其亂必矣，強者則是予狂夫利劍也，必妄殺生也。故人主有私人以財，不私人以官。」此皆挽回鬻爵之說也。蓋行賣官鬻爵之法者，始於秦始皇，而盛於漢武帝。建賣官鬻爵之議者，昉於東郭咸陽、孔僅，而成於弘羊。《史記・平準書》云：「於是以東郭咸陽、孔僅為大農丞，領鹽、鐵事。桑弘羊以計算用事侍中。咸陽齊之大煮鹽，孔僅南陽大冶，皆致產累千金。弘羊雒陽賈人子，以心計年十三侍中。故三人言利事析秋豪矣。」據此，則三人始進皆以鹽、鐵之貨可知。又云：「使孔僅、東郭咸陽乘傳舉行天下鹽、鐵，作官府，除故鹽、鐵家富者為吏，吏道益雜不選而多賈人矣。」此昉於咸陽與僅之證。又云：「桑弘羊為大農丞，筦諸會計事，始令吏得入穀補官。」又云：「弘羊為治粟都尉，領大農，盡代僅筦天下鹽、鐵。弘羊又請令吏得入粟補官。」此成於弘羊之

證。弘羊持鹽、鐵之柄，較諸咸陽與僅，歲月尤深。其議緡算權酤也，禍被於當日。而其議賣官鬻爵也，禍被於異時。蓋前此入粟納貲者，或寵之虛名，或寘諸散秩，其弊猶未甚也。至於假以要職，授以重權，俾得混雜於清流者，則武帝之擢用三人，實爲作俑。而弘羊之變本加厲，又三人中之罪魁。後世之倡議捐輸者，無非竊取弘羊之故智。其爲士習人心之害，何可勝言。較諸商鞅之刻薄寡恩，且當加等。讀史者但責其牢籠鹽、鐵之利，奪商賈之奇贏，無乃捨其大而問其細耶？況乎《鹽鐵論》中述弘羊飾非拒諫之語，往往附會經傳，以掩其姦邪，甚至與賢良、文學爲難，遂敢於妄譏孔、孟。蓋其始不過膏粱子弟，徼幸得官，而又涉獵《詩》、《書》以自掩貲郎出身之跡，迨寵利既得，遂乃肆無忌憚，援引其黨類，以排擠儒林，甘爲名教之罪人，雖獲咎於聖賢而不顧。此弘羊之罪所以上通於天，而萬死不足贖也。當武帝之世，卜式請烹弘羊，雖式本以輸財助費起家，未免以燕伐燕之誚，然其持議甚正，未可以人廢言。及昭帝初年，賢良、文學共議鹽、鐵，大抵皆引李斯之事，以刺弘羊。誠以賣官鬻爵之舉，乃斯佐秦時所行。弘羊激其頹波，罪實與斯相埒。苟弘羊與斯易地而處，則焚書坑儒之惡，未必不更甚於斯。使漢室公卿能採賢良、文學之策，請誅弘羊以謝天下，籍其家貲以代賣官鬻爵之財，而丞相史、御史之阿意苟合者亦加禁錮，則繼此者孰敢獻賣官鬻爵之計哉？乃丞相車千秋既括囊不言，容身保位；大將軍霍光復不學無術，暗於大體，仍以弘羊縮鹽、鐵之權。馴致弘羊自負興利之功，怨光抑其子弟，遂陰附上官桀，共爲叛逆之謀，變將起於蕭牆，然後治以國典，固已晚矣。《左傳》述孔子之言曰：「惟器與名，不可以假人。」孟子之告梁惠王曰：「苟爲後義而先利，不奪不饜。」是可知賣官鬻爵之事不息，則人心之陷溺於利者益深。履霜堅冰，其來有漸。桑、孔之邪說，即亂臣賊子之萌。其無父無君，禍不減於楊、墨。故能言距桑、孔者，功不在距楊、墨之下，眞不愧爲聖人之徒也。然則《鹽鐵論》所述諸儒，如茂陵唐生、魯萬生、九江祝生、中山劉子雍者，洵可謂通經致用，足以爲斯道之干城矣。彼曲學阿世，枉道求合者，讀桓氏之書，尚其知所愧哉！

卷　八

眞子飛霜鏡銘詞跋尾

右《眞子飛霜鏡銘》〔註1〕，詞凡四十字，內有「同心人。心相親」二句。

〔註 1〕薛壽《學詁齋文集》卷上《眞子飛霜鏡銘考》（《清代詩文集彙編》第 649 冊，第 485～486 頁），載：

岑君銅士得古鏡一枚，逕今尺五寸七分。左圖一人彈琴，旁有四竹三筍，下有几。右圖鳳凰立於石上，有樹二，下方有池水，中冒以蓮葉，上覆以龜，即鏡鈕也。又上作方格，界以四字曰：「眞子飛霜」。又上圖雲影露半日形，日中有一與《説文》「日，實也」訓合。外周以銘，首句字書漫漶，余釋爲「鳳凰雙鏡南金裝，〔雙字上作佳形，楊愼《丹鉛總錄·古鏡銘》載穎氏、頓氏《鏡銘》曰：「鳳凰雙，瓊瑤裝。陰陽合爲配，日月常相對。」銘詞與此相似，但彼以雙、裝爲韻，此以凰、裝爲韻。句中用韻，古詩例也。或首句無韻，亦可。蓋此銘首尾句皆七字，五字爲句者四，三字爲句者二，迴旋讀之，音即頗合。或疑此爲末句，從下文「陰陽各爲配」讀起，似與文義文勢未協，且裝字作𧶠，形甚明，但下半稍缺耳。若作末句讀，則不與「人」、「親」、「春」韻矣。〕陰陽各爲配，日月恒相會。〔此二句鏡文甚明白。〕白玉芙蓉匣，翠羽瓊瑤帶。同心人，心相親，照心照膽保千春」，共四十字。（此五句明暗參半。）「凰」字上，「春」字下，作王形，居鏡邊之中間，所以界左右也。首尾句讀當準此以爲起止。案：宋江少虞《事實類苑》「齊南陵古鑒」一則云：「熙寧末，齊南陵耕者得古圓鑒，大小二，背廓皆有銘詞，大爲小篆，小爲正隸篆。」銘與此相同，首句正作「鳳凰雙頭〔鏡之誤字。〕南金裝」，「各爲配」誤作「合配」，「恒」字誤作「兩」，傳寫致誤耳。所圖品物與此鏡小異，則銅士所得未必即南陵古鑑。而其銘詞相同者，古人鑄鏡沿襲承用，亦如鍾鼎銘文，語句相似，考古者不可執一以定爲眞僞。《南陵鑒銘》首句既作「南金裝」，餘七句亦與此無異，余幸所釋之，得佐證焉。因撮其要以著於篇。

阮元《揅經室三集》卷三有《晉眞子飛霜鏡拓本跋》（鄧經元點校《揅經室集》，中華書局 1993 年版，第 641～642 頁），《揅經室四集》卷六又載此跋，並附長詩，更名爲《飛霜鏡引》。今據卷三錄文：

案：「同心人」之詞，始見於《周易》，而「同心人」之注，莫備於虞翻。《同人・象辭》云：「同人於野，亨。」虞《注》云：「旁通《師》卦。巽爲同，乾爲人。」此同人之義。《繫上》第八章云：「二人同心，其利斷金。同心之言，其臭如蘭。」虞《注》云：「二人謂夫婦。《師》，震爲夫，巽爲婦，坎爲心。」此「同心人」之義。《雜卦傳》云：「同人，親也。」虞《注》云：「夫

> 眞子飛霜鏡，逕今尺五寸七分，體圓，外作八辮菱花形，背白如水銀。左方四竹三筍，一人披衣坐狖，置琴於膝，前有几，几置短劍二、爐一，又一物不可辨。右方一鳳立於石，二樹正圓如帝形，下方爲水池，池上一蓮葉，葉上一龜，龜值鏡之中，虛其腹，下即爲鏡之背鈕也。上方有山雲，銜半月形，月中有顧兔形，雲下作田格，格中四正字，曰「眞子飛霜」。「眞子」者，鼓琴之人；「飛霜」，其操名也。予審此爲晉鏡。何以知之？以書畫之體知之也。書非篆、隸，晉以後體也。畫樹直立，圓形如帝，畫月内加兔，此晉人法也。余曾見唐人摹顧愷之《洛神賦圖》，樹形與此同，且畫太陽升朝霞句日中有陽鳥，同此形矣。「眞子飛霜」，於書無所考見。予以意推之，或即晉戴逵耶？《晉書・逵傳》云：「逵能鼓琴，工書畫，其餘巧藝，靡不畢綜，師事術士范宣於豫章。」《宋書・戴仲若傳》云：「漢始有佛像，形制未工，戴逵特善其事。」據此二史，則善鼓琴、善畫、善鑄銅、師術士，逵一人實兼綜之，「眞子」將毋即逵也？錢博士坫云：「古人製器，原欲以流傳後世，使其人不作此鏡，則湮沒無聞矣。故好事好名之徒，今亦不如古。」據博士此言，眞子若非戴逵，微此鏡，則眞子無傳矣。爲逵，鏡可寶；非逵，鏡尤可寶也。
>
> 徐珂《清稗類鈔・鑒賞類二》有「阮文達藏眞子飛霜鏡」一則（中華書局 1986 年版，第 4345 頁），稱：
>
> 錢獻之別駕十六長樂堂藏一鏡，名眞子飛霜。背上花紋作一人林下鼓琴，上有「眞子飛霜」四字，製造工致。後歸阮文達。眞子非人名，疑即用伯奇彈《履霜操》故事。蓋六朝人士好於鏡背模範古人也。
>
> 劉師培《文史通義・言公》書後（《左盦集》卷八，萬仕國點校《儀徵劉申叔遺書》第 9 冊，廣陵書社 2014 年版，第 3966～3967 頁），稱：
>
> 若夫漢碑之文，立詞多同；又以文有定制，相沿已久，與鍾鼎銘文同例。後世之文亦恒類此。如《眞子飛霜鏡》，釋者定爲晉物，其銘詞曰：「陰陽各爲配，日月恒相會。白玉芙蓉匣，翠羽瓊瑤帶。同心人，心相親，照心照膽照千春，鳳凰駕鏡南風清。」又《廣事類賦・鏡賦》注引《類苑》謂何都巡出一古鏡，其蒂有銘。今以飛霜鏡銘相校，前缺「陰陽各爲配」二語，末缺「鳳凰」句七字。又江少虞《皇朝事實類苑》謂，熙寧末年，南陵耕者破冢得古圓鑒，背郭有銘，亦與《眞子飛霜鏡》略同。惟「鳳凰」句移於銘首，易爲「鳳凰雙頭南金裝」，又易「各爲配」爲「合配」，易「恒」爲「兩」，餘均相符。又宋姚寬《西溪叢話》謂何都巡出古鏡，其蒂有銘。今與《飛霜眞子鏡》相較，惟銘末無「鳳凰」七字，銘首另增「對鳳凰舞，鑄黃金蒂」二語。（與《類苑》所載者疑同是一物，惟《類苑》未引前四句。）此數鏡者，其銘詞均略同，蓋創始作銘之人，學者奉爲研手句法，音韻俱出自然。傳播既多，摹擬斯眾，或略事損益，或傳寫致訛，此非古人不以雷同爲恥也。

婦同心，故親也。」此「同心人，心相親」之義。《同人·象傳》云：「同人，
曰同人於野，亨。」虞《注》云：「此孔子所以明嫌表微，所謂二人同心，故
不稱君臣父子兄弟朋友，而故言人耳。」據此，則《同人》之象取諸夫婦，
在聖人本有深意存於其間，而同心之語由夫婦而起者，其來最久，而其理亦
最精也。《同人》六二爻辭云：「同人於宗，吝。」許叔重云：「言同姓相取，
吝道也。」見《五經異義》。鄭康成云：「天子諸侯后夫人，無子不出。」二說雖
殊，而以《同人》爲夫婦之卦，則彼此相合，可爲虞氏之證。《邶風·谷風》，
序云：「刺夫婦失道也。」其首章云：「黽勉同心」，毛《傳》云：「思與君子
同心也。」蓋夫婦不同心者，必至於失道。詩人之旨，可與《易》義相發明
也。自王、韓之注盛行，後之人習焉不察，沿其流而罕溯其源，故詩之言同
心者，咸知目爲夫婦，而《易》之言同心者，反或視爲泛詞。於是同人二字，
但目爲朋友，而斷金如蘭之喻，亦皆以朋友當之，臆說興而古義廢矣。

　　此鏡「眞子飛霜」四字，乃晉以後之體，而銘詞云「同心人，心相親」
者，則融會《易》義而成。其說全出於虞氏，眞不爲流俗所囿者也。蓋此鏡
本用於嘉禮，故同心相親，實指夫婦之道。而上下文亦多吉慶之言，其云「陰
陽各爲配，日月恒相會」者，即《婚義》所謂「日之於月，陰之於陽，相須
而後成也」；其云「白玉芙蓉匣，翠羽瓊瑤帶」者，即《秦風》所謂「溫其如
玉」、《齊風》所謂「尙之以瓊瑩」也；其云「照心照膽保千春」者，即《鄘
風》所謂「君子偕老」也；其云「鳳凰駕鏡南風清」者，即《左傳》所謂「鳳
凰于飛，和鳴鏘鏘」也。然則作此銘者，不特文采可觀，抑且深於經術矣。
岑君仲陶鑄。新獲此鏡，拓其銘詞，屬爲考訂。因舉《虞氏易·同心》之注加
以申釋，而復之焉。

漢巴郡太守樊敏碑跋

　　右《漢巴郡太守樊敏碑》〔註 2〕立於建安十年，其文字之異同假借，《隸

〔註 2〕錢泳《履園叢話》卷九《碑帖》有「漢巴郡太守樊敏碑」一則（孟裴校點《履
　　　園叢話》，上海古籍出版社 2012 年版，第 160 頁），載：
　　　乾隆四十九年，余寓吳門春暉堂陸氏，友人王晉康示余《樊敏碑》，視其拓本，
　　　的是原刻，爲臨一過而還之，以爲坊間尚有也。後數年欲購不得，當面錯過，
　　　至今猶悔。是碑在四川雅州府蘆山縣，後山陰李松雲先生知雅州，屢有書託其
　　　尋訪，終不可得。道光辛卯四月，余在袁浦節署，晤武威張介侯大令，知此碑
　　　尚在蘆山，完好如舊，又知《高頤碑》在綿州之德陽縣城外大路旁。則諸漢碑
　　　之存於人間者自亦不少，特無好古之士爲之傳拓耳。

釋》辨之甚詳，而時地事蹟尙有未核。今按：此碑原石已佚。《隸釋》作於南宋初年，言其在黎州；《輿地碑目》作於南宋末年，言其在雅州。黎、雅本屬接壤，或係由黎移雅，亦未可知。二州在建安時，並屬漢嘉郡。漢嘉郡本由蜀郡分出，岷山、汶江在蜀郡境內，禹生石紐之邑，亦在蜀郡境內，實古華陽梁州之域。《碑》言：「或集於梁，華南西畺。濱近聖禹，飮汶茹沔。」《隸釋》「汶」作「汝」，乃傳寫之訛。蓋汶與岷，古字通用，汶江發源於岷山，沔水發源於箕尾山。《據山海經》所言，岷山與箕尾山首尾實相聯貫，汶江與沔水亦相去不遠，皆漢嘉郡望秩之山川。則敏爲漢嘉郡人可知，此其地之可考者也。

《碑》云：「大將軍辟，光和之末。《隸釋》「末」作「中」，傳寫之誤。《金石錄》正作「末」。《隸釋》引《金石錄》亦作「末」。京師擾穰，雄狐綏綏，冠履同囊。投核長驅，畢志枕企。」以《後漢書》考之，靈帝時爲大將軍者惟竇武、何進二人。竇武之拜大將軍在靈帝登極之年，下距光和之末十有六載。是歲九月，武爲宦官所害，其府中掾屬亦皆廢黜，與此碑所言迴不相合。若何進之拜大將軍，則在光和七年三月。是歲二月，黃巾賊起。十二月，因黃巾蕩平，改元中平。所謂「京師擾攘，雄狐綏綏」，固刺中官而亦兼斥寇盜。然則辟敏之大將軍爲何進無疑。其受辟在是歲三月以後，其告歸在是歲十一月以前，皆在未改中平元年之先，故特繫諸「光和之末」耳。《碑》又云：「復辟司徒，道隔不往。」今按：獻帝永漢元年九月，董卓擅權。至次年正月，山東州郡即起兵討卓。所謂「道隔不往」，必在此數月中。是歲九月至十一月，黃琬爲司徒。至十二月，則楊彪爲司徒。辟敏之司徒蓋非琬，即彪矣。此其時之可考者也。

《碑》又云：「米巫殂瘻，續蠡青羌。奸狡並起，陷附者眾。君執一心，賴無汰恥。」《金石錄》以「米巫」爲張魯。今本「魯」作「角」，誤。何氏焯校本云：「此謂張魯爾。」今考《隸釋》云：「惟張角不曾犯蜀。」其所引《金石錄》亦作『魯』，是其明證。《隸釋》以「米巫」爲張修與張魯，又以「陷附奸狡」爲淪於馬相之僞命，而青羌則皆未言及。今按：張魯與張修雖皆五斗米道，然張魯未嘗叛逆，而張修則以中平元年七月反於巴郡。所謂「米巫殂瘻」，當是指張修，而非指張魯矣。若夫馬相之作亂，《靈帝紀》但言「寇巴郡」。據《劉焉傳》，則綿竹、雒縣、蜀郡、犍爲並被其害，眾以萬數。《碑》言「陷附者眾」，蓋以此也。《隸釋》但考《靈帝紀》而未考《劉焉傳》，故所述尙未備耳。至於「青羌」，即青衣羌之省文。《續漢書·郡國志》云：「漢嘉故青衣，陽嘉二年改。」《水經》

云：「青衣水，出青衣縣西。」《注》云：「縣故有青衣，羌國也。」據此則青衣羌之部落，本在漢嘉境界。而敏又係漢嘉郡人，《碑》言「續蠢青羌」，其爲青衣羌之蠢動明矣。《靈帝紀》不載此事，《西南夷傳》及《西羌傳》於羌夷之在蜀漢者記載甚略，是《碑》所言足補其闕。此其事蹟之可考者也。

是《碑》之著錄，自《金石錄》始，而所釋太略，未載全文。然據其所言他漢碑，類多刓缺，而此碑獨首尾完好，則所見實係完本。至《隸釋》雖載全文，而銘詞已有缺字。顧亭林未見原刻本，故《金石文字記》止載重刻本。其所考釋亦止在文字之通假，而於時、地、事蹟概從其略。顧南原曾見原刻本，故收入《隸辨》，並採邱常、程勤、李一本諸人之跋，惜乎所考尚略，且未與《隸釋》校勘異同，其本今亦不傳。自是以後，不獨原刻本不見於著錄，即重刻本金石家亦罕有得之者，此本亦頗有模糊缺佚之處。第十九行缺「德彌」二字，第二十一行缺「盛息懆書」四字。其餘模糊者百餘字。然《隸釋》所缺銘詞中數字，此本尚隱約可辨，如「演元垂」下所缺係「像」字，「嶽瀆」下所缺係「位」字，「遐年」上所缺係「壽」字，皆可據此以補其缺。第十四行「其辭曰」之下，《隸釋》亦空數格，此本有「更名石生」四字，與上下文義不屬，疑後人所增。又如「欲救民」上所缺似是「望」字，「魂神」下所缺似是「往」字，亦可存以備考〔註3〕。第十七行「大選」上，《隸釋》缺一字，此本亦模糊難辨。且有《隸釋》

〔註 3〕 孫承澤《庚子消夏記》卷五「巴郡太守樊敏碑」條錄有文本（孫承澤撰，白雲波、古玉清點校《庚子消夏記》，浙江人民美術出版社 2012 年版，第 116～117頁），與此有差異。稱：
　　　《樊巴郡碑》建於建安十年，不知今在何地。余所收本無一字殘缺，題額及鐫書人劉武良名俱全，而書法遒勁古逸，尤爲可寶。《集古》、《金石》二錄俱不載，豈近代始出現耶？《金石古文》載其文，至銘辭缺六字，又誤四字，余憑此碑改正：
　　　辭曰：演元垂口〔象〕嶽瀆口口〔治匠〕兮。金精火佐，實生賢兮。口〔豈〕欲救民，德彌大兮。遭遇陽九，百六會兮。當口〔舉〕遐季，今遂逝〔逡巡〕兮。嗚呼哀哉，巡〔懷氏〕魂神口〔裕〕兮。
　　　古文之缺當存其舊，若妄加改竄，非其質矣。辭中誤四字，視原文不及遠甚。誤耶？改耶？楊升庵之病多坐此。
　　　劉喜海《金石苑》卷一（《續修四庫全書》第 894 冊，上海古籍出版社 1996年版，第 576～577 頁）、陸增祥《八瓊室金石補正》（文物出版社 1985 年版，第 32 頁）也錄有全文，文本又有不同。另外，徐紹楨《漢巴郡太守樊敏碑跋》（作於 1908 年。陳正卿、徐家阜編校《徐紹楨集》，四川師範大學出版社 1991年版，第 62～63 頁），對部分文字亦有考證。其後，任乃強《樊敏碑考略》（原刊《說文》1944 年第四卷合刊），從「形制與位置」、「樊碑史」、「碑文簡釋」、「拓本鑒別」四個方面展開討論。黃永年有商榷文章，題爲《漢〈樊敏碑〉與

傳寫脫誤，可據此本以正之者。《碑》云：「刊石勒銘。」《隸釋》脫「石」字。銘詞云：
「金精火佐。」《隸釋》「火」誤作「大」。餘詳上文。是此本實就原石拓出，與南原所
見者相埒，而非亭林所見重刻之本所可擬也。亭林云：「『晢爲韓魏』者，析之異。」
〔註4〕今按：《隸釋》「晢」作「晉」，即晉字也。重刻本誤作「晢」，亭林遂以爲「析之異」，
未免少疏。此本仍作「晉」，與《隸釋》正合。即此一字，足證其爲原刻本，而非重刻本矣。
近人收藏金石最富者，莫若王蘭泉、錢竹汀兩先生，而《金石萃編》、《潛研
堂金石跋尾》並未列是碑之名，則此本洵海內所希有，而劇可寶貴者矣。

魏凝禪寺造三級浮圖記跋

　　此記云：「趙居士名融，字祖和，元氏人也。遠祖□漢司徒公，征東將軍、
都督內外諸軍事、冀州刺史趙郡公。」按：前漢及蜀漢爲司徒者，並無趙氏。
後漢時趙氏爲司徒者，前有趙戒，《後漢書‧質帝紀》云：「本初元年閏月戊子，司空趙
戒爲司徒。」後有趙謙、趙溫，《後漢書‧獻帝紀》云：「初平三年六月丙子，前將軍趙謙
爲司徒。興平元年十月，以衛尉趙溫爲司徒。」皆未嘗兼征東將軍，《三國志‧馬超傳》
云：「父騰爲征西將軍。」《注》引《典略》曰：「騰又遷征西將軍，初平中拜征東將軍。」按：
初平以前，史傳無言征東將軍者，疑即始於是時。趙戒爲司徒在初平以前，趙謙、趙溫爲司徒
雖在初平以後，然溫傳不言曾官將軍，謙傳但言行車騎將軍，轉爲前將軍，亦不言曾官征東將

唐〈樊興碑〉——評任乃強〈樊敏碑考略〉》（原刊《東南日報‧文史》第九
　　十八期，1948年7月28日）。
〔註4〕顧炎武《金石文字記》卷二（清文淵閣四庫全書本）云：
　　巴郡太守樊敏碑八分書建安十年三月
　　重刻本，字甚拙惡。
　　其文有云『晢爲韓魏』者，析之異。『米巫姡虐』者，凶之異。『歲在汁洽』者，
協之異。『士女涕泠』者，零之異。呂氏春秋姡氣不入身無苛殃漢書藝文志星
事姡悖後漢書禮儀志大儺中黃門倡倀子和曰甲作食姡廣韻姡即凶字古文〔《漢
三公山碑》「攘去寇姡」，《魏橫海將軍呂君碑》「羣姡鼎沸」，竝作此字。〕《爾
雅》「歲在未曰協洽」，《史記‧曆書》作「汁洽」，《天官書》作「叶洽」，《方
言》「自關而東曰洽，關西曰汁」。《春秋文耀鉤》黑帝叶光紀、《周禮》、《禮記》
注竝作「汁」。《周禮》太史「讀禮書而協事」，故書「協」作「叶」。杜子春云
「叶，協也」，書亦或爲「協」，或爲「汁」。大行人「協辭命」，故書「協」作
「叶」。鄭司農云「叶當作汁」。張衡《西京賦》「五緯相汁」，五臣本作「叶」。
五經文字，「協」字古文作「叶」，而緯書有《樂汁徵圖》。《漢書‧五行志》引
《洪範》「協用五紀」，字又作「旪」。師古曰：「旪讀曰叶。」四字皆以十爲聲，
而從劦、從口、從水、從日則各異耳。《尚書大傳》「其歌聲比餘謠，名曰《晢
陽》」，注謂「春厥民，析」，則「析」之爲「晢」，或亦可通用乎？

軍。亦未嘗兼冀州刺史，《後漢書・靈帝紀》云：「中平五年，改刺史，新置牧。」按：中平在本初之後，初平興平之前。趙謙、趙溫爲司徒時，冀州有牧無刺史；趙戒爲司徒時，冀州雖有刺史，然《續漢書・百官志》云「每州刺史一人，六百石」，是漢代刺史秩卑，斷無以三公兼攝之理。且是時，有趙國而無趙郡，《續漢書・郡國志・趙國》，《注》云：「秦邯鄲郡，高帝改名。」有列侯而無郡公。《續漢書・百官志》云：「衛公、宋公以爲漢賓，在三公上。列侯所食縣爲侯國。」據此則衛公、宋公以外，更無公爵之封矣。至於「都督內外諸軍」，內外即中外之謂，蜀漢時姜維曾膺此任，《三國志・姜維傳》云：「延熙十六年，維率數萬人出石營。明年加督中外軍事。」後漢時尙無此官。《晉書・職官志》云：「魏文帝黃初三年，始置都督諸州軍事。又，上軍大將軍曹眞都督中外諸軍事，假黃鉞，則總統內外諸軍矣。」按：魏黃初二年即蜀漢章武二年，事在姜維以前。然與蜀漢無涉，且亦在東漢之後。然則所謂漢者，斷非前漢、後漢、蜀漢之漢矣。若夫晉時十六國之北漢，其官有司徒，《晉書・劉元海載記》云：「劉聰爲大司徒。」有公爵，有征東將軍，《晉書・王彌傳》云：「元海進彌征東大將軍，封東萊公，有都督中外諸軍事。」《晉書・劉曜載記》云：「元海世頻歷顯職，後拜相國，都督中外諸軍事。」有刺史。其州有冀州，《十六國疆域志》引《前趙錄》云：「淵以劉雲爲冀州刺史，屯廣宗。」其郡有趙郡，《晉書・地理志》有趙國，無趙郡。然考《惠帝紀》云：「永嘉二年九月，石勒寇趙郡。」《劉聰載記》云：「聰遣劉粲、劉曜等攻劉琨於晉陽，琨奔於趙郡之亭頭。」《石勒載記》云：「進攻趙郡，元海授勒安東大將軍。」據此則西晉時已有趙郡，亦曾屬北漢矣。與此碑所述符合。十六國之貴臣，其閥閱亦爲北朝所重，《魏書・王憲傳》云：「祖猛，符堅丞相。太祖見之，曰：『此王猛孫也。』厚待之。」是其明證。此碑所謂漢者，似可指北漢而言。然北漢貴臣，趙姓者僅有趙染，官止於前鋒大都督、安南大將軍，《晉書・劉聰載紀》云：「聰遣劉聰等寇長安，命趙染率眾赴之。曜乃承制，加染前鋒大都督、安南大將軍。」與此碑官名迥殊，不必牽合，姑存此說以備考可耳。惟是都督中外諸軍事，權任最隆，歷朝皆視爲重寄，《通典》云：「江左以來，都督中外尤重，唯王導等權重者乃居之。宋氏人臣則無居者。」後魏一代不過數人。蓋必親貴如元儀，威力如尒朱榮，始居此位。《魏書・太祖紀》云：「皇始二年五月甲寅，以東平公元儀爲驃騎大將軍，都督中外諸軍事。」《尒朱榮傳》云：「詔以榮爲使，持節侍中，都督中外諸軍事。」元象二年，都督中外者乃丞相高歡，不啻權侔人主。《魏書・後廢帝紀》云：「建明二年冬十月壬寅，即皇帝位，稱中興元年，以齊獻武王爲侍中，丞相都督中外諸軍事。」按：元象二年在中興元年之後八年，此記有「丞相□永」之語，即頌歡之詞。故自來司徒等官，或可濫邀，而此職不容輕授。《通鑑》卷二百八十六云：「契丹主因令爲燕王遷官，翰林承旨張礪奏擬燕王中

京留守、大丞相、錄尙書事、都督中外諸軍事，樞密使如故。契丹主取筆塗去『錄尙書事都督中外諸軍事』而行之。」胡《注》云：「孰謂契丹主起於塞北，而不知中國之事體哉？」趙某既受此非常之大任，以史法言之，即其人生平無所表見，亦當附見於簡編。乃《晉書‧載記》於北漢時都督中外者，自劉曜以外，可考者惟劉粲、劉驥二人，《劉聰載記》云：「封其子粲爲河內王，署使持節、撫軍大將軍、都督中外諸軍事」；又云；「署其驃騎大將軍濟南王劉驥爲大將軍、都督中外諸軍事。」又按：《劉曜載記》云：「以劉岳爲侍中，都督中外諸軍事。」在曜改漢爲趙之後，故不數之。而無趙某之名，豈史氏之疏歟？《晉書‧載記》於十六國諸臣頗略，容有居高位而不載者。抑趙氏子孫增飾其先世之爵位，據《元和姓纂》及《新唐書‧宰相世系表》，後漢時有大鴻臚趙融。而造此塔者復名趙融，亦未免疏於考古。而作記者沿其誤歟？元象二年，歲在己未，而此記云歲在申。據《魏書》「是歲三月甲寅朔」，則二月朔非甲申，即乙酉。而此記云「二月乙未朔□十五日己酉」，其誤顯然。此則書闕有間，非可臆決者矣〔註5〕。

唐田府君及其夫人墓誌跋尾

右《唐田府君佚墓誌》，撰者爲桑叔文〔註6〕。其夫人冀氏合祔墓誌，無撰人姓名。二誌並詳述田君戰伐之功，其職爲淮南節度討擊副使，而兼泗州長史。案：以《通鑒》核之，泗州之地，自建中二年正月以前，本隸永平節度。至貞元四年十一月以後，改隸徐州節度。其間隸淮南節度者，未及八年。田君卒於貞元三年七月，在改隸之前一年。其以討擊副使兼領長史，不過六年有餘。今考淮南屬郡居邊界之衝者，壽州爲最要，而泗州次之。屬郡有司任防禦之責者，刺史爲最尊，而長史次之。維時壽州刺史爲張建封，《舊書‧建封傳》曰：「時淮西節度使李希烈乘破滅梁崇義之勢，漸縱恣跋扈。盧杞本惡建封，遂薦建封以代崔昭牧壽陽。李希烈稱兵」云云。案：以《德宗紀》考之，希烈之滅崇義，係建中二年八月事。其僭王肆逆，係建中三年十二月事。建封之代崔昭，當在二年三年之間。而田君守泗

〔註5〕 葉德輝《寶鴨齋題跋》卷上有「凝禪寺三級浮圖碑」一則（湖南圖書館編《湖南近現代藏書家題跋選》第二冊，嶽麓書社2011年版，第395～396頁），云：《魏凝禪寺三級浮圖碑頌》在元氏縣，趙融兄弟率鄉賢道俗二千餘人創造，中兵參軍鄭鑒等刊石立碑。從前金石家不載，始載入《常山金石志》。近陸紹聞《續金石萃編》載其文，此碑訛謬乖異之字極多，書法至北魏紕繆已甚，文亦無可取，存之以識六書之變。光緒廿年太歲甲午五月廿七日。

〔註6〕 桑叔文《唐故淮南節度討擊副使光祿大夫試殿中監兼泗州長史上柱國北平縣開國伯田府君墓誌銘並序》載董誥等編《唐文拾遺》卷二十三。

州之域，乃其近鄰。泗州刺史爲張萬福，《舊書・萬福傳》曰：「德宗以萬福爲濠州刺史，馳至渦口，發進奉船，改泗州刺史。」在泗州時，遇德宗幸奉天。據《通鑑》「發進奉船」係建中二年六月事，德宗幸奉天係建中四年十月事。萬福由濠州改泗州，當在此二三年之內。而田君居長史之官，乃其上佐。及田君既卒，萬福猶爲刺史，《萬福傳》又云：「爲杜亞所忌，徵拜右金吾將軍。召見，德宗驚曰：『杜亞言卿昏耄，卿乃如是健耶？』」《杜亞傳》云：「貞元五年，以戶部侍郎竇覦爲淮南節度，代亞。」案：亞以昏耄誣萬福，無異竇參以風疾誣吳湊。德宗察參之誣，既不久而逐參；則其察亞之誣，必不久而代亞。是萬福之至京師，至早亦當在四年。若三年以前，固未離泗州也。建封尙在泗州，《建封傳》又云：「貞元四年，以建封爲徐州刺史、徐泗濠節度營田觀察使。」是三年以前尙未遷矣。蓋終始相依而同功一體者也。《誌》云：「懷百勝之謀，有七擒之略。」《夫人誌》云：「公久主強兵，屢清淮海。」誠以李希烈阻兵犯順，諸道震驚，惟淮南闔境獲保無虞，泗上一州不聞有警。雖曰賴建封之堅守，顯折其狂謀；倚萬福之威名，潛消其逆焰；而究之泗州與壽州爲脣齒，必泗州協力，斯壽州能策勳；長史實刺史之股肱，必長史得人，斯刺史能舉職。然則田君與二張，信所謂和衷共濟而相與有成矣。顧二張之名爲人所稱述，而田君之名獨無所表見者，則以建封齒將七十，節制封疆；萬福壽至九旬，典司宿衛；而田君位不越乎列校，年甫踰乎服官。故二張所樹立者益宏，田君所設施者未竟耳。《誌》云：「方將匡贊臺階，克隆元老。積善無徵，奄然辭位。」《夫人誌》云：「功高望重，日冀遷榮。上天不仁，屈公以短曆。」〔註7〕洵致惜於齎志以歿，而慨乎其言之也。向令天假之年，得展其用，吾知建封之諫宮市、萬福之救陽城，不能專美於前，而《誌》所云「楚有子玉，文公爲之側席；漢有汲黯，當朝爲之正色」者，豈不足以著風采於天下哉？乃史官因其班列未高，不爲制傳，並不附其名於建封、萬福傳中。使非二《誌》復出，則田君戰勝攻取之績，持危定難之才，後世何從識之？此以知修史者當以博考碑版爲先，而託不朽於金石者，諒非無益也夫。

顧侯墓誌銘跋

　　右《顧侯墓誌銘》題云《大明故太子太傅鎮遠侯諡榮靖顧公墓誌銘》，楊

〔註7〕前引《夫人誌》及此處所引之語，均出田益《泗州長史試殿中監京兆田府君墓誌銘並序》。文載董誥等編《唐文拾遺》卷二十三。劉氏稱「其夫人冀氏合祔墓誌，無撰人姓名」，失考。

一清撰，郭勳書，陳鎡篆。案：侯諱仕隆，江都人，贈夏國公成之來孫。《明史稿》附見於《成傳》後。今以《誌》所述者，與《傳》校之，雖大略相同，而其互異者亦有數事焉。

《誌》言「成生統，統生興祖，興祖生玘，玘生溥，溥生仕隆」，如其言，則溥乃興祖之孫，溥以前襲侯者，其父玘也。《傳》言「興祖卒，孫淳嗣，卒無子，從弟溥嗣」，如其言，則溥乃興祖之從孫，溥以前襲侯者，其從兄淳也。案：公侯伯之襲爵者，世系皆載於誥券，其昭穆不容少紊。《職官志一》云：「凡爵皆給誥券襲，封則徵其誥券，覈其宗支。」溥與仕隆及仕隆之子寰，三世皆曉文藝焉。有持狀以乞人誌墓，而數典忘祖之理乎？然則顧氏之世系，當以《誌》為正矣。

《誌》言「仕隆以宏治〔註8〕甲子襲侯」，甲子乃宏治十七年，仕隆既以是年襲爵，則其父溥必以是年病卒可知。《傳》言「溥以宏治十八年卒，子仕隆嗣」，則又謂溥卒在乙丑矣。案：楊一清與溥及仕隆兩世交誼頗篤。《誌》云：「子宏治間獲通還往於襄恪公，後又獲交於公。」所謂襄恪公者，即溥也。溥之卒、仕隆之襲，其事在於何時，一清未有不知。豈至為仕隆作《誌》，遂顛倒其歲月乎？然則溥卒之年，亦當以《誌》為正矣。

《誌》言：「辛巳，今上御極，重湖南為龍潛之地，乃命公鎮守湖廣」。今上者，謂世宗也。辛巳者，正德十六年也。武宗以十六年三月崩，世宗以四月入繼大統。次年壬午，始改元嘉靖。仕隆之移鎮湖廣，當在辛巳三月以後。乃《傳》言「仕隆嘉靖初移鎮湖廣，尋召還，加太子太傅論奉迎防守功也」，則又謂移鎮在壬午矣。案：世宗以辛巳四月至京師即位，遣使迎興獻后於安陸。其年九月，興獻后至京師。據《本紀》、《后妃傳》及《楊廷和傳》，興獻后即興獻王妃，世宗本生母也。安陸本湖廣總兵統轄之地，所謂「奉迎防守」，即指此事而言。是仕隆以辛巳調鎮湖廣，《傳》中已有明徵。若壬午始至湖廣，則「奉迎防守」何所指耶？然則仕隆移鎮之年，尤當以《誌》為正矣。

《誌》言「辛未，逆賊劉七等劫掠江防，勢甚猖獗，武廟勑公討之。公統士卒扼其吭，賊不敢奔突，始大窘。狼山之捷，實賴之」。《傳》不載此事。蓋以其時統兵者乃陸完、仇鉞等，仕隆但司防堵，不與戰事故也。然劉七等轉掠數省，守將皆不能禦，而淮安當南北衝途，以仕隆鎮其地，獲免於殘破，亦不得謂為無功。當時嬖幸擅權，仕隆獨不肯附，《傳》云：「武宗南巡，江彬橫甚，

〔註8〕宏治乃明孝宗年號，當作「弘治」，下同。

惟仕隆不爲屈志」，亦載其事，但不明言江彬耳。遂抑而而不賞，後之作傳者復從而削之。使非得此《誌》，則其功不遂湮哉！

《誌》言：「正德間，三奉命持節，詣藩府行冊封禮，有所餽遺，皆卻不受。改鎭湖廣，淮之軍民立石以識去思。提督三千營，申明紀律，一新教練之規。既寢疾，謂其子寰曰：『殯殮喪葬無求備，愼勿作佛事』」，皆足以見仕隆之賢，而《傳》略之。

《誌》言：「兼領紅盔將軍，復領圍宿禁兵帶劍侍衛，掌府前衛事。《兵志二》云：「公侯伯駙馬等官，管府軍前衛帶刀官者一，管神樞營紅盔將軍者四。」內宮側屋有火，命公董役修治，費省而工速，完賜白金彩幣。據《本紀》及《諸王傳四》，禁中清寧宮後殿災，在嘉靖元年正月。大婚禮成，賜賚尤厚。據《本紀》及《后紀傳》，世宗立孝潔陳皇后在嘉靖元年九月。甲申，上恭穆獻皇帝冊寶，遣公告祭宗廟，賜白金彩幣如初。獻皇帝即興獻王，世宗本生父也。據《本紀》及《諸王傳四》，上冊寶在甲申三月。又累賜恭穆獻皇帝宸翰御製《敬箴》、《洪範序》、《文獻通考》諸書」。《藝文志》云：「世宗《敬一箴》一卷、《洪範序略》一篇。」《志言敬箴》者，從省文也。皆足以見明待仕隆之厚，而《傳》亦略之。《傳》但言「管神機營左哨」，而《誌》又言「督神機營，牧放馬匹」；《職官志五》云：「五軍神機各設中軍左右哨、左右掖，每營俱選勳臣二人提督之。各哨掖官亦率以勳臣爲之。」《傳》但言「管哨」，不言爲督，非也。《兵志六》云：「五軍三千神機等營，各設草場，於畿甸放牧。」是督神機營者，必兼司牧馬之事也。《傳》但言「掌中軍都督府事」，而《誌》又言「掌右軍都督府事，調掌中軍都督府事，提督京城門鑰」；《職官志五》云：「中軍、左軍、右軍、前軍、後軍，每府左右都督正一品。」案：五軍府都督品位雖同，而中府爲五府之首，班次在右府之前。故仕隆由掌右軍調掌中軍也。《傳》但言「掌中軍」，不言曾「掌右軍」，非也。《職官志四》云：「五都督府，分掌南京衛所。城門之管鑰，中府專掌之。」案：南京之門鑰既掌於南京中府，則北京之門鑰亦必掌於北京中府矣。《志》雖未有明文，然據此《志》證之，其制似當如此。《傳》但言「仕隆父溥加太子太保」，而《誌》又言「仕隆高祖統、曾祖興、祖祖珤，俱贈太子太保」；世爵之贈，宮衛皆出特恩，史家自應全載。《傳》或書或不書，非也。《傳》但言「仕隆卒，贈太傅，諡榮靖」，而《誌》又言「上輟視朝一日，賜御祭十五壇，命有司營葬域」；據《張居正傳》，「國公兼師傅者，諭祭止九壇。」仕隆以侯爵而賜祭至十五壇之多，故《誌》與「輟朝」、「營葬」，皆稱爲殊典。《傳》不書，亦非也。此皆史稿所未及，而當據此《誌》以補之者也。

　　若夫《誌》言仕隆始祖成，進封奉天翊運推誠宣力武臣，《職官志五》云：「公侯伯封號四等，佐太祖定天下者曰開國輔運推誠，從成祖起兵曰奉天靖難推誠，餘曰奉天翊運推誠、曰奉天翊衛推誠。」案：成從高皇帝定天下，而封號不言開國者，以其封在永樂時，非在洪武時也。成助文皇帝靖內難，而封號不言靖難者，以其初本佐建文伐燕，非助成祖起事也。特進榮祿大夫、柱國，《職官志一》云：「凡武官，其勳十有二。正一品，左、右柱國。散階三十。正一品，初授持進榮祿大夫。」而《傳》亦不書者，蓋功臣之封號勳階，《職官志》已著其一定之例，故列傳中不必人人紀之也。此則史家省繁就簡之法，不得據此《誌》以議其漏矣。

　　至於《傳》言「仕隆請開通惠河時，不能用。及後開之，人果稱便」，而《誌》不書。疑仕隆初無此議，因其督漕著績，故時人歸美之，而修史者據傳聞以增之也。《河渠志四》載請開通惠河者，獨無仕隆名。又言「嘉靖六年，御史吳仲言定議修濬，楊一清言宜斷行之。明年六月，河成」。若仕隆曾有此議，則河成之時，仕隆甫卒，而一清正當國。作誌即在是年，何肯不載此事耶？

　　《傳》言「錦衣千戶王邦奇怨大學士楊廷和，兵部尚書彭澤上疏，言哈密失策，事由兩人。仕隆言廷和功在社稷，邦奇小人，假邊事惑聖聽，傷國體。有詔切責，移病解營務」。而《誌》亦不書。案：廷和等見訐之時，世宗怒不可測，仕隆以武臣而能力白其誣，《傳》云：「事下五府九卿科道議。」五府在九卿科道之前，而仕隆掌中府，又居四府之前，是此疏雖出於公議，而首署名者則為仕隆，故特被切責也。然獄亦因是得解，其功大矣。較諸漢辛慶忌之救朱雲，唐張萬福之救陽城，實為無愧。其生平可傳之事，莫大於此，乃一清作《誌》，絕不言及者，蓋廷和因議禮忤旨，朝士右之者，世宗皆目為朋黨。故一清雖明知此事之當書，而卒不敢書，後之論世者當諒其不得已之苦心也。仕隆以上獻皇帝冊寶受金幣之賜，與一清以主追尊本生復召入閣，彼此相同。仕隆以救廷和等見責而解營務，與一清以乞宥議禮諸臣為張璁、桂萼所排而罷歸，亦彼此相同。然則仕隆與一清於大禮之議，雖不能匡正於始，而尚能調劑於終，以視郭勳之附璁、萼而陷善良，其賢不肖迥別矣。

　　《誌》言：「仕隆配蔡氏，淳安大長公主駙馬都尉震之女。子寰娶林氏，德清大長公主駙馬都尉岳之女」。案：《公主傳》，淳安公主下嫁蔡震，德清公主下嫁林岳，與《誌》正合。明制，皇姑曰大長公主，皇姊妹曰長公主，皇女曰公主。見《公主傳序》。淳安公主，英宗之女，憲宗之姊妹，孝宗之姑也。天順時，當稱公主；成化時，當稱長公主；至宏治時，則當稱大長公

主矣。德清公主，憲宗之女，孝宗之姊妹，武宗、世宗之姑也。成化時，當稱公主；宏治時，當稱長公主；至正德、嘉靖時，則當稱大長公主矣。乃《公主傳》俱不紀其大、長之號，則失之於疏矣。《公主傳》書加號長公主者，唯仁祖女太原公主、曹國公主；書加號大長公主者，唯太祖女汝陽、寧國、懷慶、大名、南康、永嘉、含山、寶慶八公主，及穆宗女瑞安公主而已。其餘皆不言加號，蓋其缺略者多矣。《誌》言「女二：長在室，次適母后戚太子太保玉田伯蔣公輪次子華，爲顯陵奉祀」。案：顯陵者，興獻帝之陵也。母后戚者，興獻后之戚也。《后妃傳》云：「慈孝太后蔣氏，世宗母也。父斅，大興人，追封玉田伯。」據此，則世宗即位，斅已前歿，故封輪爲伯。疑輪乃興獻后之兄若弟，而世宗之舅氏也。仕隆之長子寰娶德清大長公主之女，蓋世宗之表姊妹也。其次女適蔣輪之子華，必世宗之表兄弟也。輪爲世宗之舅，《史稿》雖無明文，然就戚里行輩推之，似當如此。《史稿》之例，后妃之家人皆列於《外戚傳》，而蔣氏父子獨不與焉。《張原傳》云：「嘉靖初，劾外戚玉田伯蔣輪家人擅作威福」，是輪之爲外戚，《史稿》已明言之矣。何外戚傳無其名耶？未免自亂其例矣。或謂世宗追尊本生，非禮之正。興獻帝既不列於本紀，則興獻后列於《后妃傳》者，非也。蔣斅、蔣輪不列於《外戚傳》者，是也。案：蔣氏父子皆封伯爵而加宮銜，《史稿》即不附諸外戚，亦當另爲立傳。今乃削其名而不列，則秉筆者不得辭其過矣。

　　《誌》列楊一清官階，與《史稿》悉合。《誌》稱「持進光祿大夫」，案：《職官志一》云：「文之散階四十有二。正一品，初授特進榮祿大夫，陞授特進光祿大夫。」《傳》但言「特進」，不言「光祿大夫」者，從省文也。《誌》稱「知制誥經筵官」，而《傳》不言者，以其爲內閣例兼之職也。郭勳、陳鏸之官階，與《史稿》亦合。勳事見其始祖英傳後，鏸事見其始祖志傳後。惟鏸之提督三千營，《鏸傳》及《兵志一》但言「鏸曾提督團營」。勳之侍經筵及太保兼太子太傅，《勳傳》但言「奪保傅官階」，不言保傅銜以何時加。爲《史稿》所未載耳。據《勳傳》，其兼領後府在嘉靖十年，此《誌》作於嘉靖七年，已稱「後軍都督掌府事」，蓋傳誤也。至於《誌》稱榮祿大夫，《傳》不言者，亦以其爲散階，故省文也。一清，巴陵人，而《誌》稱「石淙」；《藝文志四》別集類載一清《石淙類稿》四十五卷，蓋一清每自稱石淙也。勳濠人，而《誌》稱鳳陽；濠雖屬鳳陽，然敘里居者要當稱濠爲是。鏸巴人，而《誌》稱西蜀；巴固蜀地，然四川州縣甚多，豈可但稱西蜀？皆隨意所書，非例之正也。

　　《傳》言「一清詩文效李東陽」，今觀此《誌》，敘事簡淨，措詞雅飭，頗有茶陵之風，在正、嘉時允推作手。且生平持正不阿，優於經濟，可稱社

稷之臣。其爲仕隆作誌銘，洵足以傳信於後。《誌》云：「持鴻臚少卿王君道中所著狀，請予銘。」案：《題名碑錄》，正德甲戌科，三甲進士王道中，直隸撫寧縣人。《霍韜傳》云：「用鴻臚卿王道中爲順天府丞。」即其人也。若篆蓋之鏸，雖無所表見，亦尚不爲人所指謫。《鏸傳》云：「總薊州兵，朵顏入寇，禦卻之。嘉靖初，委寄亞武定侯，嗣伯六十餘年卒。」所惜者書丹之勳，乃世爵中之敗類。《勳傳》云：「自明興以來，諸嗣侯無撓朝權者，惟勳挾恩寵，肆爲奸慝。」未免於薰蕕同器，爲可憾耳。《勳傳》云：「首輔楊一清深惡之，因其賕請事發，罷營務。勳遂傾一清，逐之。無何，仍總五軍營。」案：一清罷相在嘉靖己丑秋，勳罷營務當在己丑春夏。撰志書丹皆在戊子，相距僅一年耳。據《雍正揚州府志》及《嘉慶揚州府志》皆言明諭葬夏國公顧成墓在江都東南三里官河岸，明陸深《玉堂漫筆》云：「揚州漕河東岸有墓道，題曰夏國公，音虔，與「夏」字相類，少一發筆，下作又。蓋鎮遠侯顧公玉之賜葬也。」《雍正府志》云：「考明初功臣，並無顧玉其人。而《漫筆》所載玉事功生卒，又皆與顧成無異，則謂爲顧玉者誤。」《嘉慶府志》云：「前志以『夏』爲『夏』，『夏』字諸書未見。」《嘉慶江都志》云：「乾隆乙巳，墓圹誌石出土。」《嘉慶甘泉志》云：「舊志作夏國公碑，云『贈夏國公』，不作『夏』字。」揚州府教授藺從善撰銘。《嘉慶府志》云：「藺從善，磁州人。洪熙元年任。」據《嘉慶甘泉志》云「碑云以永樂十三年葬」，則從善之任教授，非始於洪熙時矣。地名笊籬灣，此《志》云「歸葬於揚州城南笊籬灣祖塋之原」，與志書正相符合。《雍正府志》、《嘉慶府志》皆言勳衛顧大猷墓在笊籬灣。案：《兵志二》云：「擇公、侯、伯、都督、指揮之嫡次子，置勳衛散騎舍人」，大猷蓋亦成之後裔也。道光戊戌，仕隆墓圹誌石尚完好。石方二尺七寸，四十七行，行四十九字，正書惟第缺一字耳。上距乾隆乙巳，已五十有三年矣。志書不載此誌，並不載仕隆墓，而其文實於掌故有關，因詳爲考核，以備續郡邑誌者之採擇焉。

胡文恪公手書洛神賦拓本跋　代

　　仁和胡文恪公以乾隆辛巳登上第，入詞林，與先曾祖中議公同年同館。道光己丑，良駒〔註9〕幸成進士，接武玉堂，座主冢宰朱文定公、總憲李芝齡先生皆文恪公門下士，有私淑之淵源。其時，同爲京朝官者，如海豐吳子苾

〔註 9〕文中稱：「道光己丑，良駒幸成進士」。檢《清朝進士題名錄》道光九年己丑科，
　　　　二甲 58 名爲劉良駒，江西建昌府南豐縣人（856 頁）。檢乾隆二十六年辛巳恩
　　　　科，一甲二名爲胡高望，浙江杭州府仁和縣人（552 頁）；二甲 21 名爲劉焯，
　　　　江西建昌府南豐縣人（553 頁）。《兩浙輶軒錄》卷三十三、《晚晴簃詩匯》卷
　　　　九十並錄胡高望之詩，小傳稱其「諡文恪」。

方伯、韓城王□□□□〔註 10〕、固始吳紅生觀察，其先世皆與中議公同譜，通家世好，交誼益敦，惟文恪公後人未獲接晤。咸豐壬子〔註 11〕，轉運兩淮文恪公之曾孫珠泉貳尹適稽鹽艘於龍江，因公至揚，以文恪公手書《洛神賦》拓本屬題。

　　此賦書於乾隆丙戌，而刻於乾隆辛亥，其時公督學江蘇，每於試事既竣，擇其尤者延入署中，待以盛饌，出此賦拓本，人贈一軸，而告之曰：「今日為文酒之會，非試諸君。吾為國求賢，所至必遴選真才。諸君當不負吾意也。」故曾邀賞拔者，莫不爭自淬礪，以學行顯於當時。揚郡得此賦者十人，自文定公以外，如史望之宮保、徐竹初中翰、仲柘泉大令、史壽莊、宋濯蓮兩學

〔註 10〕　檢《清朝進士題名錄》乾隆二十六年辛巳恩科，一甲一名為王杰，陝西同州府韓城縣人（552 頁），與胡高望、劉焯為同榜進士；其孫王篤為道光六年丙戌科二甲二十一名進士（842 頁）。吳子苾即吳式芬，道光十五年乙未科二甲三十七名，山東武定府海豐縣人（888 頁）。吳紅生即吳葆晉，道光九年己丑科三甲六名（858 頁）。故王篤與吳葆晉為同榜進士。《清史稿》卷三百四十《王杰傳》附《王篤傳》，稱：「孫篤，道光二年進士，歷編修、御史，出為汀州知府、廣東督糧道，署鹽運使。時林則徐為按察使，治海防，甚倚之。募廣州游手精壯者備守禦，以機敏稱。擢山東布政使，署巡撫。失察家人、屬官受賂，連降罷職歸，襄理西安城工。卒，贈布政使銜。」（中華書局 1977 年版第 37 冊，第 11088～11089 頁）《清史稿》稱其為「道光二年進士」，與《清朝進士題名錄》不合。亦未載其表字。檢法式善《清秘述聞續》卷十載：「王篤字寶珊，陝西韓城人，道光丙戌進士，十四年以御史任。」（《清秘述聞三種》，中華書局 1982 年版，第 788 頁），知其表字為「寶珊」，可補《清史稿》之闕。據「吳子苾方伯」、「吳紅生觀察」之例，推知文中所缺四字中，前二字為「寶珊」當無疑義，後二字或為「編修」，或為「御史」等，俟考。
　　另外，吳廷錫等編纂《續陝西通志稿》卷七十九《人物六》有其傳（華文書局有限公司 1969 年版，第 4236 頁），較《清史稿》為詳，迻錄如下：
　　王篤字寶珊，幼慧讀，四歲就外傅，祖傑深愛之。道光辛未成進士，改庶吉士，授編修，歷充國史館協修、纂修、會試同考官翻譯、內場監試官，補江西道御史，出為四川學政。按試，以明倫敦品為先務，次則通經義、參史學、正文體、審音韻、講書法，並刊字學五種以訂訛謬，裁教官贄敬新生柵規陋習，蜀人以文翁比之。任滿，掌河南道御史、稽察吏部詹事府步軍統領及中倉事務所在稱職。尋簡福建汀州府，升廣東督糧道。己亥，奉檄赴虎門監銷煙土，潮州查辦案件，深為總督林則徐所倚重。尋遷按察使，轉山東按察使，未赴任，虎門告警，省垣震動。篤籍城內遊悍民，盡為己用，以防內奸。抵山東，讞獄多所平反，升布政使兼護巡撫篆派充閱兵大臣。時承平久，營務弛，篤力加整，頃戎政一肅。又以在東省製造器械，賞戴花翎。丁未，因公罣誤落職。粵楚軍興，奉檄幫辦。本省捐輸事竣，還按察使銜，旋以勞卒。
〔註 11〕　此文作於咸豐壬子，即咸豐二年（1852）。

博、焦里堂、吳念劬兩孝廉、黃秋平、王東山兩明經，並極一時之選。而淮郡之得此賦者，則以芝齡先生爲最著，至今淮揚耆舊猶樂道之。就二郡以推諸它郡，其獲贈此賦者必雋異奇特之士，從可知矣。先是文恪公嘗督學江西，賢聲懋著，良駒幼時心竊嚮往。今觀此卷，可想見文恪公品藻之精，培植之厚。凡主持文柄者，皆當奉爲楷模。至於翰墨之工，在他人所視爲難能者，特其餘事焉爾。

宋大使府甎考

咸豐壬子歲〔註12〕，揚州郡城西北平山堂右司徒廟側，村人治地，獲古甎甚多。其文爲「大使府造」四字，高郵金雪舫先生得其一，製以爲硯，出拓本見示。爰以史傳及志乘參互考之。

此甎乃南宋時修城所造，蓋揚州在宋代本爲帥府，《輿地紀勝》揚州州沿革門引《國朝會要》云：「建炎元年，陞爲帥府。」又引《皇朝郡縣志》云：「大觀元年，陞爲帥府。」今案：《宋史・徽宗紀》云：「大觀元年十二月癸巳，以江寧、荊南、楊、杭、越、洪、福、潭、廣、桂並爲帥府。」其年月與郡縣志合。《續通鑒・宋高宗紀》云：「建炎元年六月己卯，李綱請沿河、淮、江置帥府，沿淮帥府二，治揚、廬。從之。」其年月與《會要》合。《嘉慶揚州府志》事略門云：「大觀元年，已以揚州爲帥府。」此殆更其軍制，故又及之。其說頗能折衷二者之同異。蓋大觀立帥府之名，而建炎定帥府之制也。膺帥府之任者，有安撫使，《通考》卷六十一云：「安撫使掌總護諸將，統制軍旅。」《養新錄》卷十五：「《文獻通考》言帥漕憲倉。」蓋當時案牘之稱帥謂安撫司。有制置使，《通考》卷六十二云：「制置使，宋朝不常置，掌經畫邊鄙軍旅之事。」有宣撫使。《通考》卷五十九云：「宣撫使，宋不常置，有軍旅大事，則命執政大臣爲之。」唐有都副元帥，宋有都督宣撫，皆以爲將相重臣總師征討者之官。安撫使專領一州，亦可兼領諸州，《通考》卷六十一云：「建炎二年，令將兵處知州帶管內安撫使」，此專領一州者也。又云：「宋舊不常置，自咸平二年，以翰林學士王欽若爲四川安撫使，知制誥梁顥爲陝西安撫使，安撫使之名始此」，此兼領諸州者也。制置使、宣撫使專領一路，亦可兼領諸路。以《通考》所言制置、宣撫核之，种師道爲河東路制置，使康允之爲浙西路制置，使富弼、文彥博爲河北路宣撫使，此專領一路者也。錢蓋爲陝西五路制置使，李綱爲兩河宣撫使，張浚爲川陝宣撫使，此兼領諸路者也。而諸使字上加以大字者，其職任尤崇。其中，或以並置兩使而加大字以別之，或以位視執政而加大字

〔註12〕此文作於咸豐壬子，即咸豐二年（1852）。

以顯之，《通考》卷六十二云：「開禧用兵，起邱宗卿守金陵留鑰。宗卿嘗以簽樞督視軍馬。於是趙淳已爲江淮制置，命宗卿爲江淮制置大使。已而罷四川宣撫，又以安子文爲制置大使，朝議以子文恩數視執政，特加大字。」或以階至二品而加大字以進之。《通考》卷六十一云：「時諸路又有安撫大使，自兩浙西路劉光世始，二品以上爲帥，即爲安撫大使。」故使府恒有，而大使府則不恒有，蓋使府即帥府，而大使府則大帥府也。府字爲官署最尊之稱，非尋常官署可比。《日知錄》卷八云：「漢曰郡，唐曰州，州即郡也。惟建都之地乃曰府，至宋而大郡多升爲府。」又卷九云：「唐制：京郡乃稱府。至宋，則潛藩之地皆升爲府。」今按：顧氏所言，指府縣之府。然府署之府，亦可類推。以古制言之，則三公府、丞相府、御史府皆官署之最尊者也，以近制言之，則宗人府、詹事府、內務府，亦非尋常官署所可比也。是以大使之號，可通用於庶官；而大使府之名，則專屬於閫帥矣。南宋時，守揚者例兼安撫使之銜，《輿地紀勝》揚州州沿革門云：「淮南東路安撫使，淮東八郡皆屬焉。嘉定以來，以楚州兼山東、淮東安撫節制司，而揚州止兼管內安撫。」今按：《宋史·趙範傳》云：「嘉定十七年，進直徽猷閣知揚州淮東安撫副使」；又云：「紹定三年，起淮東安撫副使進淮東安撫使兼知揚州。」是嘉定間，知揚州者仍兼安撫副使之銜。至紹定以後，則安撫使之銜仍屬諸揚守矣。至紹定、端平以後，則制置使、宣撫使定以揚州爲治所，例皆兼知揚州。《養新錄》卷八云：「開禧用兵，嘗以鄧友龍宣撫兩淮。未幾，並江淮置一制置使，治建康。嘉定十二年以後，始有淮東制置，治楚州，後治揚州。趙葵紹定六年除淮東制置使，知揚州。端平元年，移司泗州。三年，治揚州。」而使名加大字者，《新府志》所載有趙葵，與史傳及舊志不符，未足爲據。《嘉慶揚州府志》「秩官」門云：「趙葵，景定元年兩淮宣撫大使，判揚州。」今按：《宋史·理宗紀》，是年五月戊辰朔詔趙葵依舊少保、兩淮宣撫使，判揚州。《趙葵傳》云：「景定元年，授兩淮宣撫使，判揚州。」皆但言宣撫使，而無『大』字。《府志》「事略」門引《葵傳》，亦無『大』字。」「秩官」門之「大」字，必是衍文。且據《理宗紀》，是年是月乙未詔李庭芝起復秘閣修撰，主管兩淮安撫制，置司公事，兼知揚州。據《續通鑑·宋理宗紀》，是年六月李璮侵淮安，主管制置使事李庭芝擊敗之。戊辰至乙未，相距止二十七日，而即改命庭芝。至次月，而庭芝已統軍破敵，則葵之履宣撫使任，爲日無幾。其時亦不聞有修城之事。至於端平間，葵官制置使時，雖有重修城壕之事，然據文選樓鈔本《廣陵續志》所載高定子記文，但稱爲制閫，而不稱大使；但言新修大城及堡寨、翼城、夾城，而不言拓城以包平山堂，則此大使府之甄，與葵固無涉矣。其可據者，惟賈似道、李庭芝二人。似道之守揚，初授制置大使，《宋史·理宗紀》云：「淳祐十年三月庚寅，以賈似道爲端明殿學士、兩淮制置大使、淮東安撫使，知揚州。」繼授安撫大使，復授宣撫大使。《續通鑑·宋理宗

紀》，寶祐五年二月戊午，以賈似道為兩淮安撫大使。寶祐六年十一月壬戌，以賈似道為樞密使、兩淮宣撫大使。其修廣陵堡城，始於寶祐二年七月，成於三年正月，《宋史·理宗紀》云：「寶祐三年二月己卯，復廣陵堡城，賈似道以圖來上。」今按：《庶齋老學叢談》卷下云：「揚州寶祐城，賈秋壑開閫日築，始於二年七月十五日，至三年正月二十日告成。」文選樓鈔本《寶祐惟揚志》載似道之奏，所述年月日與庶齋之言正同。《宋史》所書，乃奏到之日耳。故改名堡城為寶祐城。《庶齋老學叢談》載似道中省狀云：「照得此城高深廣表，無異一郡。舊名堡城，不當用既廢之名，今名寶祐城。」其城之西門名曰平山，《惟揚志》云：「為城門樓四，南揭寶祐城扁，北曰雄邊，東曰泰通，西曰平山。」西門濠外復築圍城，包平山堂於內，且作外濠以環之。《惟揚志》載似道之奏云：「城廣九里零二百八十一步，濠則東南一角，接連夾城，更復深廣外三面，新鑿濠為丈一千五百一十一。又自摘星樓以西築堡圍，包平山，舊基計一百四十六丈，重鑿外濠一重繞之，計一百五十三丈一尺。」所謂圍城者，與月城相似，而實不同。蓋月城在城門之內，用為內防；圍城在城門之外，用為外護。前此揚郡大城、夾城之外皆有圍城，《廣陵續志》云：「今州城，端平初趙公葵增陴濬隍，東、西門為月城二，南、北門為圍城二。淳祐中，李公曾伯包砌南門圍城一座，築運河東岸圍城一座，邱公岳增置南門外新圍，東城門上護壩樓，共三座。」又云：「夾城，李公端伯又築圍城。」今按：端平、淳祐皆在寶祐之前，州城一名大城，當時揚郡有大城、夾城、堡城，謂之三城。據此志所言，大城、夾城，前此皆有圍城，惟堡城未有耳。而堡城之外築圍城，以包平山堂，則始於似道。《宋史·叛臣·李全傳》云：「紹定三年十二月丙寅，使胡義將先鋒駐平山堂，伺三城機便。戊午，全張蓋奏樂於平山堂，布置築圍。四年正月丁酉翼日，賊自平山堂揮騎下救，城中放燈張樂。全見之，亦往海陵載妓女，張燈平山堂。壬寅，全置酒高會平山堂。」洪勳《惟揚志自序》云：「每歲哨塵蓬勃，平山遂為氈屋下頓之所，賈公似道來制全淮，城寶祐。」是似道未築寶祐城之前，平山堂本在城外也。似道所築圍城不止一所，《惟揚志》云：「今州城，賈公似道圈砌東門甕城、南城水門、東西圍子門五。所開濬東門圍城，至破橋西一帶濠河。」又云：「寶祐城為望樓四，以覘烽燧；圍城六，以謹外護。」而平山堂之圍城，最為形勢要害之區。《惟揚志》云：「堡城扼西北之衝，橫屬平山，為廣陵第一形勢。」又載家坤翁《寶祐城紀事詩》云：「拒關有橋，拒橋有圍」；又云：「中遏其流，兩壩對峙。圍以護之，東西相掎」；又云：「咸曰平山，猶墮其外。公曰咈哉，此關風氣。因山為圍，兀如壇壝。可容萬人，乘陴敵愾。」今按：寶祐城之南門與夾城相連，無須復設圍城。其餘三門皆設圍城，以護關橋，加以東西護壩之兩圍城，及平山堂之圍城，正合六圍城之數。而平山堂之圍城最要，故詩中於諸圍城之外特敘其事耳。是時，似道以同知樞密院事為淮兩制置大使，

《宋史·宰輔表》云:「寶祐二年六月甲寅,賈似道除銀青光祿大夫,同知樞密院事、兩淮制置大使,兼淮南東西路宣撫使,知揚州軍州事。」而幕府僚屬皆以大使稱之,誠以帥府所重者,在大使之權,不在樞密之職也。《惟揚志》云:「大使賈公似道鎭淮之五年」;又載陳彬《四城興濬錄》云:「大使同知樞密賈公盡護全淮。」家坤翁《寶祐城紀事詩》云:「大使賈公分閫六禩。」此甎「大使府」之文,既與似道官階相合,而出土之地,復與平山堂相近,正宋時圃城之舊基。《惟揚志》載陳彬《四城興濬錄》有「甓城甎圃」之語。則指爲似道築城時所造,固有徵矣。庭芝之守揚,初則權知揚州,繼則主管兩淮安撫制置司公事,兼知揚州;繼則爲兩淮安撫制置副使,知揚州;《宋史·理宗紀》云:「開慶元年正月戊辰,以李庭芝權知揚州。景定元年五月乙未,詔李庭芝起復秘閣修撰,主管兩淮安撫制置司公事,兼知揚州。景定二年四月丙申,李庭芝爲修文殿修撰、樞密都承旨、兩淮安撫制置副使,知揚州。」繼則爲兩淮制置使,後又爲兩淮制置大使。其議立城以駐武銳軍,在咸淳二年十一月爲制置使之時。其築大城以包平山堂,在咸淳五年正月爲制置大使之時。《宋史·度宗紀》云:「咸淳二年十一月辛丑,兩淮制置使李庭芝立城屯駐武銳一軍,以工役費用及圖來上,詔並勞之。」《續通鑒·宋度宗紀》云:「咸淳五年正月丁未,以李庭芝爲兩淮制置大使,兼知揚州。始,平山堂瞰揚城,敵至,則構望樓其上,張弓弩以射城中。庭芝築大城包之,募汴南流民二萬餘人以實之,號武銳軍。」今按:招募武銳軍至二萬餘人,未必一時俱集。蓋軍名之創,立城之議,在二年之冬。而城工之興,軍人之集,則在五年之春。首尾凡二年有餘,《廣陵圖經》分繫諸二年、五年,是也。《嘉慶揚州府志》並繫諸二年,非也。自咸淳二年上距寶祐三年,僅十有一年。自咸淳五年上距寶祐三年,亦止十有三年。平山堂之圃城,新築未久,而遽議重築者,實由似道既築圃城之後,又爲敵人所毁。蓋此十數年間,元兵深入兩淮者,惟寶祐六年冬月之役,其時通泰、漣海所在被兵,似道上章引咎,則圃城倏毁,必因此際之遊軍突騎可知。《宋史·理宗紀》云:「寶祐六年十月戊子,大元兵攻通泰州。」《續通鑒·理宗紀》云:「寶祐六年十一月,蒙古將李氈破海州漣水軍,賈似道上章引咎,詔以功自贖。」至次年春初,似道即移閫京湖、四川,未及修復。《續通鑒·宋理宗紀》云:「開慶元年正月丁卯,賈似道以樞密使爲京西、湖南北、四川宣撫大使。」故庭芝就圃城舊址,拓爲大城,仍包平山堂於中,猶是今日獲甎之地。而其版築又適在新遷大使之年,則謂大使府甎爲庭芝築城時所造,亦有據矣。是故論築城之年月,則似道先於庭芝。論立城之規模,則庭芝本於似道。況繕完城郭之事,本似道所最嫻,《續通鑒·宋理宗紀》景定四年載元廉希憲對世祖之言曰:「昔攻鄂時,賈似道作木柵環城,一夕而成,

陛下顧扈從諸臣曰：『吾安得如似道者用之。』」而圍城進據平山，尤爲固圉之長策。《惟揚志》載似道修城之奏，云：「惟揚爲東淮根本，堡城占維揚形勝，全跨高阜，旁接平山，斯實我之所必爭者也。憑高臨下，勢順用便，脫有緩急，不難運掉。」《嘉慶揚州府志》「城池」門載宋理宗敕賈似道築寶祐城詔，曰：「包平山而瞰雷塘，可以廣營屯，便牧圉矣。」其設施措置，亦甚得宜。《庶齋老學叢談》卷下云：「是役也，用軍三萬人，民不知役，賞罰必信，無敢譁嘩。」異日，元人乘席卷之威，連營圍逼，而庭芝憑城，百戰固守經年，雖其幹略素優，亦賴前此築堡平山之得勢。則考造甋之府主者，自當首及似道，次及庭芝。然而公論在人，咸存直道，大抵喜引爲庭芝之軼事，而不樂言似道之遺蹤。誠以似道疏防管鑰，失圍城於全盛之時；庭芝效命封疆，捍孤城於至危之日。一則爲誤國之姦佞，一則爲殉國之忠貞，清濁相懸，故重輕迥別也。然則尚論史傳以證此甋之文，足知士大夫行己立身不容不愼，豈非鑒古者所當資爲法戒也哉！

焦山塔塼跋尾

右焦山塔塼，其文云：「遷江浙等處行中書省事周通奉捨創焦山塔塼」，凡十九字。案：塼文不書年月，亦不書周通奉之名。據《至順鎮江志》及《焦山志》所引《永樂鎮江志》，皆云「元大德二年，江浙僉省周文英所造」，而《至順志》所言較《永樂志》爲詳。今以二志參互考之，《永樂志》但言興造之役，而未言建立之由；《至順志》則云：「渡江阻風，不能濟，遂許建塔于寺。有頃，風止，果得渡江」，此詳言未有塔前之事也。《永樂志》但言創制之歲，而未言告成之年；《至順志》則云：「是歲，乃捐己資建塔，及九年而後成」，此詳言方有塔時之事也。《永樂志》但言形勢之不宜，而未言徵應之立驗；《至順志》則云：「塔成之後，寺事擾攘，青囊之術，其信然歟」，此詳言既有塔後之事也。《永樂志》爲明丁禮所撰，《至順志》爲元俞希魯所撰，二人各負盛名，其著作並爲當時所重。今《至順志》尚有傳本，而《永樂志》竟無完書，其體例異同似難臆決。然以此條觀之，《至順志》雖似稍繁而始末悉備，《永樂志》未免太略而事蹟不全。是丁氏之學識本遜於俞氏，即一端可以見全體矣。盧雅雨修志之時，焦山尚無書藏，《至順志》未經寓目，故僅舉他書所引《永樂志》，以證建塔之人，而不復能道其詳也。然則修志乘者，於前人之紀載，固不可輕有所刪，而欲證古蹟之源流者，又豈可採新書而遺舊典哉？

蘇米合題硯銘跋

　　右《蘇米合題硯銘》拓本，元章題云：「溫潤無聲，堅貞膩理。其質如玉，其瑩如砥。讒邪污白，君子所矢。穿金貫石，研窮靡已。熙寧丁巳襄陽米芾珍藏。」共四十二字。坡公題云：「月夕風晨展，角浪動星文。黑蜧飛騰於墨海，蒼龍噴礴乎元雲。倏歘之頃，沐日浴月。非精神之英異，烏能發吾靈氣之氤氳。宜乎邁往凌雲之士，恒藉攻錯於此君。元祐六年辛未夏五東坡居士題。」共七十五字。

　　此硯今爲定遠凌曉南觀察所得，詳加審定，謂「筆法境地既眞，年月蹤跡亦符」，其《跋》云：「以其年月考之，則東坡與襄陽蹤跡之合，時既相符。又坡書晚年始縱此，題字與所書《金剛經》筆法正同。米則先從率更入手者，刷字乃亦時晚而變境耳。蘇之肥，米之潑，面目造作，稍解事者能之。此題二段獨存本來。」其論允矣。乃猶謙不自信，而屬毓崧爲之證明。

　　爰檢核群書，作《蘇米往還蹤跡考》一篇，更就題硯之語，反覆推求，知元章題硯之時年二十七，元章生於皇祐三年辛卯，至熙寧十年丁巳，首尾二十七年。在改官長沙掾之後二年。元章《浯溪》五言絕句後題云：「求便養得長沙掾，熙寧八年十月望經浯溪。」《潛研堂金石文字跋尾》貞集卷四云：「考元章生於皇祐辛卯，至是纔二十五歲，筆力縱勁已有顏平原風格，故知小技亦由天授也。」其時或仍在長沙，或移任他處。蔡肇《米元章墓誌》云：「授含光尉，七遷入淮南幕。」又云：「余元豐初謁荊國王文公於金陵。公以詩贄見，摘取佳句，書之便面。」今按：七遷之中，除長沙掾外可考者，惟官杭州在元豐末，爲揚州從事在元祐初，其餘四遷無考。熙寧十年丁巳之次年，即係元豐元年戊午。元豐紀號，首尾八年，介甫皆在金陵。蔡志所言「摘佳句，書便面」，或即元年之事。然未審彼時元章移任何所，其前一年是否仍在長沙，俟考。是歲坡公年四十二，在密州任。坡公生於景祐三年丙子。與元章宦轍分途，越十四年。坡公年五十六，元章年四十一。坡公在杭州任，被召爲翰林學士承旨，三月離杭州，過吳江、常州，四月上旬內外過潤州。是時元章去雍邱任所，歸潤州，寓居城。公過潤相晤，元章出城追餞。知在四月者，以坡公將離潤時《與元章書》有「昨日遠煩追，餞冒熱還城」之語。知在上旬內外者，以十九日發奏之地推之。說詳下文。其請坡公題硯，必在此時。坡公將離潤時《與元章書》云：「佳篇辱貺，以不作詩故，無由攀和。山研奇甚，便富割新得之，好爲潤筆也。呵呵。」今按：坡公集中自去杭之後至入都之前，未作一詩，與此書所言正合。元章所寶藏研山有二，其一中間鑿爲研形，兼有山硯之稱。所言「割爲潤筆」，意者即因元章請題此硯，故另索山硯以戲之歟？坡公以是月十九日，在塗中發乞郡奏狀。文集繫五

月十九日。「五」當作「四」，蓋五月十九日坡公已入院，九日非在塗之時矣。其奏云：「臣已第三次奏乞除臣揚、越、陳、蔡一郡去訖，」今檢《辭免翰林學士承旨狀》只存二首，第一首係將去杭時所發，第二首係已到揚時所發，第三首雖無考，當係離揚後所發，必在十九日之前。以是上推離揚之時，當在月半前後。再上推離潤至揚之時，當在上旬內外。五月初一日，奏狀至京初。四日，得旨兼侍讀初。八日，至自杭州，入見。文集中《謝兼倚讀表》二首，皆云「今月四日伏奉告命除臣兼侍讀者」。今按：《續通鑑長編》紀奏到在五月丁丑，兼侍讀在庚辰，入見在甲申。庚辰既是五月初四日，則知丁丑係初一日，甲申係初八日也。十一日入院。據集中《謝宣召入院表》兩首，皆言「今月十一日二十九日受告命」。集中《乞候坤成節上壽復遂前請狀》云：「已於今月二十九日赴閣門，祗受告命訖。」今按：元祐時以七月十六日爲坤成節，係宣仁太皇太后生辰。坡公於硯銘後記以「夏五」，似當在入院以後稍暇之時，惟未知在中旬、在下旬耳。元章餞送坡公後，仍在潤州，此硯既爲其珍藏之物，坡公但須記其廣長尺寸，必不攜往京師。坡公泊舟眞州時，《與元章書》云：「承示太宗、草聖及謝帖，皆不敢於病中草草題跋，謹且馳納，竢少愈也。」今按：元章生平不肯輕以書畫玩好示人，其肯送字帖於舟中，實因敬服坡公之故。然坡公閱後，即遣人送還，未嘗久留也。字帖如此，銘硯可知。蓋題銘成後，郵寄潤州，元章即以坡公手書勒石，此可懸揣得之，而信其曲折之不爽者也。顧其間亦有可疑者一事。宋人最重避諱，雖舊諱嫌名猶必致謹，元章銘中「貞」字係仁宗嫌名，宋時改禎州爲惠州，係避本字；改永貞爲永昌、湞陽爲眞陽、湞昌爲保昌，係避嫌名。坡公銘中「恒」字係眞宗廟諱，宋初避宣祖諱，改宏農爲恒農，後又避眞宗諱，改爲常農。元字係聖祖廟諱，《續通鑑長編》大中祥符五年十月戊午，九天司命上卿保生天尊降於延恩殿，自言吾人皇九人中一也，是趙之始祖，再降乃軒轅黃帝。後唐時七月一日下降，摠治下方，生趙氏之族，今已百年矣。閏十月己巳，上天尊號曰『聖祖上靈高道九天司命保生天尊天帝』。壬申，詔『聖祖名，上曰玄，下曰朗，不得斥犯』〔註 13〕。今按：宋時避聖祖諱，改玄武爲眞武，玄武〔註14〕縣爲中江縣，朗山縣曰確山縣，朗池縣曰營山縣。皆例應缺筆而未缺。蘇題不滿八十字，米題不滿五十字，不應失於檢點。且坡公嚴於避家諱，坡公祖名序，故以敘代序，或以引代序。必不疏於避廟諱。況其《論貢舉奏》申言舉子犯眞宗舊名，集中《論貢舉合行事件奏》云：「臣近領貢舉，侍立殿上，祗候放榜。伏見舉人程試有犯皇帝舊名者，有旨特許依本等賜第。又有犯眞宗舊名者，執政亦乞依例收錄。而陛

〔註13〕 玄，原作「元」。李燾《續資治通鑑長編》卷七十九、李攸《宋朝事實》卷七、《宋史全文》卷六均載：「詔聖祖名上曰玄，下曰朗，不得斥犯」，據改。

〔註14〕 此二處「玄武」，原作「元武」。

下親發德音，以謂此人犯祖宗廟諱，不可不降等。已而又有犯僖祖廟諱者，有旨押出。在廷之人，無不稽首欣服。」豈得自犯眞宗廟諱？爲館伴時，預防遼使犯仁宗嫌名，《桯史》卷二云：「承平時，國家與遼歡盟，輅客者往來，率以談謔詩文相娛樂。元祐間，東坡實膺是選，遼使素聞其名，思以奇困之。其國舊有一對，曰『三光日月星』。凡以數言者，必犯其上一字，於是遍國中無能屬者。首以請於坡，坡唯唯，謂其介曰：『我能而君不能，亦非所以全大國之體。四始風雅頌，天生對也。盍先以此復之。』介如言，方共歡愕。坡徐曰：『某亦有一對，曰四德元亨利。』使睢盱，欲起辯，坡曰：『而謂我忘其一耶？謹閟而舌，兩朝兄弟邦，卿爲外臣，此固仁祖之廟諱也。』使出不意，大駭服。」豈得自犯聖祖廟諱？則不能指爲涉筆之偶疏矣。然因此三字未經缺筆，遂斷此硯爲贋鼎，則又不然。題銘果出後人依託，既能知蘇、米往還蹤跡，豈有不知宋時廟諱當避之理？如謂蘇、米原題之硯此三字缺筆，而仿造者忘缺，則更不然。既知仿造必骨董家能手，此等處無不留心，豈肯如斯率意。然則此三字末筆何自而來，是必前此好收藏而不解事者，見此三字末筆皆缺，疑係當日漏刻，爲之補刊，遂使蘇、米所題眞本翻疑贋本。然而古器題銘字之，不當缺而缺者，可定其非眞，《桯史》卷十三云：「余在中都燕李奉寧坐上，前旬日，有士人攜一古琴至。鳳沼內書：『正元十一年七月八日再修。』客又有憶誦《澠水燕談》中有是名者，取而閱之，銘文歲月皆脗合，良是。漫起周視，沼中字皆歷歷可數，因得其所疑，乃指沼字示之，曰：『元字上一字，在本朝爲昭陵諱，沼中書正從卜從貝是矣。而貝字闕其旁點，爲字不成，蓋今文書令也。唐何自知之？正元前天聖二百年，雷氏乃預知避諱，必無此理，是蓋爲贋者。徒取《燕談》以實其說，不知闕文之熟於用而忘益之，且沼深不可措筆，修琴時必剖而兩，因題其上。又何疑焉？』眾猶爭取視，見它字皆煥明，實無旁點，乃大駭。」當缺而不缺者，未可定其爲贋。譬諸杖本方竹，規而漆之爲圓竹杖。《珊瑚鉤詩話》云：「李衛公鎮南徐，甘露寺僧有戒行公，贈以方竹杖，出入宛國，蓋公之所寶也。及公再來，問杖無恙否，僧欣然曰：『已規圓而漆之矣。』」泉本半月，鑿而開之爲滿月泉。《西溪叢話》卷上云：「李紳《題天衣寺》詩：『殿湧全身塔，池開半月泉。』此泉隱於岩下，雖月圓，池中只見其半，最爲佳處。紹興初，愚禿法聰遂鑿開岩，易名爲滿月泉，甚可惜也。」雖昭質有虧，而原自美，又如夏璜有考，隨珠有纇，而不害其爲希世之珍。評此硯者，盍作如是觀乎？質諸觀察，以爲何如？

王氏船山叢書校勘記自序

衡陽王氏船山叢書，其目錄可考者七十五種，稿本訪得者六十一種。湘

鄉爵相及介弟爵帥捐俸授梓，自癸亥冬至丙寅夏，刻成五十三種。此四年中，延致諸同人或校稿本，或校寫本，或校刻本。毓崧亦在局中，專司覆校稿本。合計已刻未刻各書，除未經覆校者六種，《說文廣義》、《相宗絡索》、《夕堂八代詩選》、《四唐詩選》、《明詩選》、《詞選》。餘五十五種，皆檢其所引原書、所用故實，爲之校勘。就中似誤非誤者，固不當增改刪移，《書經稗疏》卷二解黑水云：「以黑水在肅州，而雍之西界應在亦集乃。」今按：亦集乃係海子之名，並無脫誤。亦無〔註15〕庸疏通解釋。若夫舊刻本有臆改之誤，《詩經稗疏》卷一云：「《廣雅》謂之『牛莖』。牛莖，牛脣之轉也。據《廣雅》，兩『莖』字皆『莖』字之訛。莖音遲。脣、遲，一聲之轉。閱者知莖有跌音，不知有遲音，疑其與脣音不近，遂臆改爲莖耳。」《詩廣傳》卷三云：「文饒無犬戎之餌，則吉閔之機不發。據《史》、《鑒》，文饒乃李德裕之字，吉、閔即李逢吉、李宗閔。德裕官兵部尚書時，杜悰與宗閔爲隱語，目爲犬戎，欲餌以御史大夫之職。『犬戎』乃『大戎』之訛。至於唐時，吐蕃雖有犬戎之稱，然維州渠帥自願來降，並非贊普以此餌唐，且使果指爭維州之事，亦不當捨牛僧孺而言逢吉、宗閔，此必閱者疑『大』字爲誤，臆改爲『犬』耳。」新抄本有傳寫之誤，《春秋家說》卷三上云：「『童子之手搏秦，莫與批之，固不可得而奪矣。』『秦』乃『黍』之訛。手搏黍，謂手持搏黍，猶《記》言手弓，《傳》言手劍。此兼用棄百金取搏黍及葛伯要奪童子黍肉也。」《宋論》卷七云：「『七年而始降木徵』；又云：『以不相侵於木徵之一降。』『木與』『未』，皆『木』字之訛。木徵乃西羌青唐酋長，熙寧七年降於王韶者也。」王氏原本有檢閱之誤，《春秋稗疏》卷上云：「「」貫，范甯注音『古亂反』，又云：『屬，公羊注音賴是已』。今按：何、范皆無音切。范甯注當作《穀梁釋文》，公羊注當作《公羊釋文》。此因注疏與釋文合刻，檢閱時誤採書名也。亦有記憶之誤，《周易外傳》卷六云：「楊億披緇而辱逮於死」，楊億乃王旦之誤。《尚書引義》卷三云：「若夫陸子靜、楊誠齋、王伯安之爲言也」，誠齋乃慈湖之誤。《詩廣傳》卷三云：「劉裕終廣固之役，建業雖〔虛〕〔註16〕，甫旋兵而孫恩已潰」，孫恩乃盧循之誤。《讀四書大全說》卷四云：「道安立雪斷臂」，道安乃慧可之誤。《讀通鑑論》卷四云：「況仇士良之以家奴而門生天子乎」，仇士良乃楊復恭之誤。卷二十八云：「李山甫、李振之流，皆以不第而生其怨毒」，山甫乃巨川之誤。卷末云：「李存勖三垂岡之歎」，存勖乃克用之誤。《薑齋文集》卷三《讀陳書書後》云：「魯悉達之言違於俄頃，玄武之潰應如鼓鍾」，魯悉達乃蕭摩訶之誤；玄武〔註17〕乃朱雀之誤。初擬悉仍其舊，而臚

〔註15〕 按：《船山全書》「雜錄之部」載此文。無，作「母」，誤。當是「毋」，因形
　　　　近而誤。第 16 冊，第 429 頁。
〔註16〕 按：「虛」字原無。《船山全書》「雜錄之部」載此文、《詩廣傳》均有，據補。
〔註17〕 此二處「玄武」，原作「元武」。

列於《校勘記》中，同人有謂詞義顯然不必存疑者，於是刻本內此等遂多改易。惟誤處須引證而後明，以及改之有礙於上下文者，則未嘗改。爰即此類，次第編輯，成《校勘記》二卷。諸同人按語，就其籤記之存者，並爲錄焉。

　　前此新化鄒叔績漢勳。校刻叢書，於經書《稗疏》五種多所點竄，就中能訂抄本之訛者，固宜擇善而從。《周易稗疏》卷四引《史記・龜筴傳》，校本改「筮」爲「筴」。《詩經稗疏》卷二引《集傳》云：「姚崇遣使捕蝗，夜中投火，火邊掘坑」，校本改「投」爲「設」。惟原稿間有引證頗疏而鄒改較密者，《書經稗疏》卷四下解「鍰」字云：「孔氏六兩之說爲得其中，然又不知其所本。」鄒刻改末句爲「蓋本於《尙書大傳》『一鍰六兩』之文也」。雖補苴罅漏不爲無功，然斷鶴續鳧，究非廬山眞面。《春秋稗疏》卷上解「公次於滑」云：「蓋今大名之滑縣，紀在魯東南。」鄒刻改爲「滑亭在睢州西北，紀在魯東北」，固屬有據。然下文云「帥師以西次於曹鄭之間」，又云「鄭之東向紀也，亦不北巡於滑」，下條解「紀」、「郚」云：「紀國在齊、莒東南，今日照、安東之間。」是王氏之意固以紀爲在齊東南，不以爲在齊東北也；固以滑爲大名滑縣，不以爲睢州滑亭也。鄒刻刪去「鄭之東向紀也」二句，改「曹鄭之間」爲「宋鄭之間」，改「齊、莒東南」爲「齊東莒北」、「日照安東」爲「壽光臨淄」，雖考訂較密，然非王氏眞本矣。且有既經增改，轉不及原本者；《春秋稗疏》卷上云：「晉文登有莘之虛，乃伊尹所耕之地，在河濮之間，漢爲陽平縣，今東昌之莘縣是。」鄒刻於「漢」上增「在今陳留東北衛殺公子伋之地」十三字，意謂莘墟在陳留，其說雖非無本。然「晉文登有莘之墟」，在城濮戰前一日，賈注、杜注皆謂「城濮爲衛地」，則莘墟自當相近。故王氏以爲在東昌莘縣，即公子伋被殺之地。以視指城濮在濮州、莘墟在曹縣者，持論雖異，亦可存參。若鄭邑陳留，則距城濮太遙，於時地不合。如謂城濮亦係鄭地，則與「子玉怒，從晉師。晉師退避三舍」事蹟更不相符。蓋晉文伐衛入曹之後，仍屯曹衛之間，但拘宛春於衛，並未進兵救宋。子玉自由宋進兵，會前此救衛之師以逼晉，及楚師既敗，然後晉師臨鄭，盟於衡雍耳。有另改他說，與原本迥異者；《四書稗疏》解長府爲泉府，鄒刻改爲「僭王者之府」。今考《讀四書大全說》卷六云「爲長府，改錢法也。詳《稗疏》。」似此者，萬無改理。有設爲問答之說，一似原本自難自解者；《書經稗疏》卷四上言：「《金縢》一篇，可疑者十三，今爲臚辨之如右方。」鄒刻改爲「《金縢》一篇，解者瞀惑，故多召疑。今就疑者之辭而爲之申釋如右方。」有別立一說，反指原本爲或說者；《詩經稗疏》「取厲取鍛」、「錫爾介圭」兩條，《四書稗疏》「葬於魯」條，鄒刻所謂「或說」，據原本即王氏之說。有襲取諸儒之說，羼入原本者；《周易稗疏》解「堅多心」爲多刺，暗用《擘經室集》。《書經稗疏》斥孔傳爲僞，暗用《古文尙書疏證》。《詩經稗疏》謂「紀即杞，堂即棠」，暗用《經義述聞》；又言「太原即今固原州」，暗用《日知錄》。《春秋稗疏》引《水經注》「謂之舉

洲」，改「洲」爲「口」，暗用戴氏校本。《四書稗疏》言「狼藉」乃「落錯」疊韻，暗用焦氏
《孟子正義》。皆原本所無，鄒刻所增。就中亭林、潛邱與王氏同時，然未經相見，未必曾見
其書。即使果見其書，亦斷不肯襲取。有改從近時地名，爲原本所不應有者。《春秋稗
疏》卷下云：「敖者，敖山也。在今河陰縣。」鄒刻改「河陰」爲「榮澤」，下文兩「河陰」亦
改「榮澤」。今按：敖山本在河陰縣境，乾隆二十九年裁河陰併入榮澤。王氏卒於康熙三十一
年，下距裁併之歲七十二年，安得豫知其事？此與《書傳》託名孔安國所作，而中有昭帝時金
城郡名何異？凡此之類，定從原稿，不參以鄒氏之言。鄒氏夙稱績學之士，而著述不
傳。與鄒氏厚善者，能就五種《稗疏》中錄其自抒己見之說，選擇付刊，仍還其名於鄒氏，亦
復可傳。所謂「離之則雙美」也。《校勘記》亦不逐條聲明，以省繁冗。

　　至於王氏原稿最精者，確鑿不磨，足以接武昔賢，爲來者先路之導。鄧氏
顯鶴《船山著述目錄》附識云：「諸家所著，有據爲新義，輒爲先生所已言者，《四庫總目》於
《春秋稗疏》曾及之。以余所見，尤非一事，蓋未見其書也。」而卷帙既廣，利鈍互陳，
間有敘述參差，由於考訂未確；李鄴侯居相位時，陸宣公方居母憂。《讀通鑒論》卷二
十四言「鄴侯不薦宣公」，又言「宣公不進言」，蓋未覈其年月也。種氏爲將者放之從子，世衡
從孫詁、諤、誼，從曾孫師道、師中，皆在放後。自放以前，未嘗爲將。《宋論》卷三言「放
世爲邊將，起家閥閱」，蓋未覈其家世也。注解率易，由於意見有偏。《檀弓》之申祥，
即《孟子》之申詳，自來皆以爲子張之子。《禮記章句》以爲子張門人。《樂記》之子夏，自來
皆謂退老西河，壽踰百歲。《禮記章句》謂文侯所師之子夏，必非聖門之卜子，以字同而流傳
失之。此撰述繁富者之常情，無須深訝。更有不滿於前人，然實爲明人而發。
張孚敬之議大禮，妄擬於歐陽文忠。光時亨之沮遷都，竊附於李忠定。王氏不滿於文忠，爲孚
敬發也；不滿於忠定，爲時亨發也。不孚乎公論，而非其定論所存。《薑齋詩集・五十
自定稿》有《爲晉寧諸子說春秋口占》詩云：「腹借征南庫，燈邀漢壽光」，《夕堂永日緒論》
內編亦言「關壯繆其靈如響」，據此兩條〔註18〕，知書中於神勇有疑詞者，皆未定之論也。《書
經稗疏》卷二云：「熙豐間，王安石倡爲回河之邪說，而始終力主順河自流之議者，惟蘇氏兄
弟也。雖閡諸賢遷蜀黨之怒，暗中安石之毒而不察。」《讀通鑒論》云「無罪可加，而蘇軾以
文詞取禍。」《宋論》卷八云：「蘇子瞻海外初還，欣然就道，夫固有不可恝於君臣之際者。知
其有不可恃而欣躍以從。亦君子宅心之厚與！」據此三條，知書中於東坡多毀詞者，皆有激之
言也。此特一時感慨於衷，借論古以發抒獨見，而立言之大指，未嘗強天下以
必從。猶賦《詩》者斷章取義，說《易》者無事達占，故不自諱其矛盾之詞，

〔註18〕　「《夕堂永日緒論》內編亦言關壯繆其靈如響，據此兩條」，《船山全書》「雜
　　　　錄之部」所載作「據此」。

以明未嘗執一。《讀通鑑論》卷末《敘論》云：「寧爲無定之言，不敢執一以賊道。有自相跖盭者矣，無強天下以必從其獨見者也。」是在閱者尚論作者之世，心知其意而弗泥於寓言。凡別有寄託者，置之不議，斯則善體昔人之志，而不爲昔人所愚。此《校勘記》中所不能包括者也。〔註19〕故舉其大略，以質世之讀是書者。〔註20〕

刻王氏船山叢書凡例

一、鄧氏顯鶴《船山著述目錄》注明有目未見書者若干種。今訪得付刻者四種，《永曆實錄》、《蓮峰志》、《莊子通》、《嶽餘集》。待刻者二種，《夕堂八代詩選》、《四唐詩選》。待訪者八種。《尚書考異》、《四書詳解》、《近思錄釋》、《呂覽釋》、《淮南子注》、《憶得》、《買薇稿》、《瀩濤園初集》。《目錄》未載，今訪得待刻者四種。《夕堂明詩選》、《夕堂詞選》、《薑齋文廣稿》、《薑齋詩賸稿》。《目錄》已載未刊，今訪得付刻者二十三種，《讀四書大全說》、《說文廣義》、《噩夢》、《黃書》、《識小錄》、《愚鼓歌》、《薑齋文集》、《五十自定稿》、《六十自定稿》、《七十自定稿》、《柳岸吟》、《落花詩》、《遣興詩》、《和梅花百詠》、《洞庭秋詩》、《雁字詩》、《倣體詩》、《鼓掉初集》、《鼓棹二集》、《瀟湘八景詞》、《南窗漫記》、《夕堂永日緒論內編》、《外編》。待刻者一種，《相宗絡索》。待訪者六種。《龍源夜話》、《三藏法師八譏規矩論贊》、《船山制義》、《船山經義》、《龍舟會雜劇》、《夕堂永日八代文選》。《目錄》已載已刊，今補刻者十八種，《周易內傳》、《周易大象解》、《周易稗疏》、《周易考異》、《周易外傳》、《書經稗疏》、《尚書引義》、《詩經稗疏》、《詩經考異附協韻辨》、《詩廣傳》、《禮記章句》、《春秋稗疏》、《春秋家說》、《春秋世論》、《續春秋左傳博議》、《四書稗疏》、《四書考異》、《詩譯》。待刻者一種。《四書訓義》。《目錄》已載另刊，今補刻者八種。《讀通鑑論》、《宋論》、《正蒙注》、《思問錄》、《俟解》、《老子衍》、《莊子解》、《楚詞通釋》。合共叢書全目七十五種。另有《夕堂戲墨》一種，計九卷，卷一《落花詩》，卷二《遣興詩》，卷三《和梅花百詠》，卷四《洞庭秋詩》，卷五《雁字詩》，卷六《倣體詩》，卷七《瀟湘怨詞》，卷八《愚鼓歌》，卷九《雜贊銘》。今從鄧氏《目錄》，《愚鼓歌》單行，歸《雜贊銘》於文集，《瀟湘怨》於詞集，餘六種於詩集，不復另標《夕堂戲墨》之名。

一、各書卷數，凡《四庫》著錄者，均以《提要》及《簡明目錄》爲主。《周易稗疏》刻本二卷，抄本三卷。《詩經稗疏》刻本五卷，抄本二卷。四庫本皆四卷。未著

〔註19〕　「斯則善體昔人之志，而不爲昔人所愚。此《校勘記》中所不能包括者也」，《船山全書》「雜錄之部」所載作「斯則善體也」。

〔註20〕　《船山全書》「雜錄之部」所載文末有「同治丙寅夏四月儀徵劉毓崧識」。

錄者，或從舊抄本，《四書稗疏》刻本二卷，抄本一卷。或從新刻本。《春秋世論》舊刻本二卷，新刻本五卷。鄧氏《目錄》內於原有專名者，或加以總名，如《薑齋詩集》，卷一《五十自定稿》，卷二《六十自定稿》，卷三《七十自定稿》，卷四《柳岸吟》，卷五《落花詩》，卷六《遣興詩》，卷七《和梅花百詠》，卷八《洞庭秋詩》，卷九《雁字詩》，卷十《倣體詩》。《薑齋詩餘》，卷一《鼓棹初集》，卷二《鼓棹二集》，卷三《瀟湘八景詞》。《薑齋詩話》，卷一《詩譯》，原附《詩經稗疏》後；卷二《夕堂永日緒論內編》；卷三《南窗漫記》。《薑齋外集》，卷一《船山制義》，卷二《船山經義》，卷三《夕堂永日緒論外編》，卷四《龍舟會雜劇》。皆各編卷第。今仍標專名，以從其朔，附注總名卷數於下，以備參稽。

　　一、各書間有缺卷缺篇，或稿本未全，《永曆實錄》二十六卷，其中卷十六《諸鄭列傳》有目無書。或傳寫逸去，鄧氏《目錄》：《薑齋文集》十卷。卷一論三首、倣符命一首、連珠二十五首；卷二傳二首、行狀二首、墓誌銘四首、記一首；卷三序五首、書後一首、跋一首；卷四啓一首、尺牘十首；卷五九昭；卷六九礪；卷七賦五首；卷八賦三首；卷九像贊一首、雜物贊十六首、銘十一首；卷十家世節錄八則。其《目錄》後附識，言文集皆奇零不成部帙。蓋即鄧氏裒輯分卷者也。今訪得抄本，較鄧氏所見者逸去行狀一首、尺牘十首、九礪一首、賦一首。今存其卷第篇數，而注明所缺於下。若夫缺葉不知何題，《七十自訂稿》五古內缺一葉，題繫《田家始春雜興》第二首，後半不全，以下未知仍有幾首，抑或另有他題。雖知其題而不知何語，《四書訓義》卷二十四《孟子·梁惠王下》篇「明堂」章缺一葉。以及缺行不知何句，缺句不知何字，則或留空葉，或留空格，待覓足本查補。惟各書自序或有或無，其為書成未序，抑或有序而逸，均不可知，須俟續訪。《春秋家說自序》，《四庫提要》曾引之，舊刻本逸去，今據閣本補刊。

　　一、各書有補遺者，或原稿在正文之外，今則因篇帙相連，接續為一；《鼓棹初集》、《二集》皆有補遺附後。或別本列正文之內，今則因剞劂已竟，別錄為編。《續通鑑論》卷四「漢宣帝時」一條、卷七「後漢明帝時」一條、卷八「順帝時」一條、「靈帝時」一條，舊刻本無，舊抄本有。今錄此四條於補遺。至於續采詩文，編為《薑齋詩文賸稿》。連珠七首、記一首、像贊一首，採得較早，補列於《薑齋文集》各卷。此外續採之文，編為《薑齋文賸稿》；續採之詩，編為《薑齋詩賸稿》。未得各稿，仍俟續加訪求。

　　一、書中錯簡，有明證者，無妨移正；《讀通鑑論》舊校本，據事蹟年月，移易先後，確當可從。無明證者，未可更張。《詩餘》不編年而分體。《初集》、《二集》各有補遺。其中次敘先後，難免倒置。若夫各書議論，往往彼此出入，其申明互見者，固可以觀詳略；《周易外傳》卷六云：「詳見《稗疏》。」《讀四書大全說》卷七云：「愚於《尚

書引義》中辨之詳矣。」未申明互見者，亦可以察異同；各經《稗疏》內，互異者尤多。均照原文，不加改易。即各篇語句似複，而指歸各殊，既非衍文，今亦不加刪削。《讀通鑑論》卷七「東漢明帝時史有溢詞」一條，與補遺內「西漢宣帝時元康之世」一條，大略相同。然各有所指，似重非重，當並存互考。

　　一、群經《稗疏》五種，前此所刻，係鄒氏漢勳所校，增刪改易，非復本眞。就中《周易》、《尙書》、《詩經》、《春秋》四種，《四庫》著錄；《四書》一種，雖未著錄，而原稿猶存。今據閣本及舊抄本爲主。《書經稗疏》卷一《堯典》各條次第，閣本「九族」條列「中星」條後，「日月星辰」條列「四嶽」條後，無舊抄本可校。今從閣本。其抄本傳寫脫誤，鄒刻補正至當不易者，從之。此外託諸家藏改本及舊刊本者，均不可憑；《春秋稗疏》「陘」條下引杜《注》：「潁川召陵縣有陘亭。」鄒刻本「縣」下有「南」字，其校語云：「漢勳案：家藏改本及舊刊本皆有『南』字，獨《四庫》本無之，蓋採進者傳寫之失。」又「濮」條下言濮爲衛地，鄒刻本改作陳地，其校語云：「漢勳案：此刻悉從先生末年改本，故此條與閣本絕異。先生五種《稗疏》，有原抄本，與舊刊本、閣本略同。別有改本，即就原本改之於眉上行間，尙未脫稿。故當時採進及後刊行，皆依原本。今觀改本特善於原本，故一依之。」今按：五種《稗疏》，惟《周易》、《四書》有舊刊本，其餘均無。鄒氏謂《春秋稗疏》有舊刊本，殊未可信。則所謂家藏改本，可以類推。蓋因點竄太多，每與《提要》不合，故爲是說以掩其跡耳。今仍從原本。鄒刻全條刪去者，今皆據原本補刊。《周易外傳》卷六云：「經文『其出入以度外內』、『使知懼』，詳見《稗疏》。」鄒刻刪去此條，則《外傳》之語爲無著矣。

　　一、舊抄本可正刻本之誤者，固屬當從；其中刻本是而抄本非者，不必據傳寫之訛改校定之確。《讀通鑑論》卷九「韓遂則與馬超相疑矣」，抄本「超」作「騰」；卷十三「慕容翰之追慕容皝」，抄本「皝」作「廆」；卷二十一「有罪可討，而蔡確亦以歌詠論刑」，抄本「蔡確」作「章惇」；卷二十五「穆宗憂而謀於郭釗，釗曰俟之」，抄本兩「釗」字皆作「曖」。均當以刻本爲是。至於他書轉引，是者從之，《五十自定稿・詠史》六言詩「擒手忠如捉鼇」，「手」字依《沅湘耆舊集》改「守」，此指僕固懷恩請以二百騎追縛安守忠也。非者置之，《六十自定稿・聞極丸翁凶問》詩云「文水東流隔楚潯」，「文」字不據《沅湘耆舊集》改「章」。此詩自注言：「薨於泰和。」泰和屬吉安，文水正在吉安，較章水尤近也。兩可者注之。《沅湘耆舊集》與《薑齋詩集》異者，大都可並存俟考。《衡山縣志》引《薑齋文集・南嶽賦》「顗觀天台」，「顗」誤「巓」；「遷滑莓苔」，「滑」誤「骨」。顗即智顗，立天台止觀法者；遷即希遷，禪家所謂石頭路滑者。此類訛字頗多，不復附注。權其得失重輕，無所偏主。

一、書中徵引群書，得一本可據者，即不須改；《老子衍》「搏之不得名曰微」，既有作「搏」之本，不須改「搏」。《莊子解》「木中有火」，既有作「木」之本，不須改「木」。恐別有所出者，即不須刪；《詩經考異》引《韓詩·牆有茨》，「茨」作「薋」。自來輯《韓詩》者雖無此條，然恐別有所出。後此輯《韓詩》者，不妨增此條也。未引者概不必增；《四書考異》引《說文》異字，本未完備。如弓部「弝」字下，未引《論語》「弝善射」之類。既引者亦不必去；《經詩稗疏考異》屢引《子貢詩傳》、《申公詩說》二書，皆明人偽撰。然自來偽書甚多，叢書中徵引不少，豈能悉行刪去。沿襲俗刻者不必改從舊本；《禮記章句·間傳》「扷楣」，依舊本「扷」當作「柱」，然既以「撐」釋「扷」，則難改爲「柱」矣。檃括大意者不必改從全文。凡引書不用云字、曰字，而用謂字及以爲等字，多係檃括。期於各適其宜，無庸執一。

一、各書稿本字體，除《說文廣義》專論字學，點畫多從古體，此外大都以通行者爲準。舊刻間有參用《說文》字體，爲例不純，蓋由校者好奇改易原本。《四書訓義》夾註言「愛」當作「惡」，本作「㤅」；又言「然」當作「嘫」。知正文作「㤅」作「嘫」者，皆非原本。此外，「雍」「雝」互見，「陶」「匋」雜出之類，尤不一而足。今茲所刻，無取效尤。至若字雖見於佛書，義實本於《倉雅》；《說文通〔註21〕義》卷一云：「淫本訓浸淫也，一曰久雨爲淫。婬色、婬奔，從女從淫省，唯佛書猶存此字。」語雖著於梵論，訓亦根於儒書。《說文廣義》卷一云：「所本訓伐木聲，今借爲處所字，又轉爲語助辭，與『能』相對。能，在己之用也；所，在事之體也。」又云：「凡一字之體用、能所，義相通而音不必異，明矣。」書中偶涉其文，無妨仍存其舊。《禮記·內則章句》「不食雛鱉」，「雛鱉，㾴也。」舊刻本脫「雛」字，又誤分「㾴」字爲尾肉二字。今考㾴訓初孕，其字載於《玉篇》，注言見釋典。依《說文通〔註22〕義》之例，未嘗不可以釋經。又有腲字，亦見《玉篇》，與孕字同，然字形究與尾肉稍遠。即或字書所未載，亦不徑改原文。明代宗室之名，不見字書者甚多。《永曆實錄》中「塑」、「鑿」、「顆」「鏵」等字，皆宗室之名，且互見他書，斷非有誤。《禮記·月令章句》「葍土爲牛」，「葍」字亦不見於字書。明崇禎時有史葍，與東林爲難，《明史》附見錢龍錫等人傳中，足證久有此字。惟太僻恐訛者，姑留空格。《蓬峰志》卷二「錯㼽落垂」，「㼽」字疑「粲」字或「垒」字之誤，姑闕之俟考。

一、舊刻本、抄本爲前明避改者，如「洛」作「雒」；光宗諱。「由」作繇，或作「從」；熹宗及莊烈帝諱上一字。「校」作「挍」，或作「較」；熹宗諱。「檢」作

〔註21〕　通，當作「廣」。《船山全書》「雜錄之部」所載正作「廣」。
〔註22〕　通，當作「廣」。《船山全書》「雜錄之部」所載正作「廣」。

「撿」，或作「簡」；莊烈帝諱。「瀛」作「嬴」；桂恭王諱。「榔」作「桹」。永明王諱。今照影宋本諸書及重刻宋本、李氏《周易集解》、李鼎祚係唐人，《周易集解》「世」作「代」、「民」作「人」，避太宗諱；「治」作「理」，避高宗諱；「亨」作「通」，避肅宗諱；「豫」缺筆作「豫」，避代宗諱。北宋本悉仍其舊，而敬字、殷字皆缺末筆，以避翼祖、宣祖諱。明朱睦㮮及近時雅雨堂刻本，亦仍其舊。朱子《四書注纂疏》之例，朱子《四書注》中，「匡」作「正」，避太祖諱；「貞」作「正」，避仁宗諱；「桓」作「威」，避欽宗諱；「慎」作「謹」，避孝宗諱；「讓」作「遜」，避濮安懿王諱。坊本竄改大半。通志堂重刻宋本趙順孫《四書纂疏》，所載《集注》猶存朱子之真。仍其原文。若夫舊刻本不避改而舊抄本間有避改者，如「基」作「㙱」，或作「㘶」；宣宗諱。「鈞」作「均」，或作「釣」；神宗諱。「常」作嘗。光宗及桂恭王諱上一字。此等字在明啟、禎時刻書避改者甚少，明代舊制，上一字不諱。至啟、禎間，「由」字始缺半筆作「㘪」。萬曆以前刻書，遇先朝諱下一字亦不甚避。故即照舊刻本付刊。迨訪得舊抄本時，已將刻竣，不復追改。王氏家諱，亦不復紛更。王氏父名朝聘，兩叔一名廷聘，一名家聘。足證「朝」字取義於朝廷，非取義於朝夕。書中朝廷之「朝」不輕改，而朝夕之「朝」或改「晁」，或改「旦」，或改「晨」，於義無取，必是後人所更，非其手定。今一律改正。新刻本遇廟諱御名及至聖諱等字，例應敬避敬缺者，一一謹循功令。其無庸忌諱之字，欽遵高宗純皇帝聖諭，概存不刪。

一、各書之中，有文法奧折者，審其句讀，則指趣自明；《四書訓義》卷十〔註23〕「陳司敗」章云：「乃今觀之，君子亦黨乎？心有所偏護，不恤理而唯所好之是阿，何也？」「阿」字絕句，「何也」二字另一句。「何」字非誤非衍。有語勢奇險者，識其指歸，則氣脈自順。《讀通鑑論》卷十六云：「故天子之令不行於郡，刺史之令不行於縣，郡守之令不行於民，此之謂一統。」三「不」字似有誤，而實不誤。其上文云「故天子之令行於郡而郡亂，州牧刺史之令行於縣而縣亂，郡守之令行於民而民亂」，下文云「上侵焉而下移，於是牧刺不能治守，守不能治令，令抑不能治民」，合觀之，語正相貫。均不率加改易，以免紛歧。推之反切有殊音，當核字書以求其是；《四書考異》云：「『菽』當作『尗』，子蕭切，辛果也。今俗作『椒』。」以《說文》考之，「尗」乃「茮」之誤〔註24〕。《莊子解》卷十一〔註25〕云「有眴目之志」，「眴與瞬、旬同，黃絹切，搖目也。」以《唐韻》考之，「絹」乃

〔註23〕《船山全書》「雜錄之部」所載有注，稱：「『《四書訓義》卷十』：按當作卷十一。所引句見《全書》第七冊第五一五頁第八至九行。」
〔註24〕《船山全書》「雜錄之部」所載有注，稱：「按本條所指『卡』字，金陵本已經改作『茮』，見《全書》第六冊第九九頁末行。」
〔註25〕《船山全書》「雜錄之部」所載有注，稱：「『《莊子解》卷十一』：按當作卷二

「絢」之訛。聲律有別調，當廣詞譜以會其通。凡詞調大同小異者，昔人謂之又一體。詞譜、詞律所載，不能包括無遺。《鼓棹》等集內，似此者恐別有所本，可以存參。期於傳信傳疑，不輕更其一字。

一、書中年分、地理、姓名、諡法、事蹟、訓詁，有敘述詳而不必求備者，《春秋世論》卷三云：楚之兵鄭者五，晉之兵鄭者十三，鄭之受兵也十八，鄭之自以其兵犯宋蔡也十一，凡鄭之奔命於戎事者二十有九。據上文自魯成公六年鄭成公立，至魯襄公十一年會於蕭魚，合計共得此數。然以經傳考之，成十年鄭圍許，十四年鄭伐許，十五年鄭侵楚，十七年鄭侵晉，襄十年鄭侵衛伐魯，此六次用兵皆未數及。有證佐多而不必求全者，《春秋稗疏》卷上云：「地之以向名者不一。」其下文歷舉軹縣之向、扶溝之向、長葛之向，惟宣四年「伐莒取向」之「向」為承縣之向，未曾言及。有沿舊說而未暇考核者，《讀四書大全說》卷六云：「據馮原齋所考，子路此問在輒立十二年之後。」今考衛出公之立在魯哀公二年，孔子自楚復至衛，子路問「衛君待子為政，子將奚先」，在魯哀公十年。首尾相距僅得九年。有抒己見而未經引申者，《禮記章句》卷十二云：「豚小豕大。」今按：此句若在他人書中，則「大」字定是衍文，惟王氏書中則非衍文。蓋其《四書稗疏》內謂豚與豕、彘，種類各別，豕能大而豚不能大也。有紀載殊異而難於遽定者，《永曆實錄・馬吉翔傳》云：「吉翔念詔獄且興，而已欲避其名，乃自請留肇慶督援東軍，以錦衣衛印授其黨康□□，使得逞。」今據《南疆繹使》〔註26〕、《五藩實錄》等書，彼時掌錦衣衛印者乃張鳴鳳，至安隆時始為康永寧。有傳抄脫佚而難於輕補者。《永曆實錄・堵允錫傳》云：「詔贈太傅，諡□□。」今考允錫之諡，《明史》及《南疆繹史》作「文忠」，《五藩實錄》作「忠肅」。今此所刊，概不增易原文，庶免失其初意。間有記憶偶誤、檢閱偶差者，欲改之則與本意不符，竟置之又慮閱者滋議，故刻本於此類仍存其舊，而別著於《校勘記》焉。

西漢兩大儒董子賈子經術孰優論

西漢承暴秦之餘習，公卿多刀筆吏，皆以簿書錢穀為事，而不知大體。即所謂學士大夫，如兒寬、公孫弘〔註27〕者，亦不過緣飾為進身之具，曲學阿世以自保其身家。求其沉潛經術，學貫天人，上足以匡君，下足以拯世，

十一。上引號中為《莊子》原文，下引號中為船山之注，『搖目』注原作『目搖』。見《全書》第十三冊第三二九頁第一至二行。」

〔註26〕《船山全書》「雜錄之部」所載有注，稱：「『使』，原刻如此，按當作『史』。」
〔註27〕弘，原作「宏」。

卓然自立，不愧爲一代之大儒者，吾得二人焉：一爲洛陽賈誼，一爲廣川董仲舒。

賈子上《治安策》，述《易》之「差以毫釐，失之千里」，《書》之「一人有慶，兆民賴之」。其所著《新書》，引申《詩》義，如《騶虞》、《靈臺》之類，皆周、秦舊說；《保傅》、《容經》諸篇，亦與《大戴禮》相表裏。董子與韓嬰說《易》於上前，每有問難。《天人三策》多根據於《尚書》。其所著《玉杯》、《繁露》，亦援引《雅》詩，以證《郊禮》。是二子之學，於諸經固多所發明，而其學之最精者，尤在於《春秋》。

賈子學《春秋》於張蒼，傳《左氏》之學。張蒼學於荀卿，荀卿學於子夏。董子學《春秋》於胡母子都，傳《公羊》之學。胡母子都學於公羊壽，壽之祖高亦學於子夏。是二子之經術，所學本同，而淵源於聖門亦相符合。

其微有不同者，特董子之經術優於體，賈子之經術優於用耳。何則？董子潛心力學，目不窺園，當伏處之時，已爲儒者之所宗。及其出事武帝，以帝王之道，格其多欲之心。觀其論桓文曰：「仲尼之門，五尺童子羞稱五伯。」又曰：「正其誼不謀其利，明其道不計其功。」當功利盛行之時，而能爲此語，豈淺學者所可幾？吾故曰董子優於體也。賈子天才卓犖，識力過人，弱冠登朝，毅然以天下爲己任。當文帝勵精圖治之時，慷慨陳書，思欲致君於堯舜。其所言九事，皆當時急務，而優禮大臣，豫教太子，尤萬世不易之論。雖請削諸王之奏，當時未能盡從，而武帝之時，主父偃卒用其策，以安漢室。吾故曰賈子優於用也。

或曰：「董子之言事，多以災異爲詞，又傅會於刑法，至爲其徒所陷。似不若賈子之爲優矣。」不知《春秋》備書災異，本欲警戒人君，董子以是爲言，正名儒納誨之道。即所謂引《春秋》以折獄者，亦先儒相傳之舊法。蓋《春秋》本褒貶之書也。董子所以見陷者，以平津侯之妒嫉、呂步舒之愚昧故耳。豈得以咎董子乎？

或曰：「賈子欲繫單于之頸，論者多以爲疏。且其言事，往往失之過激，似不若董子之爲優矣。」不知三表五餌多，春秋時已試之謀。且敵愾同仇，正《春秋》復讎之義。安可以爲縱橫之術乎？若夫直言極諫，固賢臣之憂盛危明，而盡忠於國也。文帝雖能優容，而沮於絳、灌，不能大用，卒致遠棄長沙。識者方以爲惜，而庸妄之流反責賈子爲過，不亦誤哉！況乎董子相江都而進規，則易王抑其暴，相膠西而進諫，則於王損其驕。優於體者，未嘗

不具夫用。賈子痛刑法之積，則以禮義爲先；傷風俗之偷，則以廉恥爲重。優於用者，未嘗不具夫體。蓋二子者，深於經術，故明體達用之道全也。西漢之儒，惟劉子政差足相與伯仲。轅固、毛公之屬，有其體而無其用；杜欽、谷永之徒，有其用而無其體；已非二子之匹。至於楊雄投閣，劉歆附莽，則愈不足數矣。乃至經術既衰，後儒高言心性，反謂二子未聞於道，不知西漢之初，經術未昌，使非賈子開之於前，董子振之於後，則異端之道何以闢，孔子之道何以明哉？然則二子之學，固未可輕爲軒輊，而妄加譏詆者，適見其不知量也夫。

皇甫嵩朱儁論

後漢愍帝之時，大將有功者，以皇甫嵩、朱儁爲最著；亂賊擅國者，以董卓、李傕爲渠魁。其徵嵩爲城門校尉者，非帝徵之，特卓徵之耳；其徵儁爲太僕者，亦非帝徵之，特傕徵之耳。梁衍勸嵩舉義，陶謙請儁主盟，料其爲矯命而力止之也。嵩不用衍說，儁不聽謙言，知其爲僞詔而願就之也。范氏蔚宗云：「捨格天之大業，蹈匹夫之小諒，卒狼狽虎口，爲智士笑。」〔註28〕其意以嵩、儁之赴召爲非。焦氏理堂云：「宋盱江李覯，獨稱兩公爲古之至忠。岳忠武奉金牌之召，罷甲而歸，與嵩、儁後先一轍。謂非盱江之論有以啓之與？」〔註29〕其意以嵩、儁之赴召爲是。余謂李氏之言固有補於世教，而范氏之論實深切於事情。蓋嵩、儁所行，足以愧強藩逆命之心，而未足盡賢臣愛君之道，所謂「可與立而未可與權」者也。

今夫君子之報國，以匡濟爲先。大臣之憂時，以社稷爲重。不幸而君爲姦臣所愚，則當鎮靜以觀其變。又不幸而君爲逆臣所脅，則當奮發以折其萌。良以政在姦臣者，其命猶出於公朝，不可抗也。政在逆臣者，其命即出於私室，不可從也。當衍、謙獻議之日，時勢尚有可爲。爲嵩者，誠能鞠旅於關西，則卓之伏誅，不必藉力於呂布。爲儁者，誠能興師於洛汭，則傕之就戮，不必假手於段煨。斯固再造王家，功無與讓者矣。即或事與願違，其亂未能遽定，而州郡之渙散無統者，得元勳宿將以維繫於其間，則人心得以稍安，諸侯有所承稟，袁術不敢僭號，曹操不敢專權，漢室之中興，猶可望也。計不出此，願乃甘心受制，束手無謀，坐視君父之危，而莫能扶救。馴至於朝

〔註28〕 語見范曄《後漢書》卷七十一《皇甫嵩朱儁列傳‧論》。
〔註29〕 語見焦循《雕菰集》卷十八《書李盱江文集後》。

廷陵替，宗廟播遷，而溯厥由來，嵩與儁有不得辭其責者。豈非但知處常，而不知處變也哉？

　　至於焦氏引岳鄂王之事，以例嵩、儁，則又不然。夫卓、催肆惡於朝，遠過廢立之苗、劉，非僅同議和之秦檜。嵩、儁竭忠於國，宜若韓蘄王之討罪，不當如岳鄂王之班師。蓋秦檜召鄂王於河南，本高宗之志，故聽君命而班師；苗、劉召蘄王於淮上，非高宗之心，故拒僞命而討罪。蘄王、鄂王所行之事，實易地皆然者也。是故蘄王不就徵，乃高宗所深喜；嵩、儁之赴召，非愍帝所樂聞。蘄王始可謂至忠，嵩、儁適成爲小諒而已。使蘄王亦如嵩、儁，則南宋之業，未必尚能更延；使嵩、儁果如蘄王，則東漢之基，未始不可復振。是雖天命之有異，亦由人事之不齊也。可勝慨歟！

鄭康成服子慎忠於漢室論

　　鄭康成、服子慎並漢末大儒，其經術顯於漢代，人皆知之，而其志節忠於漢室，人罕道之，則以學掩其行也。據《通鑒》六十云：「初平三年十二月，徐州刺史陶謙與諸守相共奏記，推朱儁爲太師。因移檄牧伯，欲以同討李催等，奉迎天子。」《後漢書·朱儁傳》載奏記諸人之名，始於徐州刺史陶謙，終於前九江太守服虔、博士鄭玄〔註30〕。是建義之事，二君本在其例矣。又述記詞云：「謙等並共諮諏，議消國難，故相率屬，簡選精悍，堪能深入，直指咸陽。」是伐叛之事，二君願與其間矣。

　　夫康成乃徵辟未仕之儒生，朝不坐而燕不與者也。子慎乃退免去位之郡長，無官守亦無言責者也。顧猶拳拳奉國，念切勤王，慷慨陳書，特申大義，實與臧子源之抗詞誓衆，盧子幹之正色立朝，輝映一時，爭光千載。古所謂仁者之勇，二君有焉。向使儁與謙等協力一心，申罪致討，則寇亂可以早平，國威可以復振，不至於奔陝郡，不至於遷許昌，而曹氏亦無由奪漢業矣。奈何惑於催之矯詔，遽違衆以就徵，而自謂守君命哉。且夫「君命召，不俟駕」，此禮家之正誼也。「將在軍，君命有所不受」，此兵家之權宜也。至於矯君之命，匪特兵家所不可受，即禮家亦不肯從矣。爲儁者，倘知決策於鄭、服，則必止其西行，誠以召儁之命乃催命，非帝命耳。觀於《左氏·宣四年傳》云：「其人曰：『不可以入矣。』箴尹曰：『棄君之命，獨誰受之？君，天也。天可逃乎？』遂歸覆命。」此言君命必當遵也。《文十八年傳》云：「仲以君

〔註30〕　玄，原作「元」。

命召惠伯，其宰公冉務人止之，曰：『入必死。』叔仲曰：『死君命可也。』公冉務人曰：『若君命，可死。非君命，何聽？』」此言僞命必當絕也。儁所處者，無異惠伯之時，不當效箴尹之事。鄭、服所議者，必合公冉之意，而非若楚人之言。是故國佐見誅，由於專殺。若催之當殺，固愍帝所知也，則不得以爲專矣。趙鞅書叛，由於擅兵。若儁之舉兵，固愍帝所願也，則不得以爲擅矣。況乎勃鞮之言曰：「除君之惡，惟力是視。」催既爲惡逆之尤，則儁之竭力討除，更不可懈矣。臧文仲之言曰：「見無禮於其君者，誅之如鷹鸇之逐鳥雀也。」催既爲無禮之極，則儁之盡心誅竆，愈不可遲矣。鄭、服於左氏之學功力最深，其所以勸儁者，一本乎《春秋》之旨，既不流於迂闊，亦不涉於縱橫，信乎權衡至當者也。惜乎儁也有將才而無學術，拒嘉猷碩畫而不行，以致二君空抱效忠之心，莫展成忠之志，斯可爲長太息矣。然事雖未遂，而正論猶存，俾天下知名教之大防，尚留於學校，奸雄窺伺者因此而暫緩其謀，不可謂非清議之力也。誰謂儒者無益於國耶？

禰衡論

禰正平跡若狂生，而實爲義士〔註31〕。論者頗疑其詆人太刻，而不識其

〔註31〕 對禰衡之評價，基本持否定態度，如車圖南《禰衡論》（吳翌鳳《國朝文徵》卷十九，清咸豐間吳江沈氏世美堂刻本）云：
禰衡躁弛士也，史稱其性尚剛傲，矯時慢物，信哉！夫士苟有才，則必自愛其才。養之以正，守之以謙，遇則爲噦鳳之和鳴，不遇則爲冥鴻之高舉，故可治可亂，能屈能信焉。有芊蜂求螫，以自貽災禍者乎？
當漢之季，運罹百六，綱紀廢頹，黨禍既終，重以奸雄互起，騁其勢力，以推抑天下士，天下士幾無容足之地。況如操者，奸雄之尤者也。外若有容，內懷戈戟，名爲愛士，實且忌才。當是時，若荀文若者，操所傾心而畏愛者也。彼方欲倚爲己用，故手足以之，腹心寄之，一時主臣相得，無與爲比。迨夫一言齟齬，至於飲藥以終。文若且然，況其下者乎？
禰衡之才不逮文若，而夙有虛譽，計惟身遠許都，勿與攖鋒耳。乃逡巡不去，旋且就之，既已輕之，旋且辱之，譬彼虎狼既攖其爪，復扼其牙，其不爲所噬者幾希矣。且夫操非有所愛於衡也，衡則自負其才，而操實未嘗有其才。方其召爲鼓吏，其視衡居何等哉？不於此時堅辭以去，而隱忍以徇，嫚罵至再，雖在常人尚且不堪，況奸雄如操，豈肯甘受其辱，故曰：「禰衡豎子，孤殺之猶鼠雀耳。乃再三不殺，而卒假手於人者，直謂無足污吾手耳。」操豈眞有惡殺才士之名哉？
思昔先王之世，興學立教，舉天下士陶熔於禮樂之中，故曰沉潛剛克，高明柔克。當其時，無氣矜忿戾士也。使衡幸生其時，束身大道，節性和情，厚其養而調其氣，將爲恭人，爲哲士，於以基德，於以全身，誰從而嫉之？誰

擇人最明。蓋所善者如孔文舉、楊德祖，皆漢之忠臣；所鄙者如荀文若、陳長文，皆魏之謀主。知此四人之優劣，則正平之品概亦從可知。故文舉之爲人，助漢者也；《後漢書》本傳云：「操疑其所論建漸廣，而潛忌正議，慮鯁大業。」范蔚宗論云：「若夫文舉之高志直情，其足以動義概而忤雄心，故使移鼎之跡事隔於人存，代終之規啓機於身後也。」長文之爲人，助魏者也。《三國志·魏文帝紀》注引《獻帝傳》載禪

從而殺之？然則非操之殺衡，實衡之自殺也。《傳》曰：「小有才而未聞道，足以殺其軀而已矣。」衡之謂也。嗚呼，悲夫！

不過，也有持讚賞態度的，如龔書宸《禰衡論》（湖北人民政府文史研究館、湖北省博物館整理《湖北文徵》第 8 卷，湖北人民出版社 2014 年版，第 408 頁）云：

人苟有然不屈之氣流行直性之內，不惟光明磊落，睨王公，有不可一世之目，即恒之塞六合、扶四維，何非是氣之所磅礴？昔漢曹瞞，獻帝之蟊賊也，負其凌屬一世之氣，以摧折天下。當時諸侯王以及公卿士大夫，皆震慴莫敢枝梧。後之讀史者。見其冠履倒置、盜竊太阿之罪不可勝誅，不禁怒髮上指，拔劍斫地，欲割刃老瞞之腹，以快神人之憤。至不得伸乎其志，惟於千載下唾之詈之，假筆董狐，誅於既死。雖無益於當日宗社安危之勢，而箝毫討罪嚴於斧鉞，至今史冊間猶凜凜有生氣。

東漢之季，乾綱既倒，士氣頹唐殊甚。荀文若、楊德祖之輩，翊翊然名士也，於操且北面之。二子而下，其如脂如韋、奴顏婢膝者，又何可勝道。衡以一鼓吏，乃能勃然震怒，掀衣揚眉，吐千萬人不敢吐之氣。而批奸摘伏，不惟觀者舌撟，而上以泄漢代祖宗之憤，下以快千古忠臣義士之心。則漁陽一撾，直與博浪一椎前後爭烈矣。衡之膽力，不誠有過人者乎？衡豈不知一己之力不可與操抗，而敢於侮之，如冥然不知顧忌者，蓋有以窺夫操之平日，其視漢之廷臣，蠅營狗苟，於己何敢睚眥。所不可知者士氣耳。故其奸謀雄略嘗得帥百師，深入堅壘，而暗啞叱咤，如無人境，獨不敢露刃輕加布衣者，其心已概可知矣。所以裸體之辱，衡正欲以士氣褫老瞞之魄，使知茅簷韋布中固赫林大有人在。則摻撾一擊，乃衡之震聾志士。藉淵淵之聲，爲一則忠義檄文耳。且彼操者，亦常人也。其安坐受辱，不於衡而即加之刃，想亦陰識衡有默挽厄運之意。恐其義烈之激，足以搖撼人心，引使去己，己直孤立，何能代漢而有天下？而又不欲有殺士名，故特借劉表耳。而衡亦遂渡江依表，尚冀表或可託，則用表以陰除操，使己志可伸，在楚猶在洛也。及表貽衡於祖，而知祖又一操類而才識不逮者。故思亦有以奪其桀驁之氣，而千鈞之弩，不惜爲鼪鼠發機，復以詈操者詈祖。祖之氣喪，操亦必聞而魂奪矣。乃志未成而身以死。衡之不幸，漢之不幸也。世不涼其淵衷，而徒以狂名之。何哉？夫以操之窺竊神器，匪伊朝夕，使無衡之向折廷野以作士林之氣，而操不畏茅簷韋布中復有詈己怒己如衡其人者，則獻帝東郊之禪，當操之身而已行之，不待篡不繼志，而操僅以周文王老矣。然則獻帝得衡而漢祚得以稍延，是衡死而存漢之志已伸，衡如未嘗死耳。衡豈惟不死於常時哉！今之去漢幾千百年矣。過芳洲而弔孤忠，而英光烈烈，鬚眉不腐。覺江聲壯屬中，猶赫然有一正平在。

代眾事,凡勸進之舉,群皆列名。案:群本昭烈所辟,亦常受職於漢朝。顧乃甘心為魏之佐命,其失甚矣。《華歆傳》,《注》引華嶠《譜敘》,載群之對文帝曰:「臣與相國曾臣漢朝,心雖悅喜,義形其色,亦懼陛下實應且憎。」此掩飾之詞耳。德祖之為人,似助魏而實助漢者也。《三國志‧陳思王傳》云:「植既以才見異,而丁儀、丁廙、楊脩等為之羽翼。太祖既慮始終之變,於是以罪誅脩。」丁儉卿先生《陳思王年譜序》云:「夫陳王固未嘗忘漢也。魏既受禪,王發哀悲哭,《贈丁儀王粲詩》稱其父曰『皇佐大義凜然』。使其嗣位,豈有篡漢之事哉?」據此則德祖之勸立植,即所以助漢,宜其為操所忌也。謝安石為桓溫所辟,而與溫弟沖共並王室,正類德祖之事。特安石免禍,而德祖不免禍耳。文若之為人,似助漢而實助魏者也。杜牧題《荀文若傳後》云:「為操畫策,無不以帝王許之。事就功畢,欲邀名於漢代,可以為忠乎?教盜穴牆發櫃,多得金玉,已復不與同挈,得不為盜乎?」案:論或者,當以此為至確。蓋其止董昭九錫之議者,以非由己所發耳。劉穆之觀望於晉宋之間,宋齊邱依違於吳唐之際,皆或為之作俑也。彼曲為解者,亦未之思矣。助漢者為正平所善,是其心常繫於漢矣。助魏者為正平所鄙,是其心不屈於魏矣。然則正平之義不臣魏,實慕魯連之義不帝秦,豈非慎於定交,而能尚友千古之義士者哉?觀其待劉表、黃祖,僅失檢於言詞,而其責曹操則大聲其罪惡。蓋以表與祖尚為漢臣,而操則為漢賊,故特倨傲侮慢以挫其鋒,身雖因此致危,而其所發洩者亦足快天下之公憤。此舉真不可無,較諸顏司徒之詈祿山、段太尉之詬朱泚,事若有異,而心則無殊。安可斥其狂而不服其義也?況漢人之不仕魏者,莫著於管幼安。正平近於古之狂,而幼安則近於古之狷,以視鍾繇、王朗之流於鄉愿者,奚啻霄壤之分。乃當時但重幼安,而不重正平,評隲亦未允矣。厥後嵇叔夜不肯附晉,羅昭諫不願事梁,其舉止似涉於狂,而志節則歸於義,皆由正平為之倡耳。其品概不已卓乎?

蜀漢崇尚古學論

三國鼎峙之時,得正者實惟蜀漢。其朝廷名分既傳漢家之正統,其庠序師法亦守漢學之正宗,故封域雖狹於魏、吳,而其經術昌明,有非二國之所敢望者,則崇尚古學之效也。蓋昭烈帝幼時受業於盧子幹,《先主傳》云「年十五,母使行學,與同宗劉德然、遼西公孫瓚俱事故九江太守同郡盧植。」《後漢書‧盧植傳》云:「熹平四年,拜九江太守,以疾去官。」案:昭烈帝以章武三年崩,年六十三。上溯初生之年,當在延熹四年。至熹平四年,正十五歲也。其後與鄭康成周旋數年,《後主傳》注引《華陽國志》云:「亮答曰:『先帝亦言吾周旋陳元方、鄭康成間,每見啟告治亂之道備矣。』」《後漢

書‧鄭康成傳》云：「會黃巾寇青部，廼避地徐州。徐州牧陶謙接以師友之禮。建安元年，自徐州還高密。」案：以《通鑑》考之，黃巾寇青部在初平元年，距建安元年凡六年。昭烈領徐州在興平元年距，建安元年凡二年。是鄭君之避地徐州，先依陶謙，後依昭烈也。《三國志‧孫乾傳》云：「先主領徐州，辟爲從事。」《注》引《鄭玄〔註32〕傳》云：「元薦乾於州。」乾被辟命，玄〔註33〕所舉也，尤其明證。名儒如孔文舉等，並相親善。《三國志‧孔融傳》注引《九州春秋》有「後徙徐州」之語。《先主傳》云：「北海相孔融謂先主曰：『天與不取，悔不可追。』先主遂領徐州。」是昭烈作牧時，融正在徐州也。又考《後漢書‧朱儁傳》載陶謙等奏記有北海相孔融、前九江太守服虔、博士鄭玄〔註34〕之名，《服虔傳》有「遭亂行客」之語，蓋去官之後，客於徐州，故謙等倡義亦與其列也。以《通鑑》考之，奏記於儁在初平三年冬，昭烈至徐州在興平元年春，相距僅一年有餘。疑昭烈曾及見虔，惜無顯據耳。其師友講習，具有淵源。故初定益州，即鳩合典籍，沙汰眾學。見《許慈傳》。即位之後，特建太學於成都。《華陽國志‧文立傳》云：「少游蜀太學。」《晉書‧文立傳》亦云「蜀時遊太學」。以視武帝之黜百家，世祖之興六藝，先後有同揆焉。當是時也，諸葛武侯以英賢作輔，生平惟崇樸學，而不尚浮華。《御覽》「鑒戒門」引諸葛亮《誡外甥》曰「非澹泊無以明志，非寧靜無以致遠。非學無以廣才，非志無以成學。」故奏議之語，每述經書。本傳載亮《請自貶疏》，云：「春秋責帥。」又傳注引亮《正議》，云：「驩兜滔天之辭，欲以誣毀唐帝。」《甘皇后傳》載亮《請追尊合葬疏》，曰：「《禮記》曰：『立愛自親始，教民孝也。立敬自長始，教民順也。』不忘其親，所由生也。《春秋》之義，母以子貴。《詩》曰：『穀則異室，死則同穴。』」對答之辭，多援傳說，本傳述其對劉琦曰：「君不見申生在內而危，重耳在外而安乎？」又述其對昭烈曰：「臣敢竭股肱之力，效忠貞之節，繼之以死。」《馬謖傳》，《注》引《襄陽記》，亮對蔣琬曰：「是以楊幹亂法，魏絳戮其僕。」而又集思廣益，招致儒生。《太平寰宇記》云：「益州讀書臺，在縣北一里。諸葛亮相蜀，築此臺以集諸儒，兼以待四方賢士。」

　　由是碩彥通人多陟於朝列，《秦宓傳》云：「又論皇帝王霸養龍之說，甚有條理。」《張裔傳》云：「治《公羊春秋》，博涉《史》、《漢》。」案：宓官大司農，裔官輔漢將軍，皆當日之顯秩。他如杜微傳任安之數學，官至諫議；杜瓊著《韓詩》之章句，官至太常。此類頗多不煩枚舉。而居文學之職者，尤稱其官。如許慈之善於鄭氏群經，胡潛之明於喪服制度，《慈傳》云：「師事劉熙，善鄭氏學，治《易》、《尚書》、《三禮》、《毛詩》、《論語》。

〔註32〕　玄，原作「元」。
〔註33〕　玄，原作「元」。
〔註34〕　玄，原作「元」。

又有魏郡胡潛，祖宗制度之儀，喪紀五服之數，皆指掌畫地，舉手可採。先主定蜀，慈、潛並爲博士，與孟光、來敏等典掌舊。」文孟光之長於三史舊典，本傳云：「博物識古，無書不覽，尤銳意三史，長於漢家舊典。好《公羊春秋》，先主定益州，拜爲議郎，與許慈等並掌制度。」來敏之精於《倉》、《雅》、古文，本傳云：「涉獵書籍，善《左氏春秋》，尤精於《倉》、《雅》訓詁，好是正文字。先主定益州，署敏典學校尉。及立太子，以爲家令。」皆博洽宏通，極一時之選。而尹默以《左傳》授太子，本傳云：「從司馬德操、宋仲子等受古學，皆通諸經史，又專精於《左氏春秋》，自劉歆條例，鄭眾、賈逵父子、陳元、服虔注說，咸略誦述，不復按本。先主定益州，領牧，以爲勸學從事。及立太子，以默爲僕射，以《左氏》傳授後主。」向朗以典籍教後生，本傳云：「潛心典籍，孜孜不倦。年踰八十，猶手自校書，刊定謬誤。積聚篇卷，於時最多。開門接賓，誘納後進，但講論古義，不干時事。」學養深醇，更非尋常所能及。且諸人多父子相傳，世濟其美，《許慈傳》云：「子勳傳其業，後爲博士。」《來敏傳》云：「子忠亦博覽經學，有敏風。」《尹默傳》云：「子宗傳其業，爲博士。」《向朗傳》云：「子條嗣」，《注》引《襄陽記》，云：「亦博學多識。」而俱恪守家法，未聞見異思遷。其捨父師之訓，而別自名家者，惟李譔一人，而時人莫之肯信。本傳云：「父仁，與同縣尹默俱遊荊州，從司馬徽、宋忠等學。譔具傳其業，又從默講論義理，著《古文易》、《尚書》、《毛詩》、《三禮》、《左氏傳》、《太玄〔註35〕指歸》，皆依準賈、馬，異於鄭玄〔註36〕，與王氏殊隔。初不見其所述，而意歸多同。」又云：「然體輕脫，好戲啁，故世不能重也。」蓋古學方顯，故謬說不辨而自微耳。迨於末造，姜伯約身爲上將，最好鄭氏之書；事見本傳。卻正論云：「如姜維之樂學不倦。」而卻正、李密之流，亦以績學見重。《正傳》云：「博覽墳籍，遺文篇賦及當世美書善論，益部有者，則鑽鑿推求。」《楊戲傳》注引《華陽國志》云：「李密治《春秋左氏傳》，傳覽多所通涉。」尚有先正之典型，不可謂非教化所致也。若夫吳之諸儒，莫著於虞翻、陸績、韋昭，雖略具往哲之規模，已未免參以臆說，不盡循鄭、服舊章，而嚴畯、程秉之徒，復無所表見，難追跡於漢氏之盛矣。至於魏之諸儒，惟王基輩尚知實事求是，而其學不行，若欺世盜名。如王弼、何晏、王肅、杜預者，或愛空虛，或喜勦襲，或務矯僞，或尚紛更，何足希漢學之萬一哉！假令大統仍歸於漢，則崇正去邪，風同道一，四百年學校之舊澤，可冀其復延也。乃漢既先亡，吳亦終滅，建業之書籍尚有流傳，而蜀都之撰述全歸泯沒，於是漢之經學竟變爲魏晉之經學矣。然則蜀漢之存亡，豈非學術升降之所繫也哉。

〔註35〕 玄，原作「元」。
〔註36〕 玄，原作「元」。

卷　九

胡氏叢書序〔註1〕

昔陸象山以尊德性爲宗旨，而道問學則從其略。王陽明提唱良知，淵源出自象山，而其集中《答徐成之書》曰：「今觀象山文集所載，未嘗不教其徒讀書窮理，而自謂理會文字，頗與人異者，則其意實欲體之於身。」《與黃勉

〔註1〕劉恭冕《廣經室文鈔》有《清故蕭縣學教諭詔舉孝廉方正胡君墓誌》（劉台拱等著；張連生、秦躍宇點校《寶應劉氏集》，廣陵書社2006年版，第591～592頁），載：

君諱泉，字杖仙，姓胡氏。先世自明初以徙戎功，隸揚州衛，率其部屯種寶應柘溝莊，而占籍高郵。曾祖宗開、祖祁，竝以力田起其家。父鎮，樂善好施，跡詳州志。君弱不好弄，獨深耆學，父母愛君甚，君依依左右不忍離。授室後，常宿親所。及居喪服，竟不入內，築廬墓側，時往居之。兄弟恭讓，至白首無間言。族眾繁衍，周卹無虛日。篤禮師門，尊異有德，當世有義舉，輒先就君謀。官蕭縣時，束修之餽，非義不受。既去任，猶捐金佐修聖廟。胸臆洞達，受侮不挍，澆風薄俗，賴以維持。道光三十年，詔舉孝廉方正，士大夫不謀同辭，舉君應詔。時同舉者，以君及江都羅士琳、長洲陳奐爲最賢。君博覽載籍，雖小疾未嘗釋卷，既從事有宋諸儒之學，而於明《王文成全書》用力尤深，嘗謂文成固尊德性而不廢問學，與朱子辭異旨同。著有《陽明書疏證》四卷、《經說》一卷、《經說弟子記》四卷、《大學古本箋參》一卷，儀徵優貢生劉毓崧序而行之。又《駁朱子晚年定論辨》、《白水詩存》各若干卷，藏於家。君生於嘉慶二年四月二十日，卒於同治七年四月二十一日，春秋七十有二。娶任淑人，寶應太學生任忠鼎女，君凡四十餘年，相敬如賓，亦好善，前卒。生子二：長謙吉，少篤厚，有君遺風，早卒；次豫如。孫爲霖、汝馴、汝駿、汝駿、汝驤。君嘗受學先君子，及君子豫如入先君子甥館，君猶執弟子禮。恭冕時時得侍君，接其容儀，聆其談論，穆然夷然，蓋古所稱篤行君子者，如君足以當之矣。豫如等以十三年卜葬君寶應相旺莊，與任淑人合藏，而述遺令，來徵文，恭冕宅憂，不能爲銘，爰撮世所知者載之墓石。

之書》曰：「孟子云：『學問之道無他，求其放心而已矣。』誦習經史，本亦學問之事，不可廢者。」《與陸元靜書》曰：「使在我果無功利之心，何往而非實學，況子史詩文之類乎？」《玩易窩記》曰：「假我數十年以學《易》，其亦可以無大過已。」夫由是言之，象山所謂「學苟知道，六經皆我注腳」者，特以見學，有心得之士自能左右逢原，而非欲高閣六經，虛談德性也。陽明所謂「聖人於禮樂名物不必盡知」者，特以戒從事口耳之徒，未可泛鶩忘本，而非欲捐除禮樂、空論良知也。然則陽明祖述象山，而稱子史詩文為實學，其意主於補偏救弊，可謂善學象山矣。後人宗仰陽明，或視經典注疏為贅設，其意在於變本加厲，不可謂善學陽明矣。

高郵胡杖仙先生，敦品績學，篤信良知之說，亟思救正其末流。爰就陽明集中與人論學之書，擇其根柢經訓者，條舉件繫。此外若序記論說雜文，有援據經書者，亦逐篇臚列。至於《語錄》、《傳習錄》所載說經各條，並依經文後先彙次編纂。又以《大學古本》之復，倡自陽明，採掇群書為之羽翼。蓋凡陽明之講議，涉及於經者，雖片語單詞，莫不旁搜互考，加以引申觸類，覈其指趣之異同。所著有《王陽明書疏證》四卷、《王陽明經說拾餘》一卷、《王陽明經說弟子記》四卷、《大學古本薈參》一卷，其體裁則仿前人所輯《程子經說》、《朱子五經語類》，而加以變通；其義例則綜前人所論尊德性之事，道問學之功，而征諸經術。猥蒙見示，命作序言。〔註2〕

竊謂姚江之門人，多為近儒所不滿者，由其中依章附木之輩，土苴禮樂，弁髦六經，往往流入於禪，以致去道益遠。而陽明當日固由博反約，於經學用力最勤。雖所作《五經臆說》今已不傳，而其發揮經蘊散見於文集、《語錄》、《傳習錄》者，得先生薈萃成書，尚可見其梗概。觀於據《易·文言》「知至至之」，以釋《大學》「致知」必當訓「致」為「至」；據《虞書》「百姓不親」以釋《大學》「在親民」，不必改「親」為「新」；據《禮器》「天道至教」以釋《中庸》「修道之謂教」，即天道之教命；據《中庸》「知天地之化育」以釋

〔註2〕按：《胡白水著書四種》十一卷，含《王陽明先生書疏證》四卷、《王陽明先生經說拾餘》一卷、《王陽明先生經說弟子記》四卷、《大學古本薈參》一卷續編一卷，國家圖書館、溫州市圖書館（存三種）有藏本，係清咸豐刊本。檢吳光編校《王陽明全集》卷四十一《序說序跋》錄有胡泉《王陽明先生書疏證序》，文末稱「咸豐癸丑甲寅高郵胡泉自序」（上海古籍出版社 2011 年版，第 1805 頁）；《續修四庫全書總目提要·經部》載有倫明為《大學古本薈參》所撰提要，稱「書刊於咸豐三年癸丑」（中華書局 1993 年版，第 895 頁）。據此，則《胡白水著書四種》似刻於咸豐三年。劉毓崧之序或作於此時。

《孟子》「知性」、「知天」，即聖人之生知；皆以經解經，確不可易。若夫引《甘誓》之「三正」，以證《春秋》之「周正」，謂：「聖人之言明白簡實，而學者每求之於艱深隱奧，是以爲論愈詳而其意益晦，是惑之甚也」〔註3〕；引《春秋》之災異以證《月令》之氣候，謂：「氣候之運行，雖出於天時，而實有關於人事。是以古之君臣必謹修其政令，恐懼修省之道也」〔註4〕；引《左傳》之「不書朔」與「日官失之也」，以證《曾子問》「當祭而日食」，謂：「古者日官居卿以底日，日御不失日以授百官於朝，豈有當祭之日而尙未知日食者？竊意春秋之時，日官多失其職，固有日食而弗之知者矣」〔註5〕；引「《韶》之九成，《武》之九變」以證《論語》之「盡善盡美」，謂：「聖人一生實事，俱播在樂中。若後世作樂，只取忠臣孝子故事，使愚俗百姓人人易曉，卻於風化有益，然後古樂漸次可復矣」〔註6〕；其敷陳經傳之大義，更爲深切著明，信乎講學必始於研經，而善學陽明者尤當以經術爲首務也。然非先生之留心裒集，銳意表，章則世人欽服陽明者，但知其經濟之憂，誰識其經學之邃哉？是故習陽明之學者極衆，惟劉念臺能得其宗。遊念臺之門者甚多，惟黃梨洲能見其大。親炙於梨洲，而能繼其聲者，莫先於萬季野。私淑於梨洲，而能接其武者，莫過於全謝山。此數賢者，耿介清高之德性，卓越不群，而學問本原則皆菑畬經訓。其設教似與姚江微別，而姚江之緒業益以昌明。在先生退讓謙沖固不肯自擬於前哲，而其書推闡陽明之經學，足以見良知必求諸實際，未可蹈於虛無，則與數賢衛道之深衷，不啻同塗合轍矣。有志於姚江之學者，誠能尋繹此書，以端其趨向，由是專心實學，而不濡足空門，紹蕺山之正傳，而不染龍谿之別派，庶幾不負先生撰述之意也夫。

王氏兩世孝子錄序

　　昔唐之袁誼，嘗云：「門戶須歷代人賢，名節風教，爲衣冠顧矚，始可稱舉」，舊史書之於傳〔註7〕，論者以爲至言。蓋袁氏本陳郡世家，自漢司徒滂，至陳僕射憲，奕葉清流，歷十有數傳，咸以忠貞濟美。非若華腴之胄，徒以閥閱相誇也。然則族望之隆固，重其人可，非重其位矣。

〔註3〕語見王陽明《論元年春王正月》。
〔註4〕語見王陽明《氣候圖序》。
〔註5〕語見王陽明《答何子元壬申》。
〔註6〕語見王陽明《傳習錄・下》。
〔註7〕語見《舊唐書》卷一百九十上《文苑上》。

　　盧陵王氏遷自唐時，由吉州刺史以來，世有令德。乙莊先生天性誠慤，繼母以純孝許之。其家儒素相承，自曾祖以下，孝友並列於方志。其子立齋先生執二親之喪，廬墓盡禮，孝思所感，無間於幽明。其孫霞九先生，敬奉母教，闡揚舊德，兩世皆被崇褒，復遍徵詩文附刻於《欽旌孝子錄》〔註8〕。

〔註8〕魯一同《通甫類稿》卷三《王氏旌孝錄敘》（《清代詩文集彙編》第618冊，第341頁）：
　　霞九觀察既編其《兩世贈言錄》十卷，復編其尊甫《旌孝贈言錄》六卷。兩世者，兼舉乙莊、立齋兩先生而言之也。《旌孝錄》則專主立齋先生而言之也。立齋先生之得請於朝也早，其贈言也居先。乙莊先生之得請也晚，贈言居後也。贈言後者反先，先者反後，何也？尊卑之序也。旌先父而後祖，何也？時未至也。觀察少孤貧，力不能及遠，既貴於朝，而後上推及於祖也。旌孝，非孝子意也，子若孫意也。推父之意，惟知有祖之孝而已，不有推子孫之意。先彰其父之德，而後推恩以榮其祖也。禮本仁而制義，自仁率親等而上之至於祖名曰輕，自義率祖等而下之至於禰名曰重。喪重父而輕祖，祭先祖而後父。觀察之請旌也先父，自仁率親等而上之之義也；其編言也先祖，自義率祖等而下之之義也。明尊卑之序，順輕重之等，所以親親而尊尊也。等序明，而萬事各得其所矣。
　　張祥河《詩龕詩錄》卷六《盧陵王氏兩世旌孝錄爲王霞九太守題》（《清代詩文集彙編》第551冊，第68頁）：
　　求忠臣必孝子門，孝子之子孝子孫，文章政事有本根。盧陵王氏世通顯，兩世旌門荷朝典，孝行非徒史官闡。史官作傳合與分，〔翁覃溪、汪瑟菴諸先生皆有傳。〕臚諸事實俱大文，我韻以詩告采芬。乙莊先生少孤露，乞藥河干神鬼護，五旬至孝嬰兒慕。立齋先生稱孝童，幼即跬步見父風，吮創廬墓至性同。猛虎去之盜感泣，最奇枯杖萌新桐。姜魚孟筍今復傳，王家墓側孝子泉，誠哉惟孝能格天。孝能格天必昌後，後如君眞賢太守。君之文章發淳厚，君之爲政可垂久。孝子之子孝子孫，君宏先業承國恩。
　　馮詢《子良詩存》卷六《霞九觀察屬題兩世孝子錄》〔孝子爲觀察祖，名光升，號乙莊。觀察父名殿墀，號立齋。〕（《續修四庫全書》第1526冊，第86頁）：
　　吉郡善人里，王家孝子泉。〔詳家傳。〕艱難成獨行，先後得同傳。晝錦雙華表，宵鐙一舊甎。定知歐墓近，德業繼前賢。孝亦尋常事，如公德更隆。最難惟繼母，所異在神童。慈反因嚴見，兒兼與女同。〔語俱載傳中。〕回頭無忝事，屈指豈能窮。
　　庭下烏曾集，山中虎亦馴。橘邊仍得實，桐葉復生春。〔皆實事。〕物有憐孤意，誰無生我人。至今尋舊跡，行客淚酸辛。不有賢孫子，誰能表善門。史書一統志，〔事實採入《大清一統志》。〕綸綍兩朝恩。〔一請旌在嘉慶八年，一請旌在道光五年。〕錫類家家足，〔家傳備述孝子諸義舉。〕遺言世世存。〔著格言甚多。〕淵源誠有自，祖德已堪尊。
　　黃釗《讀白華草堂詩二集》卷九《盧陵王孝子詩》〔孝子諱殿墀，號立齋，王霞九太守尊甫，事見《旌孝錄》本傳。太守祖光升，號乙垣，亦孝子，並受旌。〕（《續修四庫全書》第1516冊，第183頁）：
　　賊叩頭，虎帖尾，至誠感動泣神鬼。枯桐生，孝泉出，至性完全即仙佛。廬墓

三年跡如此，生平制行可知矣。吁嗟夫天生孝童報孝子，天報孝童生太史。二千石傛償負米，兩世旌贈仍未已。君不見瀧岡阡表官太師，崇公食報有如斯。
陳壽祺《絳跗草堂詩集》卷一《盧陵王孝子詩美王霞九侍御先德作四首》（《清代詩文集彙編》第499冊，第520～521頁）：
啞啞翔高原，慈烏哺其兒。嗚嗚繞膝前，孝子明發思。萬物感以誠，纏綿無盡期。春山茁孤竹，春草生卷施。艸竹心不死，孝子長涕洏。
涕洏夫如何，高堂嗟白首。殘景逼桑榆，疾疢瘩手口。吮疽不恃醫，籲天竟延壽。及次西塘盧，雷雨助哀叩。純行盜爲矜，荒林虎爲守。秋旱湧山泉，行旅飲清瀏。至誠果感神，高風永不朽。
不朽孝子名，不匱孝子心。南山欝蒽蒽，枯杖生鄧林。墓草相與綠，春暉不再臨。湫哉終身慕，惟有栽萬吟。青山高復高，碧水深復深。昊天渺罔極，喬梓均此忱。
此忱天所親，襃旌九重至。孝里與順邨，兩世萬純志。綽楔輝門閭，維桑咸敬異。後昆登玉清，君子有谷詒。祥覽繼象賢，蔚爲天下瑞。爲吟白華詞，千秋欽錫類。
謝元淮《養默山房詩稿》卷三十一《眞州集‧盧陵王氏兩世孝子詩並敍》（《清代詩文集彙編》第546冊，第643～644頁）：
盧陵王孝子〔光升〕，四歲喪母，見遺衣輒泣，父爲匿之。稍長，能得繼母心。年十三，父又歿，孝子乃輟儒力養。繼母性嚴急，稍失意即長跪請杖，俟色愉乃起。幼弟繼母所出也，弟有過，輒與同跪，引爲己責，弟賴以有成。繼母病，每夜爲理衾拭枕，退立窗外，潛聽母無呻吟聲，睡熟始去，一夕常數起。繼母每曰：「吾兒已二毛矣，猶親執煩猥役如此，非特我子，直我女耳。」居繼母喪，哀毀過禮。年六十九卒。子殿墀天性純篤，幼得祖母歡，呼爲孝童。初讀《論語》，至「父母惟其疾之憂」，瞿然問師曰：「父母疾誰憂之乎？」歸必問安定省無間。父病，私禱，願減算益父壽。又爲母吮疽。及父母卒，廬墓三年。一夕，有虎咆哮至墓側，睨孝子哭意，甚馴，久之去。有盜誤入廬，見孝子方跪誦《孝經》，驚曰：「王孝子也。」感愧而去。所持枯桐杖插墓所，忽萌芽成枌。廬前後素乏水，忽山麓甘泉自湧，至今呼爲孝子泉云。乾隆乙未補諸生，旋食餼於庠，年五十三卒。後以子〔贈芳〕貴，贈兩孝子皆如其官。
天地有至性，常萃忠孝門。明德毓賢達，惟孝子順孫。盧陵王孝子，孺慕天性惇。失恃甫四齡，衣履濡啼痕。十三嚴父歿，繼母依晨昏。負米事色養，泣杖聲屢吞。孝子如孝女，卒感慈母恩。有兒紹先志，重使薄俗敦。隨父侍祖母，鬖亂如成人。父母惟疾憂，誰憂父母身。讀書發深省，至理推天倫。枯桐可生枝，甘泉可無源。盜賊那不愧，猛虎猶知馴。子復爲孝子，濟美揚清芬。嗟彼煢煢者，誰無父母親。甘旨貧缺奉，風木俟悲辛。欲養親不在，富貴復何論。展讀兩孝傳，感歎涕沾巾。
蔣啓敭《問梅軒詩草偶存》卷五《又題兩世旌孝錄》（蔣啓敭著，蔣世玢等點校《問梅軒詩草偶存》，廣西人民出版社2001年版，第56頁）云：
信國精忠克國孝，大節高名日星耀。盧陵瓜瓞來河汾，六葉銅川詩禮教。兩朝綸綍旌孝門，象賢濟美歌麟振。蘭臺令史著合傳，仰橋俯梓皆完人。乙莊先生幼失恃，杯棬摩挲淚不止。金萱萎後靈椿洞，舞勺孤兒十三齒。是時李密方陳情，報劉日短斜暉傾。是時王祥猶臥冰，雙鯉作饌躬調烹。祖慈老邁繼慈病，

弱弟共被如姜肱。古今孝友一難得，公以血性兼擔承。是時贈君立齋侍，膝下
嶄然頭角早。有黃童，稱懿哉，孝子錫爾類，事父還同父養志，搔除癬疥步必
隨，舐吮癰疽屙已治。請以身代出至誠，孝感原可通神明。三年冢舍多異瑞，
醴泉湧出聲玲玲。猛虎來窺孝子室，馴擾如骶鷲嶺佛。綠林稽首孝子帷，贈以
李涉七字詩。獝嗟篤行垂千古，上紀石渠下宗譜。我師清德鑒宸衷，移孝作忠
衷職補。忠孝之後百世昌，弓冶淵源縮葦組。至今人指青原山，橘實桐牙鳥白
羽。

許正綬《重桂堂集》卷十《跋廬陵王氏兩世旌孝錄》（《清代詩文集彙編》第
592冊，第371頁），云：

《中說》載薛公之言，曰：「王氏有祖父焉，有子孫焉，雖然久於其道，鍾美
於是也，是人必能敘彝倫矣。」斯言也，今於廬陵王氏兩世旌孝錄一證之。乙
莊先生、立齋先生，所謂王氏「有祖父」也；霞九觀察與其兄某某封翁，所謂
王氏「有子孫」也。乙莊、立齋兩先生篤行醇備，兩世以孝旌，所謂「久於其
道」也。霞九觀察繼起而顯揚之，所謂「鍾美於是」也。乙莊、立齋兩先生既
以孝著父子之倫敘矣，觀察歷歷中外，以彝訓爲官箴，君臣之倫敘矣。乙莊先
生配陳安人，立齋先生配劉宜人，皆以賢孝，稱夫婦之倫敘矣。何廬陵王氏竟
與《中說》薛氏之言若合符節也，《三槐堂記》不能專美於前矣。

張穆《月齋詩文集》有《題廬陵王氏兩世孝錄》（咸豐八年祁寯藻刊本），云：

曾閱風雲邈，祥覽亦不作。孝悌根性始，俗何日偷薄。猜防起骨肉，庭堂區區
壑。廬陵有義門，琅邪開閡拓。五世以孝聞，兩代蒙楔綽。父躬薛包義，子蟹
老萊樂。父申顓天課，子馴摯獸惡。父邀白鳥異，奇祥吳穿格。子廬丙舍旁，
春回杖梧活。更有珍泉湧，峰曲便斟酌。宵人感至誨，變行奉秉約。推孝及弟
昆，韡韡燦花萼。推孝及姻黨，殷殷敏酬酢。推孝及鄉閭，烝烝化先覺。孝德
洽神明，感通逾烝礿。闇修報更奢，如稽秋則獲。敬惟年丈人，循聲慰琴鶴。
纏腰足艾綬，贈章何累若。假歸繞墓樹，歡欣動鳥鵲。世德庸有俟，似續隆構
艁。我讀《旌孝錄》，請爲陳其略。並以昭世俗，古人重天爵。

劉文淇《青溪舊屋集》卷一《廬陵王氏兩世孝子贊》（《劉文淇集》，第12～15
頁）

夫孝爲政本，德乃化先，至行光昭，垂諸載籍，有由然矣。顧馬、班之書，范、
陳之史，散見列傳，不別立名。迨《晉書》始有《孝友》之篇，《魏書》別立
《孝感》之傳，自茲以還，史皆遵守，豈非以世風愈降，至性日漓，其有孝行
足旌、淳風可式者，故特加茲目，以爲激勸歟？

廬陵王乙莊先生，世篤儒雅，家傳清白，純孝之思，根諸天性。稽其事實，核
諸史籍，實足矜式後代，無愧前賢。先生四歲喪母，見母衣屨輒號泣，此即張
敷之泣畫扇，張譏之泣經帕也。年十三，父病阻膈，侍奉一載，常廢寢食，私
貸於人，爲醫藥資，後遂精於醫，施藥濟眾，此即殷仲堪以父病躬學醫術，李
元忠以母老專心醫藥也。父歿後，輟儒業爲小販，以力養。凡祖母、繼母所嗜，
多方購求。此即韓懷明肆力以供親，郭原平傭賃以養母，尉遲迥四時甘脆，必
先薦奉，馮道根行得甘肥，未嘗先食也。繼母性嚴急，稍失意，即長跪涕泣請
杖，俟色解乃起，此即李曇之事繼母，執勞不怨，孫宏之事後母，孝謹彌篤也。
事繼母和愉若孺子，語款行履，未嘗有聲，服勞不假人手，凡裳衣器皿，必躬
滌除。母病，每夜理衾拭枕，立窗外，竊聽母無呻吟聲，睡熟乃去。少頃復來，

後翁覃溪先生爲作《家傳》〔註9〕，其論云：「一門相繼以篤孝著者，至於累

未嘗一夕安寢，如是者二年。此即石郎中之親滌廁牏，徐汲郡之親易燥濕，王延之夏則扇枕，冬則身溫，謝瞻之納履而行，屛氣而語也。執繼母喪，年已五十有六，幾不欲生。居喪次，三年不入內室。此則陽固年踰五十而喪過於哀，張種年政五十而毀瘠過甚也。自祖以下，五喪渴葬，傾囊卜兆，躬親畚築。將葬母時，有白烏三集於靈前，悲鳴而去。此則沈沖之營成七墓，悉達之遷葬九喪，祭遵之負土成墳，氾毓之循行封樹，白鳩棲甄恬之廬，白雉集高眞之室也。詰嗣立齋先生，亦以孝聞，世德作求，輝映先後。是則劉基之先，已有劉鶼；江柔之後，復有江革。繼志隆業，亦有可徵。事祖母，跬步不離。及祖母沒，其父數日不食，己亦不食，則有若孔掄之善養祖母，虞詡之舉爲順孫焉。父久病足，長伴父側，扶杖數年不怠；母嘗病疽，爲吮其膿血，而疽遂痊。則有若鮑昂之俯伏父側，頃刻不離；柳霞之親吮母癰，舊疾頓愈焉。父病時，每叩顙禱天，願以身代。醫者夢神告曰：「有子如此，天已益其父壽三年矣。」由是病果愈，則張楚之燒指自誓，崔浩之截髮禱神有焉。父歿，絕粒數日。母歿，哀慟幾絕。則陳紀之哀至歐血，阮長之悲感旁人有焉。葬後結茅墓側，寢苫枕塊，每遇雷雨，雖夜分必繞墓側而哭。忌日捧主長號，清明省墓泣拜時，痛如新喪。值祭祀，雖遠行必歸，齋戒沐浴。則王烈之泣涕三年，原涉之廬墓三載，毛惠緒月朔悲泣，滕曇恭忌日哀慟，王褒聞雷必到母墓，胡叟值祭先求旨酒，不是過也。廬墓時，一夕有黑虎咆哮林中，睨其哭號，掉尾去。小竊至，知爲廬墓孝子，遂遁。桐杖植墓，自秋閱冬，忽萌芽森茂。山無井泉，忽於山麓湧出一泉。則劉士儁之狐兔馴擾，司馬嵩之豺狼絕跡，阮卓扶喪賊不敢害，華秋野宿盜悉遠逃，武宏度素芝頓生，郭景華靈泉忽湧，不是過也。前有孝政，後有士雄，號爲累德之里；父是德林，兒是百藥，表爲孝敬之村。謹綴蕪詞，式揚遺烈。贊曰：
猗與先生，以孝傳世。因心則然，豈由外致。精意所感，上蟠下際。以今方古，無美不備。素業清芬，繩繩繼繼。孝於惟孝，永錫爾類。

〔註9〕傳載李桓《國朝耆獻類徵》卷三百九十《孝友十六》（第16冊，江蘇廣陵古籍刻印社1990年版，第726～727頁），《復初齋文集》失收。文曰：
乾隆戊申，余按試吉安，得廬陵王生殿墀文異之。後又聞其郡人，嘖嘖稱廬陵王孝子者。嘉慶己巳春，生之子贈芳計偕來京師，始得詳其吮創廬墓諸事實，乃又知其父先以孝行著，故爲之作合傳。
王光昇，號乙莊，四歲喪母，見母衣履，輒號泣。十三喪父，執喪如成人。祖母老病，繼母以苦節聞，負米力養。母病侍側，經年不解衣。禱於神，乞減算，延母壽，病得愈。母卒，數日不食。子殿墀隨侍，亦數日不食也。蓋自其曾祖化育事繼母至孝，暨厥考學勉，鄉里咸稱孝友，載於廬陵邑志暨前邑令某爲作家傳，詳矣。光昇以孝義篤於鄉。乾隆丙申舉鄉飲賓，未赴而卒，年六十九。而厥子殿墀復以孝行顯。
殿墀號立齋，吉安府學優廩生。幼讀《論語》，至「父母惟其疾之憂」，淚欲下，問師曰：「父母疾誰憂者邪？」父病足癖，常伴父，扶杖行。母病疽，口吮之，毒拔而愈。父病不食，亦不食。露禱乞以身代，醫者夢神語曰：「有孝子如此，已益其三年矣。」及父母卒，合葬西塘，結峁於墓次，朝夕上食，繞墓哭。一夕，黑虎咆哮來，漸近墓傍，睨孝子哭，若馴擾者，久之去。有盜入廬，孝子

世，於古罕之。」

呼而論之，盜感服而去。杖桐枯矣，秋冬忽萌枿，閱時不萎。秋旱，廬間無井，山麓有泉湧出，土人呼曰孝子泉。其孝感皆類此。卒年五十三。其平居敬誠廉儉，精研諸經史，以力行爲先，茲不具著。著其切於行者。子二人：韻芳，縣學優附生；贈芳，辛未進士，改翰林院庶吉士。

論曰：昔鑒拔孝子之文，未詳其行跡也。一門相繼以篤孝著者，至於累世，於古罕之。非其植基有自乎？所以培風化、補經訓者深且長也。今其二子又皆能文章，克述其孝行，以聞於人，是皆可傳也。

翁文後有劉鴻翱撰《王殿墀墓表》（第727～728頁），曰：

士之能以德行孚於鄉黨，聞於朝，寧傳於後世者，吾知其所由來矣。不得乎親，不可以爲人；不順乎親，不可以爲子。孝者，天之所助，故曰孝能動天。天且弗遠於孝，而況於人乎？余友王君贈芳，以其先大夫《旌表孝子錄》乞余表墓之文。余考孝子之行，曰：

異哉所聞！孝子諱殿墀，字衷佩，號立齋，世家江西廬陵。父光昇，孝於繼母。孝子隨父服事，門內外稱孝童。蓋自髫齡，至性已過人矣。初讀《論語》至「父母惟其疾之憂」，問師曰：「父母疾誰憂之乎？」師大驚，口嚇不能對。父病足，孝子以肩作杖，扶之行。母病疽，口吮毒無難色。後父病亟，露禱請以身代。醫者夢神告曰：「天憐其子，益其父算三年。」果愈，及期乃卒。母相繼逝，合葬西塘，結廬於墓之側，朝夕上食，哭聲振動林木。夜有偷兒穴門，孝子曰：「我罪人也，子身無長物。」賊感愧而逸。一夕，黑虎咆哮，睨孝子，久逡巡去。適二人自袁州夜歸，奔至廬，述遇虎狀，孝子告以前事，皆嗟歎。所杖之桐，自秋閱冬忽萌芽，歷久不萎。值旱乾，廬前後無水，山麓湧一泉，行旅掬飲，名爲孝子泉。

夫孝，庸行也，人之所不學而能者。何至盜賊亦爲之化？盜賊猶人之子也。何至猛獸亦爲之馴？猛獸猶有知覺運動也。桐杖之爲物也無心，流水之爲物也無情，何至因孝而芽爲之萌？何至因孝而泉爲之湧？余嘗論天人感應之理，天爲人之大父母，無時不呼吸於人之心，志壹則動氣，氣壹則動志，惟人不能壹其志於父母，斯與天之大父母懸隔而莫能通。如古來史傳所載匹夫匹婦一端之奇節異行，至泣鬼神，薄風雷，裂金石，傳之者或疑爲妄誕。今以孝子之事觀之，夫豈其妄誕耶？孝子之廬墓也，鄉之士大夫欲聞之郡縣，請旌於朝，孝子固辭曰：「是重吾不孝也。」既即世七載，閭邑舉孝行，大吏上其事，得旨旌其門，並祀忠孝賢良祠。配劉夫人，生丈夫子二：長韻芳，次即贈芳。劉夫人有賢行，教子嚴，皆能成立。蓋閨門之內，所觀摩於孝子者深矣。韻芳，庠生。贈芳，辛未進士，由翰林出守，擢雲南鹽法道加級。贈孝子通奉大夫，母劉氏夫人。殆所謂「孝子不匱，永錫爾類」者與。贈芳歷官中外數十年，常恐有一行之虧，貽父母地下羞殆，所謂「明發不寐，有懷二人」者與。

嗚呼！孝子之父光昇葬繼母，墓前白鳥三，悲鳴助哀。母嗜橘，橘非土所宜，手植之，結實甘美。母沒，橘不復實。是孝乃王氏一門之家風，天之福報，故篤生賢子孫以昌孝子之嗣績。彼物類之感召，自其先世已然，又何足異與孟子曰「孩提之童，無不知愛其親也人。」少口慕父母，漸而移於少艾，移於妻子，移於仕宦，孝子自稱孝童，終身如一日，不失其赤子之心者也。嗟乎！誰無父母，讀《孝子旌表錄》而不隕涕者，豈復人情也哉！

毓崧則謂昔賢以孝世其家，而氏族因之益顯者，惟會稽永興郭氏，最著於宋時，其事蹟備載史家，與此錄正相類也。案《宋書・孝義傳》云郭世道孝道淳備，「太祖嘉之，勅郡牓表閭門」；子原平「又稟至行。太守蔡興宗臨郡，深加貴異。會稽貴重望計及望孝。興宗欲舉山陰孔仲智長子爲望計，原平次息爲望孝。仲智會土高門，原平一邦至行，欲以相敵。」其所敘述，首尾至千五百言，豈非以祖孫父子之賢爲盛族所罕覯者乎？

　　廬陵王氏系出太原，自六朝以前，久爲甲第，而孝德後先接武，不啻箕裘弓冶之延長。是至行與高門固兼而有之矣。觀於世道，事後母勤身供養，服除後哀戚思慕，無時去心，而乙莊先生所行似之。原平營壙凶功，不欲假人，窀穸之事，儉而當禮，而立齋先生所行似之。曠代有同心，誰謂古今人不相及哉？且也，原平三子一弟，並有門行。長子伯林，舉孝廉；次子靈馥，儒林祭酒。信乎積善有餘慶也。今霞九先生念切表章，搢紳推其忱摯，而教誨子姓，謹守家法，雅有郭氏之風。欲求望孝於廬陵者，捨王氏而奚屬焉？則雖謂斯錄之作，上以紹前徽，即下以勵後起，可也！況乎移孝作忠，古有明訓。故王氏家廟，特以教忠名其堂，霞九先生耿介守官，不負所學，先人未竟之志，及此得以發抒。嗣業者更能肯構肯堂〔註 10〕，引之勿替〔註 11〕，則「受茲介福」〔註 12〕，昌大正未渠央。而袁氏以忠世其家者，亦不得獨專令譽矣。尚其勗諸。

問字圖序

　　《周禮・天官》：「太宰以九兩系邦國之民，一曰牧，以地得；二曰長，以貴得民；三曰師，以賢得民；四曰儒，以道得民。」說者謂成周之世，治民與教士已分設其官。然考諸《地官》之屬，「鄉大夫受教法於司徒，退而頒之於其鄉吏，州長各掌其州之教，治政令之法，以考其德行道藝而勸之」。下至族黨比閭之吏，亦皆以治民之職而兼教士之權。蓋古之在位者，其學術言行俱足以爲人之表率，故三代以上牧長即師儒也。自秦以後，吏治之善者，莫如兩漢。西漢文翁爲蜀郡太守，「常選學官僮子，使在便坐受事。吏民見而

〔註 10〕　《尚書・大誥》：「厥子乃弗肯堂，矧肯構？」孔安國《傳》：「以作室喻治政也。父已致法，子乃不肯爲堂基，況肯構立屋乎？」
〔註 11〕　《詩經・小雅・楚茨》：「子子孫孫，勿替引之。」
〔註 12〕　語見《周易・晉》：「六二，晉如，愁如，貞吉。受茲介福，於其王母。」

榮之，繇是大化」〔註13〕。東漢任延爲武威太守，「自掾吏子孫皆令受業，章句既通，悉顯拔榮進之，郡遂有儒雅之士夫〔註14〕」。蜀郡與武威在漢時，地皆僻陋，非詩書禮樂之邦。然文、任二公不鄙夷之，而加以誘掖並勸，猶能使人文蔚起，進與齊、魯同風。使當日所治之郡，本聲明文物之區，則所以涵育薰陽者必更多瑰奇俊傑之士，可知也。

揚州自昔爲天下名郡，人文之盛，爲海內所共仰。守土者亦多良吏，其循聲最著者，在前明爲三原王端毅公〔註15〕，在國朝爲桂林陳文恭公〔註16〕。端毅建立資政書院，招致生徒，肄業者後皆顯達。文恭振興文教，培植單寒，闔郡科名由是益盛。揚人至今稱誦弗衰。

吾師諸城李公〔註17〕，以今歲孟夏權守揚郡〔註18〕，甫下車，即值府試，公盡心校閱，愼選眞才，擢置前列者多知名之士。進謁時，勉以通經致用，爲實事求是之學。數召至署中，課以文藝，士之奉公教者莫不勵志於學，院試獲售者十得八九。爰相與繪《問字圖》，而屬毓崧爲文以紀之。毓崧不敏，幸遊公門，竊見公之所以造士者，遠軼文翁、任延，近追文恭、端毅，願與諸君共勉之。是爲序。

〔註13〕 語見《漢書》卷八十九《循吏傳·文翁傳》。
〔註14〕 語見《後漢書》卷七十六《循吏列傳·任延列傳》。
〔註15〕 《明史》卷一百八十二《王恕傳》：「王恕，字宗貫，三原人。正統十三年進士。由庶吉士授大理左評事，進左寺副。嘗條刑罰不中者六事，皆議行之。遷揚州知府，發粟振饑不待報，作資政書院以課士。」
〔註16〕 《清史稿》卷三百〇七《陳宏謀傳》：
陳宏謀，字汝咨，廣西臨桂人。（下略）在揚州值水災，奏請遣送饑民回籍，官給口糧，得補入賑冊，報可。鹽政令淮商於稅額外歲輸銀助國用，自雍正元年始，積數千萬，率以空數報部。及部檄移取，始追徵，實陰虧正課，宏謀奏停之。
〔註17〕 即李璋煜。張連生編《揚州名人傳》（廣陵書社2013年版，第99頁）據《同治續纂揚州府志》卷八錄其傳，云：
李璋煜，字方赤，山東諸城人。進士，官部曹。道光十八年，任揚州府。慮事精敏，明察而不迫，慈和而能斷。尤以立品、立學爲亟，下車觀風試士，會府試，取前列之有造者教焉。常微行，求民之疾苦。邵伯埭立恤嫠局，董事者立條約以請，亟令舉行，並釐剔揚州恤嫠局影射諸弊。爲民課農桑，以敦儉樸，力挽侈靡舊習。聞士女有節烈行，亟爲表揚，又葺郡忠烈公祠，立蕭孝子後，訂史忠正公附祀之典，增祀伊太守於桃花庵之載酒堂，皆足頑廉懦立，興起風俗。調江寧知府，濤升布政使，丁憂去職。
〔註18〕 劉文興編《清劉楚楨先生寶楠年譜》（臺灣商務印書館1986年版，第33～34頁）於道光十八年載：「夏，郡守李璋煜甫蒞任，聞先生及劉孟瞻之經學、魏靜卿之篤行，榜示通衢，敦勉多士。」並附錄榜文，文末題署「道光十八年閏四月二十九日示」。據此可知本文寫於道光十八年（1838）。

胡康齋先生〔註19〕課讀圖序

自來論讀書之要者，皆謂口誦不若躬行。論課子之方者，皆謂言訓不如身教。誠以躬行既篤，則口誦弗蹈於虛，斯眞能善讀書矣身。教既端則言訓益徵其切，斯眞能善課子矣。余所聞見者，若胡杖仙徵君昆季，庶幾乎讀書而踐以躬行者歟？其尊人康齋先生，庶幾乎課子而率以身教者歟？先生之遠祖以武功顯蔭襲高郵衛指揮使，屯田於寶應，故族人多嫺武略，而先生最喜讀書，置義學於宗祠，以誨族眾，而姻黨之願學者亦得附焉。其重道尊師出自天性，諸子負笈就傅，恪奉楷模，故徵君之弟守備君練習漕運，能知大體。徵君與其兄槐窗，廣文行誼，著聞於時。皆有得於讀書明理之訓，而淵源庭誥尤在身體力行，識者僉稱徵君昆季之躬行，胥本先生之身教。蓋先生襁褓失恃，事後母得其歡心，奉養尊公最能先意承志，修葺祖墓，手植松楸，歿後枝葉盡枯，越三月而復茂，鄉人歎爲誠感。此徵君昆季篤於孝愛之所自昉也。先生之兄見剛先生爲前母所出，友于甚摯，終其身怡怡然，置祭田以收族敬宗，有衰老無依者，割己產二十餘畝贈之，使資以養贍。此徵君昆季篤於雍睦之所自昉也。先生撫故人子於家，飲食教誨，望其成立，意極殷拳。相識有橫被冤誣，必助其申雪。應試者或乏資斧，輒厚贐其行。此徵君昆季篤於友誼之所自昉也。先生樂善好施，遇水災出粟助賑。疾疫之歲，減價糶米以濟貧。有夫婦母子不能存活保全者，皆援拯之，使得完聚。而孤嫠無倚者，感荷彌深。此徵君昆季篤於任恤之所自昉也。先生遇鄉里公事不辭，況瘁力所能爲者，毅然以身肩之。通變達權，詞氣慷慨，旁觀服其膽識，當事爲之改容。此徵君昆季篤於義舉之所自昉也。況乎徵君之講學，力闡良知，其昆季之治家，恪循義理。而先生當日所以自勵者，亦惟曰平生少讀聖賢書，只隨處體認天理良心耳。然則徵君昆季之讀書，不欲以聲華相尚，實由先生之課子，不僅以顯達相期。豈非父子兄弟之間，敦實學而非騖虛聲，集益於身心而弗矜能於口耳哉？

先生曾倩畫師繪《課讀圖》，徵君出以屬題，並示以家乘所錄格言，行述所記懿德。竊謂家乘所錄，以言教者也；行述所紀，以身教者也。此圖所繪，蓋以身教而兼言教者也。爰就此意，質實言之，俾後之課子讀書者知所法焉。

〔註19〕 即胡泉，見本卷《胡氏叢書序》注。

鄭星珠先生知非圖序

《淮南子・原道訓》曰：「故遽伯玉年五十而知四十九年非」，後人年及五十而稱為知非之歲者，實本於此。然考《莊子・則陽篇》曰：「遽伯玉行年六十而六十化，未知今之所謂是之非五十九非也」，則年及六十者亦可稱為知非之歲，不必以五十限之矣。況伯玉在春秋賢士大夫之中，最為壽考。其始見於《左傳》，在襄公十四年。即使至少，亦當在二十以外，越六十一年為定公十二年，孔子去魯適衛，其時伯玉之年必已近於九十。又越十四年為哀公十一年，孔子去衛反魯，其時伯玉之年必已近於百歲。孔子初適衛，主顏氏；再適衛，主遽氏。濁鄒為孔子之徒，而伯玉則為孔子所嚴事者，以其年較長於孔子也。孔子反魯之後，伯玉使人至魯，尚稱其欲寡過而未能，則是壽屆期頤而猶以知非自惕，未嘗少自滿假，宜其年彌高而德彌邵矣。

同郡鄭星珠先生於五十誕辰，繪《知非圖》以勵志，毓崧不敏，辱承命題，爰就遽氏修己之勤，享年之永，而引申言之，以為進德延齡之祝焉。

吳禮北竹西求友圖序

《禮記・儒行》云：「儒有今人與居，古人與稽」，言求友於今者，更當求友於古也。《孟子》云：「以友天下之善士為未足，又尚論古之人」，言求友於古者，不啻求友於今也。然則篤於求友者，匪特無間乎人之存歿，抑且不計乎時之後先。其所重者，惟在學術相契而已。

山陽吳君禮北肄書於涇縣包慎伯先生，聞其生平交遊以揚州為最多，因繪《竹西求友圖》〔註20〕以致傾慕之意，乞慎伯先生作序，為之先容。爰於

〔註20〕 包世臣《竹西藝集圖記》（包世臣《小倦遊閣集》卷二十七，黃山書社 1991年版，第97～98 頁）載：

甘泉焦種梅從其鄉嵇筠谷學傳真之藝。筠谷前以工畫與予同客徐宮保南河節署，繼家居，尤嗜《易》，以意測盈虛消息之理，不傍傳注而多得真契，是以其畫益超超有懸解。種梅從遊，未弱冠即盡其法，無老幼皆逼肖，而起居意態尤能自在流露，可貴也。揚州四達之區，人多藝術，四方有技能者無不至，至則每留棲止。種梅見玲瓏山館行庵文宴圖繪，一時文人術士賞菊之盛而慕之，因集土著流寓之士得十八人，圖其貌合在一卷。

卷右起處，作老樹兩株，下設山子屏風，橫置短榻，抱膝坐榻中者為青浦許梅甫，趺坐榻端者為仁和趙谷庵。屏風之西有宣石山，山北有樹，樹下芭蕉數本，當烏皮几左，几上茗具爐香斑駁有古澤，几南坐小榻持面卷者為江都倪曉村。夾山石而坐者，東為江都虞步青，西為甘泉唐樓園。又南坐烏皮椅與借庵遙語者為錢塘沈蓮舟，倚山石坐者為焦山借庵長老。其南有太湖石，

序文之中，述吾揚郡城人士，以告首舉先君子與王西御、楊季子、吳讓之、王句生諸先生，次及薛君介伯，而毓崧亦附見焉。此咸豐壬子十一月之事也。至乙卯九月，禮北以是圖屬題〔註21〕，則慎伯先生歸道山倏將兩載，先君子棄養已及小祥之期，而西御先生、季子先生，並序中所未及遍舉者，如羅茗香、朱震伯諸先生、任漢卿、王瑟雲諸君，皆於癸丑歲身殉粵寇之難。其先期避亂得以保全者，又多轉徙他鄉，未還故里。既憶舊遊良會，竟邈若山河，蓋相距不足三年，而人事變遷遂至於此。宜禮北太息於老成凋謝，而憾求友之志願未伸也。雖然，求友之道，覿面不若知心，故學術異趣者，雖朝夕晤對，無當於取友之方；學術同途者，雖時代懸殊，不隔其尚友之念。禮北誠能以來益之心求友，則無論曾經識面者，可追憶其言行氣象，以探尋學術之淵源；即歿於作圖以前，而其人素為慎伯先生所推許者，如凌曉樓、汪孟慈、薛子韻、梅薀生、汪小城諸先生；方端齋、沈

小山旁有三童子藝菊，立而觀者為問樵大師。其北有紅欄數曲，老樹夾立可陰人，其立而拈菊枝者為江都劉古尊，袖手立其西者為江都凌曉樓。紅欄盡處有竹數百竿，前有石几，端坐而撫琴者為趙一峰煉師，立其後者為滄州張春巒。夾石幾而坐聽者，東為長州周小岩，西為山陽周曙峰。竹徑前對坐繩床展長卷者，東為筠谷，西即種梅。當卷中而俯視者為旌德汪玉屏，稍東翹觀者為江都汪小梅。莫不俯仰談笑，識影辨聲。唯種梅為筠谷寫，餘俱出於種梅，樹石器具花竹，則蓮舟、曉春、樸園、小梅雜成之。

筠谷偕種梅過予請為記，予與筠谷交至久，新識種梅，賞其雅馴有家法，圖中人又多舊識，故為題名曰《竹西藝集》，而記之曰：晉卿以貴戚雄豪，集卓然高致名動四夷者東坡先生以下十六人為《西園雅集》。而祁門馬氏以業鹺餘財炫誘當時市言之士，亦欲集十六人以繼西園，其心可謂勞矣。然其中如全謝山實能自植以垂聲後世；即方環山、程香溪、屬樊榭諸人，亦皆有所深造，名聞都邑。故揚州稱賓客以馬氏為盛。凌夷至今，當途之門不開，富兒之炙空冷，而諸君子自挾其藝，馳騁翰墨之場，徒以口腹為安，是累也，斯可為發一太息者矣。道光五年九月九日，安吳包世臣書於小倦遊閣。

袁昶《漸西村人初集》詩七有《觀安吳包倦翁為吳禮北書竹西求友圖敘吳君屬予題後》（中華書局1985年版，第92頁），云：

倦翁縱橫家，深曉城旦書。函牛鼎苟沸，蟻足安能濡。惜哉時不識，長巒委通衢。吳君淮陰彥，竹西來徐徐。潟翁客遊此，媚學亦有徒。餘藝八法授，遊刀萬物初。密麗載性道，純深父唐虞。莫風已告逝，衡纊乃塞途。求古澹已足，懷賢實起予。閉門觀內遊，六籍懼有餘。寄語後來者，其毋櫻世譽。

王錫棋編纂《山陽詩徵續編》卷三十八錄有高均儒《題吳澧北璜竹西求友圖》（張強點校，陝西人民出版社2011年版，第1048頁），云：

言尋竹西路，歌吹日紛紛。聞有祗修者，相期大雅群。心偕激古月，氣況薄青雲。珍重九秋幹，休誇翰墨勳。

〔註21〕　據此，則此文作於乙卯九月，即咸豐五年（1855）。

與九、田季華諸君，雖未曾經謀面，亦可就傳聞之梗概而想像其學術，各自有真也，則固無異於親見之矣。

況百年以來，揚郡名儒尤盛，自阮文達公而外，若汪氏容甫、江氏秋史、張氏登封、江氏鄭堂、焦氏里堂、鍾氏保岐、李氏濱石、黃氏春谷、徐氏心仲、許氏楚生、戴氏靜齋，並皆博贍宏通，勤於撰述。當慎伯先生寓揚之日，諸公或先期已逝，或久客未歸，或蹤跡較疏，或出處相左，故集中惟跋汪氏《述學》，而其他則罕所稱焉。懸揣禮北侍坐之時，亦未必縱言及此。然諸公學術之宗旨，具戴於各書。其深於經學者，由名物象數以會通典禮制作之原，而非僅專己守殘，拘墟於章句之內也。其深於小學者，由訓詁聲音以精擘大義微言之蘊，而非僅貪常嗜瑣，限跡於點畫之間也。其深於史籍之學者，究始終以辨治亂之端倪，核本末以察是非之情實，而非僅好言褒貶，持高論以自豪也。其深於金石之學者考世系官階以補表傳遺闕驗年月地理以訂紀志舛訛而非僅誇語收藏聚舊拓以自喜也其深於古儒家之學者，法召公之節性，宗曾子之修身，以闡鄒魯論仁之訓，而非若旁採釋氏，矜覺悟以入於禪也。其深於諸子書之學者，明殊塗之同歸，溯九流之緣起，以證成周教士之官，而非若偏嗜《老》、《莊》，崇虛無以失於誕也。其深於駢散體文之學者，奉《易‧文言》為根柢，《詩大序》為範圍，《春秋內外傳》為程式，以鎔鑄秦漢後之文，而非若詰屈以為新奇，空疏以為簡潔也。其深於古近體詩之學者，循風騷之比興，樂府之聲情，選樓玉臺之格調，以化裁隋唐後之詩，而非若淺率以為性靈，叫囂以為雄肆也。蓋此諸公者，上與前代之曹、魏、公孫、李、徐交相輝映，近與同郡之賈、李、王、劉、任、顧互為引申。此繼起者，學術所由昌，而竹西藉以增重者矣。禮北果欲居今稽古，尚友前賢，盍亦頌其詩，讀其書，度己之資稟所宜者，專力以求其心得，將見學術必卓然有成，庶幾不負前此作圖之念也歟？如謂諸公年輩相懸，可師承而不可尚友。則不獨毓崧所舉者，自與九、漢卿、瑟雲、季華四君以外，皆較禮北年長以倍。

即慎伯先生所舉者，自薛君介伯及毓崧以外，亦皆較禮北年長以倍，而不妨略其行輩，概列諸禮北求友之序者，誠以古人於朋友本有相師之禮，故五倫不數師弟，而實寓於朋友之中。所謂風義兼師友，與事以師友之間者，亦猶行古之道也。然則禮北於親炙者，既可因求友以得師，則於私淑者，亦可因師承以尚友，又何必謙讓未遑哉！

毓崧不敏，於鄉先輩之學術未能涉其門庭，然以禮北求道甚殷，取友甚切，不染時世征逐之習，不好尋常酬酢之詞，故就管見所及者，縷析陳之，以自附於贈言之義云爾。

王母劉太夫人青燈課兒圖序

昔歐公作《瀧岡阡表》，述其母韓國之訓詞，數百年來，家塾無不傳誦。然稱道而企羨者，大都以褒贈之鴻名，爲尊崇之盛事，此仍流俗之見耳。自識者觀之，則謂韓國之賢在教子以直節，歐公之孝在貽母以令名。若其賜爵受封，三朝錫命雖，亦積善必報之徵，而所重者固不在是矣。

盧陵王霞九先生，世居歐公之鄉，母劉太夫人勤於教子，長洲吳公〔註22〕爲作家傳，以韓國比之。毓崧頃讀先生《青燈課兒圖記》〔註23〕，述太夫人

〔註22〕俟考。

〔註23〕王贈芳《慎其餘齋文集》卷六《青燈課兒圖記》（《清代詩文集彙編》第539冊，第586～587頁），云：

　　贈芳六歲入塾，與與兄韻芳從師讀。先大夫督課嚴，而先宜人佐之，以所業之進退爲喜慍。晨課或日旰不食，先宜人亦不食以待。每夜自課於機杼旁，誦聲流美，則忻然以聽也。其或齒棘舌澀，斷續不倫，即瞿然而詰也。憶七歲時，夜讀歸，雞鳴矣，拭涕而後入，先宜人績以俟之，問：「忤師乎？」對曰：「無有。」命背所受書，不能盡舉，手撲將撻之。輒悲鳴流涕，仍令跪誦，以熟乃免。嘗自食菜羹而啖不肖兄弟以肉，不肖兄弟推肉以奉，斥之曰：「是爲孝耶？汝輩能讀書，吾食菜羹自甘耳。」歲丙辰，先大夫棄養時，兄甫弱冠，贈芳未成童，家日以落，先宜人督課益嚴，戒勿問家事，曰：「自吾爲汝家婦，未見汝父一日不讀書。汝曹豈宜分心凌雜，致惰素業。」敬師有加而擇師尤慎，曰：「師者，弟子之表的，習於正則正，習於邪則邪。有學無行，吾無取焉。」不肖兄弟與人交，亦以此爲戒，曰：「汝，孤子也，宜自立。販夫樵豎之善，未嘗不可取資。不然辱人賤行，何必不在師儒耶？」聞有譽不肖兄弟者，輒慼然，謂無以一得自足。贈芳不任教督，泣而數之先大夫影堂前，哽咽廢食。贈芳長跽悔過，奉撲請責，淚又潸潸下，卒挼之起，戒勿忘，母子三人相抱哭而罷。蓋贈芳幼劣好弄，又不幸孤露，見異輒遷。早歲補諸生，謬自負，名師益友當前，莫知矜式。藉非先宜人時時提策防範之，不知暴棄何若矣。居常念此，彷彿昨日事。今已矣，思反夜讀奉撲時，豈可得哉？同年友周芸皋觀察精繪事，乞寫青燈課兒圖，用放翁「青燈有味似兒時」之句，即贈芳視學楚北觀風試帖題也。嗟乎！祿養不逮，遺教猶存，圖之卷端，用自展省，不特蓼莪瓶罄之慟已也。念先宜人本先大夫之教以爲教，其屬望無已者，豈在區區簪組之榮、鼎祔之奉哉？當贈芳五躓場屋，兄亦屢薦不舉，先宜人不以爲憂，教之曰：「學問無盡，科名有定。以汝父之德之學，尚困諸生，但願汝曹勵志束脩，他不汝責也。」贈芳承先大夫志，嘗手纂家譜。有叔母見之，謂譜有鬼神，修譜恐被譴傷。先宜人曰：「祖宗所傳，子孫所守，

莫大於是。吾慮兒之不詳不慎耳，奈何以譴傷爲懼。凡事惟論是否，不當論禍福。倘異日兒以功名自見，而遇事狃於趨避，則報稱安在？」後贈芳典閩粵試，分校禮闈，寓書誨之曰：「昔年辛苦，當時時在念。閱試卷當作自己子弟看，庶不負初心耳。」先宜人之卓見遠識，可垂爲子孫法者類如此。今贈芳忝爲諸生，長不敢漠視，作事不敢依違，懍慈訓也。然行薄學疏，不克光昭先澤，報疚深矣。《詩》曰：「夙興夜寐，無忝爾所。」生贈芳兄弟。三復斯言，每對青燈，不知涕泗之何從也。因謹記之於圖，以示後人，俾勿忘所自云。道光七年丁亥除夕前一日，男贈芳謹記於湖北使遠之香桂堂。

許正綬《重桂堂集》卷八《王霞九觀察青燈課兒圖序》（《清代詩文集彙編》第 592 冊，第 355 頁），稱：

天下事愈久而愈不忘，愈有味者，莫若讀書，莫若夜讀書，莫若幼時夜讀書，莫若貧家幼時夜讀書，莫若貧家幼時母教夜讀書。夫此誠有味矣，母教之味何如父母俱存之味。然天倫之樂事，人生輒視以爲常，雖其味亦自有不能忘者，第父母俱存之味甘焉已耳。母教之味其味酸，其味苦，其味辛，其味鹹，歷諸味之畢嘗，而始底於甘，既甘之後，而回憶酸苦辛鹹之味，又不覺餘味之曲包也。如霞九觀察之《青燈課兒圖》，真有味乎其言之也。蓋觀察母劉太夫人嘗夜課觀察兄某某封翁及觀察讀書綦嚴。後觀察貴，視學楚北，以青燈有味似兒時詩題觀風，復繪爲是圖。夫圖者，圖其事，圖其景，圖其神。觀察是圖，圖其味也。圖之神，非妙手莫傳。圖之味，則非親嘗酸苦辛鹹甘而積孝思、深孺慕者不能優游而涵泳也。宜觀察之愈久而愈不忘也。

黃釗《讀白華草堂詩二集》卷九《青燈課兒圖爲王霞九太守〔贈芳〕題》〔太守視學楚北時，取放翁詩句「青燈有味似兒時」校士。蓋太守失怙後，其母大人課督成立，追維母訓，因繪爲圖。〕（《續修四庫全書》第 1516 冊，第 183 頁）云：

兒時未識青燈味，貯苦停辛阿母知。今日黃堂新太守，何如白屋舊孤兒。

紅燭三條夜未央，當年校士有輝光。可知綠幕黃簾裏，酸淚時時滴影堂。〔太守兒時偶廢學，太夫人泣而教之贈公影堂前，至哽咽廢食。〕

馮詢《子良詩存》卷六《青鐙課兒圖爲王霞九觀察〔贈芳〕題》（《續修四庫全書》第 1526 冊，第 85〜86 頁）云：

菜羹豆粥燈前淚，富貴追尋賤貧事。殘籌已盡蝦蟆更，破卷猶攻蝌蚪字。十年螢火一青衿，克承父志勞母心。喜慍母隨兒感召，〔觀察自作《圖記》，言太夫人以觀察所業之進退爲喜慍。〕母意青燈亦能料。書聲歇處燈心枯，書聲起處燈花笑。兒勤篇策母織絲，母甘茹苦兒餐肥。〔《記》言太夫人自食菜羹，而啖觀察兄弟以肉。〕但當卜晝更卜夜，肯使斷業如斷機。牆角短檠安可棄，往日瓦盆今翡翠。早朝晏罷金蓮歸，兒能翰苑分榮輝。三條燭盡群才舉，兒能衡鑒目如炬。入書章奏夜未央，出稽案牘寐不遑。兒能平反母有光，明並日月嚴冰霜。回望此燈真可寶，從公幼小照到老。罔極親恩剩講帷，有味兒時成畫稿。〔圖用放翁「青燈有味似兒時」之句云。〕民方玉燭瞻調元，公偏戢影還閭門。想公家慶張燈筵，夜闌未免悲當年。而公德業已爛然，流光共識賢母賢。雲仍奮起氣萬千，此圖合作心燈傳。

陳用光《太乙舟詩集》卷九有《青燈課兒圖爲王霞九觀察作》（嚴雲綬、施立業、江小角主編《桐城派名家文集》3《陳用光集》，安徽教育出版社 2014 年

版，第 423 頁）云：

詞臣諫職望殷殷，督學風裁誦至今。從宦未常忘母訓，晉階恒此勵官箴。

青燈有味兒時夢，白髮盈顛老去心。五十八年前課讀，因君我亦淚沾襟。

劉文淇《題王霞九先生贈芳賢母劉太夫人青燈課子圖》（劉文淇著，曾聖益點校《劉文淇集》，中央研究院中國文哲研究所 2007 年版，第 269～270 頁）云：

少小弄柔翰，黽勉日不遑。師授八家文，所嗜在歐陽。歐陽有賢母，其阡在瀧岡。讀書兼論世，德業吾能詳。公志在遠大，忠直無他腸。遙遙千餘載，碩望疇能方。䚻䚻觀察君，後起生公鄉。聞名未識面，接念徒彷徨。往讀《鹽法疏》，其言慨且慷。自餘所棼草，無由傾筐筐。濟時良有策，函鼎一嚮嘗。今披《青燈圖》，慈教知不忘。廬陵兩賢母，前後相輝光。願言辭東山，清芬久彌揚。無爲歌《思穎》，庶以佐時康。

蔣啓敭《問梅軒詩草偶存》卷五《奉題座主王霞九贈芳先生〈青燈課兒圖〉》（蔣啓敭著，蔣世玢等點校《問梅軒詩草偶存》，廣西人民出版社 2001 年版，第 56 頁）云：

鶴洲夜靜風敲竹，焰焰寒檠課兒讀。讀經讀史兼讀子，舌澀音訛梭須撲。兒讀書，母鳴機，咿唔軋戛燈花飛。兒啖肉，母茹薇，助兒精力抽文思。一兒總角一兒冠，人赴玉樓撤鴻案。母戒增嚴兒戲玩，長跪影堂涕沾腕。果然淑媛生名儒，長沙陶氏眉山蘇。文章報國侍蓬閬，槽軒秉節搜珊瑚。殷勤手札勖大義，鳳誥未足貽親娛。萊叟彩，舞氍毹，皋魚淚，啼烏雛。教忠教孝言言珠，夢魂常繞青燈圖。淵源我忝春風座，咫尺絳帷承咳唾。追述當年獲訓勞，焚膏稚子添書課。即今畫幀懸丹青，蓼莪廢讀萱枯庭。金蓮雙炬送歸院，何如膝下宵傳經。春暉罔極恩難報，四壁殘釭光尚照。斷織眞齊孟母賢，題碑重贊黄香孝。

徐寶善《壺園詩鈔選》卷八《還瀛集上·青燈課兒圖爲王霞九前輩作》（《續修四庫全書》第 1516 册，第 608 頁）云：

兒生不辰兒幼孤，阿母紡織兮兒讀書。母食菜羹兒啖肉，一燈熒熒夜照讀。機聲書聲斷復續，書聲不續，機聲如哭。生不願兒高牙大纛軒里閭，但願兒立身揚名守父書。母督兒，兒好弄。母撻兒，母心痛。欲撻不撻淚涔涔，蕭條影堂中孤燈。燄短夜漏沉，母抱子泣聲如瘖。青燈兮如故，呼阿母兮何許。兒身兮堂皇，母之魂兮北邙。青燐飛遶北邙樹，兒抱遺經淚如雨。

湯鵬《海秋詩集》卷二《瞻彼桃李四章》（劉志靖、王子義、石彦陶、陳子定校點《湯鵬集》，嶽麓書社 2011 年版，第 652 頁）：

瞻彼桃李，爲王霞九觀察題《青燈課兒圖》、賁耕亭太守題《篝燈課讀圖》也。

瞻彼桃李，實好實榮。瞻彼松樟，實亙實晶。厥嗣之賢，母教之明。無蔽於而常，無荒於而經。風斯雨斯，惟母之丁寧。

瞻彼江河，洪波孔長。瞻彼泰岱，崇基孔詳。厥嗣之傑，母教之昌。無迷於而聖，無墮於而狂。身斯心斯，惟母之周防。

雖有賢智，古訓是踐。母曰嗟乎，不汝以詭舛。雖有愚柔，古行是勉。母曰嗟乎，不汝以遊衍。既鞭既策，既譽既顯。匪其譽顯，緊母之善。

南陔有蘭，擢擢其條。北堂有萱，綿綿其苗。慶之溢矣，維德音孔昭矣。香之永矣，維書味孔包矣。君子作歌，斯悦斯陶矣。

謝元淮《養默山房詩稿》卷三十一《眞州集·青燈課兒圖爲王霞九觀察〔贈

訓詞最詳，竊歎吳公所言，洵爲篤論，非尋常頌德之泛語也。方歐公出宰夷陵，韓國曰：「汝能安之，吾亦安矣。」其戒約家人，則曰：「吾兒不能苟合於世。」由此言之，則歐公正色立朝，直聲震於天下者，得諸畫荻之教爲多。昔人謂「非此母不生此子」〔註24〕者，其信然已。今觀太夫人之誨先生，嘗曰：「凡事惟論是否，不當論禍福。倘異日兒以功名自見，而遇事狃於趨避，則報稱安在？」當是時，先生尙未登第，而太夫人示以守官之方，已與韓國之勖歐公若合符節。先生善體太夫人之意，亦曰：「其屬望無已者，豈在區區簪組之榮、鼎鼐之奉哉？」蓋服膺於慈訓者實深且切矣。故既入翰林，屢主文衡，重樸學而尙廉隅，士氣爲之一振。改官臺諫，建白合乎大體，確可見於施行。及外轉監司，尤能毅然特立，無論所值夷險，必以直道自持，公論僉以爲秉正無私，不愧廬陵節義之地。而溯其源本，則青燈課讀之日，太夫人早導以趨向必端，此豈僅以富貴期其子者，所可同日而語哉？

　　夫「君子之所謂孝者，國人稱願然，曰：幸哉！有子如此」〔註25〕，誠

芳〕題》（《清代詩文集彙編》第 546 冊，第 644～645 頁）：
廬陵有賢母，在昔傳歐陽。畫荻遺前徽，同此青燈光。阿母坐闐爐，兩兒讀母傍。書聲雜車聲，琅琅夜未央。兒誦偶生澀，母淚紛成行。謂兒早孤露，世業惟青箱。父書不能讀，恐貽先人傷。欲撲復自止，飲泣還相將。一朝兒榮貴，壽母奉瑤觴。冠帔何燦爛，彤管撝芬芳。阿母應喜悅，何意轉傍徨。吁嗟慈母恩，天地同久長。儒臣忠報國，豈獨恃文章。乃推母心志，潛德思襃揚。流澤及吾楚，節孝咸表彰。只今琅嬛冊，一一姓名香。〔觀察督學湖北時輯有《楚北節孝錄》。〕先德方未艾，後嗣其益昌。披圖憶兒時，短檠何敢忘。
梅曾亮《柏梘山房文集》卷十一《課兒圖記》（彭國忠，胡曉明校點《柏梘山房詩文集》，上海古籍出版社 2005 年版，第 257 頁），云：
年家子陳元祿爲曾亮言王霞九先生之賢：其官學政及鹽運使，能教士恤商，而家居不遺財以贍族。其容貌詞氣，見之者如與古人居也。因出所記劉太夫人《課子圖》，而請爲之記。
夫古之時，如敬姜、孟母之倫，傳者蓋少，然亦惟教子以義方而已。至後世而授經課讀，熊丸畫荻之事，始見於傳記及文人學士所歌詠。以賢母而成子名者，近今尤多。蓋爵祿聲譽之重輕於今古，而漸被於閨閣者，亦已久矣。然則，期子以顯榮者多，至期子以立身修行，於古固未知何如也。若太夫人之訓其子，其猶存古之道乎？其食報者，雖同乎眾人之所期，而所期者，未嘗同乎眾人。蓋賢不肖，人事也；貴與賤，天事也。教之義，主人而不主天，以天之不可必也。不然，則夫孤嫠飢寒而能振其子於卑辱者，其志行亦曷可少哉？

〔註24〕陶侃母湛氏事，見《晉書·列女傳》。
〔註25〕語見《禮記·祭義》。

以爵位由於外至，行誼定於內修。故顯揚其親者，不繫乎班秩之崇，而繫乎品概之峻。使歐公自守滁以後即歸田解組，不晉副樞參政之階，而碩望播於古今，其克貽韓國以令名者，正自有在未嘗少覺其歉也。今先生雖不待致政之年，已懸車弗出，生平所蘊蓄，未盡展布於時，而亮節高名，海內想慕其風采，則立身行道足慰太夫人靈爽於九京。由是而益勵初心，用堅晚節，俾主清議者謂廬陵耆舊若先生者，乃可升六一之堂，而太夫人懿範昭垂，遂並韓國而永著。將見讀斯圖之記者，必擬諸瀧岡之碑，經所云「成其親名」者，此之謂矣。是則先生所當自勉，而亦士林之所深望也夫。

送姚石甫先生赴臺灣任序

　　郡邑之在海外者，江蘇有崇明，浙江有定海，皆久通中國，被化已深，故其地號稱易治。惟福建之臺灣，自元、明以前常爲島夷所據，國朝康熙初年始入版圖，閩粵僑寓者與番人錯壤而居，貪利喜爭，罕知禮讓，故其地爲最劇，而其爲治也亦較他處爲最難。非深知治體，威信素著者未易勝任。道光十七年十月，桐城姚公由淮南監掣同知，奉特旨觀察其地。蓋天子廉知公昔筮仕福建，熟悉情形，又循聲懋著，故有是擢。

　　公之治平和、龍溪也，教育生儒，建立書院。其後調任臺灣知縣，升署噶瑪蘭通判，皆以振興學校爲先。今茲再涖海疆，臺灣士民莫不幸沾雅化，而公亦得竟其前日之志，以報天子特達之知。

　　昔文翁治蜀郡，選子弟就學，蜀之文學比於齊魯〔註 26〕。任延治九眞，教民嫁娶，嶺南之域遂染華風〔註 27〕。夫蜀郡、九眞在當時皆爲新闢，本非聲名文物之區，然得循吏治之，士習民風蒸蒸日上，孰謂殊方異俗非德意所能感哉？況賢才不擇地而生，瓊州一郡亦孤懸海島，而邱文莊、海忠介皆生於其地，其文章節概並彪炳一時，而爲後世所景仰。蓋地雖僻陋，而扶輿清淑之氣鬱久必發，是在長吏培植而保護之，亦可以成德達材，與中土士大夫互相輝映。

　　今之臺灣與昔之蜀郡、九眞、瓊州，同爲荒服之地。公之往治斯土，方將開載布公，正身率下，所以訓迪士民者，一以古名臣爲法。吾知文翁、任延之治復見於今，而聞風興起者必有邱文莊、海忠介其人，爲朝廷收棟樑之

〔註 26〕　事見《漢書》卷五十九《循吏傳》。
〔註 27〕　事見《後漢書》卷七十六《循吏列傳》。

用。公之所以展幼學而酬主知者，實在於此，豈僅以駕馭得宜為盡其職守也哉？淮南人士受知於公者，咸惜公之去，而羨臺人之蒙其休澤也，作為詩歌以送公行〔註28〕，因推其意而序之〔註29〕。

送李方赤太守序

古之世族以循吏顯名，歷數傳而不替者，在漢有宏農楊氏，在唐有京兆柳氏。當時世祿之家，咸奉以為楷燁。蓋名臣之後，能紹厥家聲，則族望亦因之以重，非徒矜閥閱之榮也。然極盛之後，實難為繼。蕭太傅之子育、第五司空之子頡，並以卓犖之才，歷官中外，而德業少遜於前人，史家每以微詞示譏。是以循吏子孫，其砥行立名，較他人為更難。而士君子所以致責備者，亦較他人為更重。必束脩無玷、廉直不撓者，始足以承先德而副民望焉。

吾師太守李公，諸城名族。祖考梅村先生，知臨漳縣，明慎折獄，惟惠惟和。考松嶰先生，知衡水、羅山二縣，振興文教，勤恤民隱。兩世皆捍漳水之患，尤為有功於民，民之謳思遺愛者至今不衰。公幼承家學，即志在康濟。嘗鐫一印章曰：「清白吏，子孫用以自勖。」既成進士，官刑部十餘年，聽斷明允，案無留牘。達官咸器公之才，交相引重。道光乙未，出守常州，旋以疾請告。丁酉，分發江蘇，坐補原缺。是年冬，權守江寧。今年夏四月〔註30〕，又

〔註28〕 《劉文淇集》（第264頁）有《送姚石甫先生〔瑩〕觀察臺灣》，云：
臺澎真奧區，敻絕重洋隔。民情好鬥閱，官務稱繁劇。惟公邀帝簡，超擢逾常格。朝秉通守麾，暮樹外臺戟。亮哉聖人聰，足使速俗革。舊部聞公來，欣欣手加額。威惠必兼施，次第抒善策。鹽車昔困驥，蕩節今乘驛。鯫生慚濫竽，龍門幸著籍。壯遊不獲從，離緒無由釋。歌謠訪閩疆，書函寄海舶。側耳聆政成，頌聲被金石。
劉寶楠《念樓集》卷九《送姚石甫先生兵借臺灣》（《寶應劉氏集》第336頁），云：
海國天南地，分巡命重臣。宣揚皇化遠，格彼島夷馴。竹寺花明路，蓬潭柳護津。番人群膜拜，猶是舊編氓。〔先生曾為臺灣令。〕萬姓口碑留，歡迎捷道周。壹簞今士女，節鉞古公侯。執法三章約，掄材四行收。從茲鯨浪息，邊海靖戈矛。
〔註29〕 日本小澤文四郎編《劉孟瞻先生年譜》卷下（鄭曉霞、吳平標點《揚州學派年譜合刊》，廣陵書社2008年譜，第623頁）於道光十八年戊戌（1838）四月載「淮南同知姚瑩赴臺灣任，〔《姚石甫年譜》。〕先生與同人賦詩送行」，可知文章寫於此年。
〔註30〕 李璋煜蒞任揚州乃道光十八年四月，見《問字圖序》注。而文中稱「雖蒞任僅各數月，而民之頌德者，咸悵然於公之不能久留」，據此可知本文寫於道光十八年（1838）。

權守揚州。所至以興利除害爲己任，雖蒞任僅各數月，而民之頌德者，咸悵然於公之不能久留。此雖公之至誠有以感人，抑亦家傳治譜，其設施之具，皆本先世所素蓄者發之，故教化爲尤易行也。夫士君子之所謂顯揚者在德不在位，陳太邱之子孫，其爵位過於祖父而名德不稱，是以昔人謂之「公慚卿，卿慚長」〔註31〕。然如宋之歐陽文忠公、明之劉忠宣公，其先世俱爲循吏，困於州縣簿尉之官，經濟之才未能盡展，得文忠、忠宣起而張之，致身卿相，卓然爲一代名臣。後世頌文忠、忠宣者，溯其先烈所貽留，未嘗不歎兩公之盛業鴻猷，其來有自。

　　今觀梅村先生以養親辭職，松龕先生以引疾去官，並早歲歸田，未膺顯秩，經世之業將待公而昌之。公以強仕之年，歷典大郡，而政聲翔洽如此，

另外，劉文淇《青溪舊屋文集》卷四《送李方赤太守序》（《劉文淇集》第 72～74 頁），云：

道光十有八年夏四月辛亥，坐補常州府知府諸城李公權守揚州，至秋七月戊申，公卸事去，蒞任才百有二十日，而下車之始，即值郡試，凡三十日而竣事。公乃大署其門曰：「凡生童來謁者，門吏隨時通報，毋少稽留。」以故懷藝求見者踵相接，公優加禮待。談藝之餘，訪問地方利病，有當興革者，立見施行。其爲民謀也，如謀其家事；其誘掖東率也，如慈父母、嚴師保之教誨子弟，慈祥而齊邀。父老讀公告教之文，歎爲數十年所未見。向之市豪爲民害者，累足屏息，惟恐公之廉知；即其甚黠者，亦匿跡鄉曲，不敢顯然犯公之禁令。

甫及一月，頌聲四起，而公顧歉然不自足，曰：「凡吾所欲爲而未及爲者甚多，即吾所已爲，而爲之未慊吾意者亦甚多，吾方自愧不暇，而又何頌焉？」鳴乎！古稱循良之吏，其所設施者，必相其緩急次第以布之，舉凡重農桑、興學校、懲奢侈、禁遊惰、緝盜賊、清訟獄，其施之也有本，其爲之也有漸，類非旦夕所可奏功。以公深於經術，達於治體，令得久於其任，凡所欲爲而未及爲者，皆得有所展布而不難躋至於古之人。宜乎公今日歉然有所不自足也。然而民已謳思不能忘，非公至誠，有以感人，烏能深入人心，而使人戀戀若是。

先是代者未至，民宣言曰：「公實授揚州矣。」或曉之以坐補者必俟原缺，則又曰：「新太守至，公留揚幫辦矣。」愚民無知識，好爲議論，率多可笑。然而揚人愛公之意，不可謂不厚矣。

古之郡守，有實惠及民，民不忍其去，於其受代也，詣闕乞留，或數十人，或數百人，不憚千里，相率而至，上之人亦每從其所請。後世人心不古，或有涉於詐僞者，茲制遂革。今觀揚人愛公之切，今古制得行，其有不褰裳而思借寇者哉！雖然公之所以曉吾民者，諄切詳盡，民即不能留公，果能奉公教令，以善其身，則無異公之常在揚也。文淇辱公之知，於公之行也，不敢爲華辭，謹述揚人戀公之忱，與公之嘉惠揚人而歉然不自足者，庶幾有當於公意也夫。

〔註31〕語見《後漢書》列傳第五十二《陳寔傳》。

由是而建牙開府，播揚前烈，則其德望之隆，日引月長，必與爵位之舄奕相稱而無所慚焉，可知也。毓崧幸遊公門，著弟子籍，用是敬述公之世德，以爲他日光大之左券焉。

送湛小唐歸湘陰序

咸豐戊午冬，余由清江浦移館東臺，其時湘陰湛君小唐來就縣幕。己未孟夏，始獲相識。詢知原籍增城，爲名儒甘泉先生之後。生平拳拳於水源木本，凡遇志乘詩文有紀載家世學行者，必借觀手錄。其述德誦芬之意，不愧爲前哲裔孫。

庚申季春，君將歸里省覲，以長律五十韻留別同人。於是餞行者咸爲賦詩，而屬余作序。竊謂甘泉先生之教澤，四方溥被，而吾揚之沐惠尤深。郡城梅花書院，原名甘泉書院，一名湛公書院，嘗奉祀立祠〔註32〕。昔人謂「周

〔註32〕《揚州畫舫錄》卷三《新城北錄上》（清乾隆六十年自然盒刻本）載：
梅花書院在廣儲門外，明湛尚書若水書院故址也。若水字甘泉，廣東增城縣人。嘉靖間以大司成考績，道出揚州，一時秉贄而謁者幾十人。揚州貢士葛潤與其弟洞早年從之遊，是時因選地城東一里，承甘泉山之脈，創講道之所，名曰行窩。門人呂楠以湛公之號與山名不約而同，書「甘泉」二字於門，又撰《甘泉行窩記》。行窩門北有銀杏樹一株，就樹築土爲墰，上墰築基爲堂，題曰「至止堂」。其《心性圖說》在北墉，鍾磬在東墉，琴鼓在西墉，學習誠明、進修敬義二齋在東序。燕居在堂北，廚庫在燕居左右，繚以周垣凡六十有二丈。垣外有溝，溝外有樹。先門外有池，池水與溝水襟帶行窩，而池上有橋。當行窩之旁，又置田二十餘畝，以資四方來學者，皆潤所助也。
通山朱廷立爲巡鹽御史，改名甘泉山書館。厥後御史徐九皋立純正門、禮門，提學御史聞人銓立義路坊，知府侯秩、劉宗仁、知縣正維賢相繼修拓，御史陳蕙增置祠堂、射圃等地，御史洪垣增置艾陵湖官莊田八十畝，此嘉靖間湛公書院也。萬曆二十年，太守吳秀開濬城濠，積土爲嶺，樹以梅，因名梅花嶺。緣嶺以樓臺池樹，名曰平山別墅。東西爲州縣會館，名之曰偕樂園。後立吳公木主於園中子舍，名曰吳公祠。三十三年，太監魯保重修，知府朱錦作碑記。當道檄毀之，存其堂與樓，爲諸生講學之所。巡按御史牛應元改名之曰崇雅書院，祀湛公木主於堂，又曰湛公祠。崇禎間，書院又廢。
國朝雍正十二年，郡丞劉重選倡教造士，邑士馬曰璐重建堂宇，名曰梅花書院。前列三楹爲門舍，其左爲雙忠祠，右爲蕭孝子祠，又三楹爲儀門。升階而上，爲堂凡五重，複道四周。又進爲講堂，亦五重。東號舍六十四間，旁立隙宇，爲庖廚浴湢之所。西有土阜，高丈許，即梅花嶺也。嶺上構數楹，虛窗當簷。簷以外憑墻而立，四望煙戶，如列屏障。下嶺則虛亭翼然，樹以雜木。劉公親爲校課，匝月一舉。而先後校士院中者，蒞政則有朱續晫，知府則有蔣嘉年、高士鑰，知縣則有江都朱輝、甘泉龔鑒諸公。一時甄拔如劉

人思召公，愛其甘棠，況其子乎？」〔註33〕余亦謂揚人懷湛公，譽其嘉樹，況其裔孫乎？書院自癸丑爲粵寇所焚，亟須營建，惟願繼今以往，干戈載戢，而庠序大興。異日者君重賦昔遊，與都人士同具瓣香清酌，展敬講堂，以復巨觀而修舊典，此不獨吾揚之厚幸，而亦君所樂聞也夫。

送郭平甫序

咸豐乙卯夏，權兩淮都轉郭雨三先生延余至清江浦淮揚道，署課其子階，因獲見其從弟平甫。其氣象簡靜沉默，望而知爲謹愨之士。生平無它嗜好，惟喜讀書，挈究勤劬，最留心於掌故。都轉既亟稱其誠篤，並許甚殷，階亦屢述其居家居鄉舉措，均可矜式，余益重其爲人。平甫尤樂與余商榷古今，意氣相得。丙辰九月，平甫將歸蘄水，階賦詩餞行，復乞余作序〔註34〕。

余與平甫識面纔歲餘，其間余一返揚郡，平甫兩赴泰州，合計聚首之日，前後僅六七月耳。然平甫視余特厚，余亦知平甫頗深。雖微階之請，余固不能無言也。昔吾鄉江都汪容甫先生，與寶應劉端臨先生書云：「離索之感，常爲惄結於心。然念他山攻錯之義，誠使學業行誼表見於後世，而人得知其相觀而善之美，則百年易盡而天地無窮。今日之交乃非偶然，離散之故又不足

復、羅敷五、郭潮生、郭長源、周繼濂、周珠、孫玉甲、蔣奭、耿元城、裴玉音、閔鯉翔、楊開鼎、吳志涵、史芳湄諸人。江都教諭吳銳爲書院碑記。迨乾隆四年，巡鹽御史三保、轉運使大枚酌定諸生膏火，於運庫支給。乾隆初年，復名甘泉書院。戊戌，長白朱孝純由泰安知府轉運兩淮，又名梅花書院，而廓新其宇，於市河之西岸立大門，自書「梅花書院」扁，刻石陷門上。甬道二十餘丈，雕牆高五丈，長十餘丈，牆下瀦方塘，種柳栽葦。面塘爲大門，雙忠祠、蕭孝子墓、節孝祠在其左，距書院舊址相去丈許矣。書院正堂，制度悉如郡丞劉公之舊。更以瀦塘之士，累積於右，樹以梅，以復梅花嶺舊觀。嶺下增構廳事五楹，亭舍閣道，點綴其間。朱公親爲校課，匝月一舉，謂之官課。延師校課，亦匝月一舉，謂之院課。主講席者，謂之掌院。延府縣學教諭、訓導一人，點名收捲，支發膏火，謂之監院。在院諸生分正課、附課、隨課，正課歲給膏火銀三十六兩，附課歲給膏火銀十二兩，隨課無膏火。一歲中取三次優等者升，取三次劣等者降。至倉運使以一歲太寬，限以一月，連取三次者升，後又改爲連取五次優等者升，第一等第一名給優獎銀一兩，二三名給優獎銀八錢，以下六錢。倉運使又定額一等止取十四名。鹿運使以二等第一名給優獎銀五錢，而一等不拘取數。癸丑，南城曾燠轉運兩淮，親課諸生，又拔取尤者十餘人，置於正課之上，名曰上舍，歲加給膏火銀十八兩。

〔註33〕晉士鞅語，見《左傳・襄公十四年》。
〔註34〕據此，可知作於丙辰九月，即咸豐六年（1856）。

言也。」〔註35〕余學識淺狹，何足企容甫先生。而平甫天資清粹，實與端臨先生爲近。故不欲效世俗，以科第祿位相期，而竊自附於道義之交，致其贈處之意焉。

送陳生伯平序

古之學者不欲速成，今之學者多求速化，然欲速者必至於不達，而不求速者轉可以不疾而速，其故何哉？韓昌黎《答李翊》云：「養其根而竢其實，加其膏而希其光。根之茂者其實遂，膏之沃者其光煜。」蘇東坡《送張琥》云：「博觀而約取，厚積而薄發。流於既溢之餘，而發於持滿之末。」夫韓、蘇並天才超卓，學術早成，然其舉以告人者，皆不欲其速化。良以爲學之道必辨其本末源流，騖末流者似捷而實迂，探本源者似迂而實捷。古人之不欲求速，正其所以能神速也。然持是以語今之侈言捷足先得者，鮮不謂其迂闊而遠於事情矣。

蘄州陳生伯平德衡，甫弱冠之年，而所作舉業詩文已爲逢時利器。昌黎之告李翊所謂勝於人而可取於人者〔註36〕，固足以當之。東坡之告張琥所謂得之不可謂不早者〔註37〕，亦僉以屬之。然生則自視欿然，未嘗滿假。

其立志頗在學古通經，好讀《左氏春秋》，循環不厭，古文之成誦者已數百篇。近復手錄班、張之《兩都》、《二京》，朝夕諷訝，庶幾乎能知「養根竢實，加膏希光」之意者歟？肄業之暇，披閱《史》、《鑒》諸書，揣測前人情僞是非，每具特識，然不肯輕易落筆。間有屬稿已成者，亦謙不欲存，庶幾乎能知博觀約，取厚積薄發之指者歟？由是而觸類旁通，實事求是，不趨捷徑，不涉迂塗，則昔賢之不疾而速，其速如神者，吾將厚望諸生矣。故於其赴閩省觀也，述韓、蘇之言以送其行，俾爲異日進益之左券焉。

送郭生子貞序

咸豐庚申秋，郭生子貞階裒輯其先德光祿公《日知堂文集》，余既爲之撰

〔註35〕語見汪中《述學·與劉端臨書》。
〔註36〕韓昌黎《答李翊書》：「生所謂立言者是也，生所爲者與所期者甚似而幾矣。抑不知生之志，蘄勝於人而取於人邪？將蘄至於古之立言者邪？蘄勝於人而取於人，則固勝於人而可取於人矣。」
〔註37〕蘇軾《稼說送張琥》：「吾少也有志於學，不幸而早得與吾子同年，吾子之得，亦不可謂不早也。」

序。是冬，生將謀歸蘄水，余復作序以送之〔註38〕，曰：

　　光祿公生平所景行者爲顧亭林先生，故既以日知名其堂，復以日知堂名其集。生既有志於紹承家學，夙知嚮往亭林，則《日知錄》一書當奉爲修業立身之本。夫此書風行海內垂二百年，學者家有其書，咸知寶貴。然好名者重其宏通，可資辯論之助；應試者服其該治，可擅射策之長。至於考古證今，明體達用，施諸經濟，有補於世道人心，則深知篤信者已屬不多，坐言起行者尤覺其少。蓋末學功利之習，深中於隱微。自束髮讀書，止知有功名利祿，故未仕則以奔競爲營求之計，既仕則以逢迎爲遷擢之謀。但問宦橐之盈虛，而不問民生之疾苦。但計班聯之高下，而不計品望之崇卑。視亭林之尚耿介而貴直方，重名教而持清議，判然如薰蕕相反，奚啻南轅北轍之殊。乃其自飾之詞，則曰：「慕亭林之爲學者，可以復古，而不可以適時；慕亭林之爲人者，可以正身，而不可以處世。」信斯言也！則是讀《日知錄》者，但襲取其支流末節，以便場屋之炫博驚奇，而明道經世之本源，轉以爲迂闊之詞、戇拙之論，皆在厭棄之列矣。此何異於佻薄小儒讀孔、曾、思、孟之書，止以爲時文之用，自誦習時文而外，口不道忠信之言哉？

　　以生之立志好高，爲學務實，前此成童之歲，初閱《日知錄》，即慨然有尊賢嫉惡之忱，果能益勵其初心，必不漸移於眾口。然素絲易染，大道多岐，既望以遠大之圖，必勖以堅凝之力。余所期於生者，在乎恪守光祿公之緒論，而不爲功利之說所搖。師亭林之讀書，即師亭林之立志，處則以古大儒爲矩矱，出則以古名臣爲楷模，不爲義回，不爲利疚，以耿介直方爲先務，以名教清議爲主持。論者必謂光祿公以日知名其堂，而生爲肯構考室之子；光祿公以日知名其集，而生爲能讀父書之人。不獨光祿公一生教子之心靈，爽藉以克慰，即余之數年講授，亦與有榮施矣。生其勉旃！

胡氏宗祠藏書記

　　近代家廟少而宗祠多，論者謂非古禮所有。然禮緣義起，其制實古人宗祏之遺。今按：《五經異義》載古《春秋左氏》說，述宗廟石室之禮，《說文》解「宝」字爲「宗廟宝祏」，解「祏」字爲「郊宗石室」，並本於此。蓋古者以石室藏遷廟之主，當祫祭之期，出主陳於廟中。祭畢，仍反諸石室。斯禮

〔註38〕　可知此文作於咸豐庚申（咸豐十年，1860）冬。

也，通乎上下，爲小大所共由。證以《禮記・祭法》言「大夫三廟，適士二廟，官師一廟」，《大傳》言「大夫士有大事，干祫及其高祖」。是大夫士遷廟之主、許行合食之祭，經典特著明文。其臨期既有設主之儀，則平日豈無藏主之所？故干祫與宝祫，其禮相因。觀於衛大夫孔悝使貳車反祫於西圃，則大夫以下得立石室可知。後世所建宗祠，合袝未遷已遷之主，亦就文翁、武梁畫像石室之例，從而推廣其規模，初非遠戾於古也。

　　然古人之石室，不獨用以藏主，抑且用以藏書，故太史公作《史記》，紬石室金匱之書，其《自序》有「明堂石室金匱玉版」之語。據蔡中郎《明堂論》所引《檀弓》逸文，知古時清廟、明堂異名同地，則金匱、玉版即藏於宗廟石室之間。《周書》之大訓、河圖，列於東序、西序，其地在廟門以內，此亦藏書於廟之顯徵。《周禮》之太史、小史等官主廟祭，而又主墳籍，故老聃爲周守藏室之史，復領柱下圖書。良以就石室藏書，遂目其室爲藏室。蓋典司宗袝與編集秘書，皆在此室中矣。至於大夫士之家有石室者，亦必有史，故《左傳》言范武子之「家事治，其祝史陳信無愧辭」〔註39〕；《玉藻》言君子「將適公所，史進象笏，書思對命」。是家之史官掌祝詞，兼掌文書，確有可信。則家之石室藏木主，兼藏簡策，更屬無疑。宋儒之論祠堂，以神主、遺書並舉，亦猶行古之道耳。乃今之營葺宗祠者，祇知拓田廬以贍生計，而不知度經史以裕貽謀。其所以承先緒而啓後昆，豈得遽稱爲盡善也哉？

　　高郵胡氏當明惠帝時，蔭襲本衛指揮，屯田於寶應，故其祠宇皆在氾水柘溝。數百年來，讀書者蔚起，鄉里推爲巨族。杖仙徵君，衍慶高門，誦芬述德，其孝悌最爲篤摯。孫硯芝先生曾紀其事於文。張榮畦、董晉卿諸先生公舉以應制科，輿論謂其克稱斯選。性愛靜謐，中年以後，恒處宗祠，裒刻先世傳志之文，嵌其石於夾室壁中，朝夕掔摩，孜孜勤懇。蓋自早歲既與劉楚楨先生同受業於喬鞠墅先生，繼而復事楚楨先生以師禮，雖結婚姻之誼，而執禮益恭。故其學有淵源，撰輯詳覈，生平無它玩好，惟喜聚書。近年闢精舍於宗祠，以先世所蓄善本與祭器並藏其內，爰自敘夙昔所聞於父兄師友者，以訓誡後人。復屬毓崧爲作記文，以誌藏書之由起。

　　竊謂三代彝器，其款識之詞昭著於今者，不曰「永用享」，則曰「永實用」，蓋以永享其祀祝祖考之式憑，且以永寶其傳，期子孫之愛護。故皆置諸家廟，臨祭必陳，以示能奉其宗祧者，乃能守其宗器。所當珍藏什襲，延世澤於無

〔註39〕事見《左傳・襄公二十七年》。

窮也。顧彝器爲口澤所存，而遺書亦手澤所存。彝器可以銘勳，遺書亦可以勵學，則遺書與彝器並重，固其所矣。矧昔賢之善藏書者，所儲皆不止一本。《唐書》言柳仲郢「家有書萬卷，所藏必三本，上者貯庫，其副常所閱，下者幼學焉」〔註40〕。徐度《卻掃編》言王仲至侍郎「每得一書，必以廢紙草傳之，又求別本參校，至無差誤，乃繕寫之。此本傳以借人，及子弟觀之。又別寫一本尤精好，號鎮庫書，非己不得見也」。夫柳氏以書貯庫，王氏以書鎮庫，其所謂書庫者，必非燕居之書齋。考之《月令章句》，以祭器庫爲五庫之一。自來祭器庫皆在廟中，意者二家之書庫，與祭器庫同附於家廟歟？抑或書庫即附於祭器庫歟？試思柳氏生於唐之中葉，有寫本而無刻本，其致書也甚難。王氏生於宋之初年，刻本少而寫本多，其致書也亦不易。然必繕錄正本副本，按地分儲者，蓋有正本以備收藏，有副本以供披閱，然後蓄書之法，周密無遺，故雖累牘連篇，不惜胥鈔之費也。方今鏤板日盛，印本流行，視前人傳寫艱難，奚啻徑庭之懸隔。以徵君嗜書甚切，專力購求，較柳氏、王氏之時，洵事半而功倍，更得賢子孫肯堂肯構，增益擴充，世寶楹書，俾與宝祐、宗祊俱永。將見高郵胡氏之書目必廣播於藝林，近則接跡於陽湖之孫，遠則追蹤於鄞縣之範斯，弓冶箕裘之澤歷久彌昌，而不僅以蒙業保家爲美矣。尚其勗諸！

程肅菴先生侍初堂圖序

　　歙縣程肅菴先生濬，當順治、康熙之間，寄籍仁和。以諸生久，次貢入太學。既而返里，築丙舍於岑山，榜曰侍初堂，以申追養繼孝之志。身歿之後，崇祀鄉賢，朱竹垞爲作墓誌銘〔註41〕，王漁洋爲作《侍初堂記》。嗣君聖跂哲、

〔註40〕　事見《新唐書》卷一百六十三《柳仲郢傳》。
〔註41〕　朱彝尊《曝書亭集》曝書亭集卷第七十七《歲貢生程君墓誌銘》（四部叢刊景清康熙本）云：
　　　　歙縣程君，諱濬，字葛人，一字肅菴。通經史百家之言，寄籍杭州，補仁和縣學官弟子。屢試不利，以歲貢入國子監。居歙之岑山，山形鐵峻，特立新安江中，爲一鄉屏幛。君董工治樓榭，繚以垣牆，守望相助，草竊莫敢窺。又新宗祠，以睦婣合族姓，通其有無。少出嗣世父，晨餐夕膳，事二人盡歡，且眷戀所生，終身孺慕。親亡，以兩房考妣合葬於一塋，築丙舍墓旁，歲時臘臘禮拜，上食如生存，榜曰侍初堂。友愛昆弟，無間言。交友重然諾，不因燥濕輕重。能爲人釋紛，嘗陳亭戶疾苦於至尊前，顏色不少懾。里居逢寇警，率鄉勇防禦。寇退，官軍牧馬於郊，村民供芻茭不繼，君言於主帥，旋

友聲鳴兩先生，復屬黃尊古繪《侍初堂圖》，用徵題詠。百五十年以來，名製佳篇，積成巨軸。〔註42〕咸豐辛酉，聖跂先生之元孫雲九達、堯緒奉循將以此圖重付裝池，堯緒之子吉人錫祥乞余作序〔註43〕。

余嘗參考志乘，證以群書，而知肅菴先生之盡孝，為人所難能者有四事，而奠醊之勤不與焉。先生家本新安望族，曾祖東涯公熟、祖穎岑公應御，世濟其美，先生善承先志，鼎新宗祠，與同姓通其有無。其收族合食之仁，胥本於尊祖敬宗之義。其為人所難能者一也。先生為浣公大震第三子，出繼世父旭升公大升。其事嗣父母，晨餐夕膳，盡禮竭誠，而眷戀本生之親，亦終身孺慕其為人。所難能者二也。先生與本生昆弟，友愛無間言。其弟畏岩先生休復疾

師。客安吉，茶陵兵變，有司苦無備，君從容代為區畫。上官允其議，城得全。君歸理家務，然不廢學。《兩淮都運司志》自徐鵬舉、朱廷立後續者無人，君分門編輯，頗挈其要。暇輒治方藥，療有疾者，所活甚多，以是閭閻無貴賤，咸稱君善人。君以明崇禎十一年十一月日生，卒於康熙四十三年十月日，享年六十有七。曾祖某，祖某，考某，本生考某，均不仕。娶吳氏，子四人：長喈，中康熙己丑進士；次啓、次哲，俱候選州同知；次鳴，國子監生。女一人，嫁國子監生汪琮。孫男八人，女六人。君既卒，歙諸生百二十有七人合辭請以君入鄉賢祠，下上之論交孚，乃設栗主，送入祠。將葬，君之季子鳴請予銘其墓。銘曰：
不以為人後而孝衰於親，不以身不仕而善謏諸人。庸言詀詊，庸德循循。祀䜣宗兮黌序，卜吉壤兮桑津。若稽古昔，庶追蹤於叔度元考之倫也乎！
〔註42〕張珩《木雁齋書畫鑒賞筆記》著錄《黃鼎侍初堂圖》，附載題詠頗多（上海書畫出版社 2015 年版，第 1453～1461 頁）。第一則為王士禛《侍初堂記》，茲迻錄如下，他文從略。文曰：
侍初堂者，新安程君肅庵廬居之室也。君天性孝友，有古獨行君子之風，秀水朱翰林竹垞既為志其墓矣。君之子皇聖跂哲、友聲鳴皆受業於余，千里致書，以《侍初堂記》為請，且述君行實相示。予讀之，喟然歎曰：夫鳥獸失喪其群匹，越月踰時，必返巡過其鄉，迴翔焉，鳴號焉，躑躅焉，踟躕焉，然後乃能去之，而況於人乎？況於父母之丘墓乎？昔歐陽公以一代儒宗，歸田以後，不居吉而居潁；其卒也，留葬許昌，不復從其皇考崇公窆岁於瀧岡之上。即兩蘇公之賢，生不能歸老眉山，歿而皆葬於郟。其於首丘之義，似皆未之聞也。
肅庵自葬其親，終身棲於丙舍，歲時伏臘，禮拜上食如生存，因顏其堂曰「侍初」以見志。晚年疾革，猶誡諸子曰：「吾即百歲後，魂魄終依於此，慎勿遽移他所。」諸子遵治命，將即葬於是。既歿之後，歙之父老子弟，相率請於有司，祀君於社。雖以其為德於鄉之故，然即其終身廬居一事，已足以從廟庭而相䜣宗矣。予篤老病瘍，久廢楮墨，因重君之行誼，輒口授數語，俾兒子書之，以塞聖跂、友聲之請。肅庵之子若孫並能砥行立名，以文學顯於當世。長子喈己丑成進士，人咸以為君子孝友之報云。新城王士禛撰。
〔註43〕據此，可知作於咸豐辛酉，即咸豐十一年（1861）。

革時，欲得聖趾先生爲嗣，而先生適遊學他郡，戚屬相顧，莫敢定議。淑配吳孺人毅然決計，告廟而定嗣焉，內外宗黨皆稱其善體先舅先姑之心，而歸美於先生刑於之化。其爲人所難能者三也。先生交友重然諾，喜爲人解紛。逢寇警則力保鄉閭，陳疾苦則惠周亭戶。是以無長幼貴賤，皆稱爲善人。而推本於所生之厚德，《記》所謂貽父母以令名者〔註44〕，允足以當之。其爲人所難能者四也。至於廬墓之事，在他人所視爲難能者，特其一節而已。

若夫聖趾、友聲兩先生之述德，足以取信於人者有三事，而交遊之廣不與焉。聖趾先生事嗣母及本生父母，服勞奉養，得其歡心。宦遊多年，廉潔彌勵。友聲先生抱道自重，大雅不群，名譽甚高，而不欲以所長矜炫。其足以取信者一也。聖趾先生學養深純，著有《蓉槎蠡說》，所載前言往行，大可供畜德之助，細亦可佐多識之功。友聲先生善畫工詩，著有《納瓢吟》、《雲岩集》、《無聲集》、《七芙蓉閣詩》，根柢宏深，雋逸拔俗。其足以取信者二也。漁洋生平著述，多聖趾先生所刊。晚年編定《帶經堂集》，聖趾先生復偕友聲先生協力刻成，是時漁洋久已解組歸田，而兩先生誼篤師門，始終如一。其足以取信者三也。至於繪圖之事，在他人所籍以取信者，特其餘事而已。

程氏自聖趾先生僑居揚郡，見黃晟《帶經堂集序》。友聲先生占籍儀徵，見《甘泉縣續志》及《畫舫錄》。其後數傳並往來於揚、歙。至於雲九、堯緒，卜居儀徵甚久，吉人年近三十，尚未一至岑山，每以未能瞻仰松楸爲憾。余則謂盡孝者固在乎省先世之墓廬，尤在乎紹先世之家學；述德者固在乎寶先世之手澤，尤在乎溯先世之心源。果能以肅菴先生之心爲心，以聖趾、友聲兩先生之學爲學，立身行己，必求無愧鄉賢裔孫，則侍初堂緒業永綿，而斯圖益見其可貴。此不獨吉人所當自勉，而亦云九、堯緒所當共勉也夫。

啓慶堂記

《後漢書·荀韓鍾陳傳·贊》云：「慶基既啓，有蔚潁濱」，蓋以四君皆潁川之賢，故史家特爲之合傳。然後世稱郡望者，惟陳氏獨擅潁川之名，所謂慶基亦以陳氏爲至厚。故啓慶之語，施諸陳氏爲最宜。

蘄州陳生伯平德衡，江州義門之裔。其淵源出自太邱，襲慶高門，世濟其美，夙具肯堂之志，乞余爲之預定嘉名，爰以啓慶顏其堂。復述經義，以告之曰：

〔註44〕　《禮記·內則》：「父母雖沒，將爲善，思貽父母令名，必果。」

　　《周易・文言傳》云：「積善之家，必有餘慶。」虞仲翔《注》云：「乾為積善，又為餘慶。」今按：「慶」字本義訓為行賀，凡人之相賀者發乎中心喜樂，中心既願舉趾，故其字從心從夊。《公羊》昭二十五年《傳》注及《廣雅・釋言》皆云：「慶，賀也。」《說文》「慶」字下云：「行賀人也。從心，從夊。」徐氏《繫傳》云：「夊，行也。」段氏《注》云：「賀下曰，以禮相奉慶也。賀從貝，故云以禮相奉。慶從夊，故雲行賀人，謂心所喜而行也。」事之可賀者，莫如嘉禮吉祥。而嘉禮必用儷皮，故其字又從鹿省。《周禮・大宗伯》云：「以賀慶之禮，親異姓之國。」《正義》云：「謂侯國有喜，王使大夫以物慶賀之也。」《說文》「慶」字下云：「吉禮以鹿皮為摯，故從鹿省」；「麗」字下云：「禮，麗皮納聘，蓋鹿皮也。」《儀禮・士昏禮》云：「納徵元纁，束帛儷皮。」鄭《注》云：「儷，兩也。皮，鹿皮。」喜樂由於福備，吉祥由於善修，故「慶」字引而申之，可訓為福。《周語》韋《注》云：「慶，福也，亦可訓為善。」《禮記・祭統法》及《廣雅・釋詁》皆云：「慶，善也。」天道福善，故善與慶，義實相因。以虞氏易象考之，乾有善象，有福象，有嘉象，有吉象，有祥象，故慶之象取諸乾；震有喜象，有樂象，有行象，有趾象，有鹿象，故餘慶之象又取諸震。蓋乾為父而震為長子，《震》之初九即《乾》之初九，《震》之九四即《乾》之九四。誠以父有積慶，子實承之；子得餘慶，父實啓之。《記》有之曰：「知為人子，然後可以為人父。」〔註45〕然則能承前人之積慶者，斯能啓後世之餘慶。故「啓」訓為開，乃「啓」之假借。其本義起於門戶，《說文》「啓」字下云：「教也。從攴，啓聲」；「啓」字下云：「開也。從戶口。」段氏《注》云：「按：後人用啓字訓開，乃廢啓不行矣。此字不入戶部者，以口戶為開戶也。」以諸家易象考之，乾、坤有門戶之象，震、巽亦有門戶之象；乾有開象，震亦有啓象；足證能啓慶基以裕後者，必先能承慶祚以光前。蓋門戶徵肯構之隆，則家室兆充，闓之慶矣。

　　生之尊公芍亭先生，以名孝廉出為循吏，保衛城邑，功在岩疆，遷擢方新，勳績正未可量。生既承茲昌緒，益思光顯其宗，盍就易象之大義微言，求其躬行實踐，遠則念太邱之盛德，近則思義門之清芬。吾知閥閱因積善而愈崇，本支因餘慶而更茂，將見潁川世澤培養彌深。而蘄州有啓慶堂，亦得與江州之書樓並著。此則陳氏宗人所屬望，而亦生之所當自勉也夫。

〔註45〕語見《亢倉子》，明《子彙》本。

成寶堂記

　　郭生子貞階，本蘄水舊族，世系出自汾陽忠武王。其先德光祿公，授命危城，大節昭著，仰荷天恩賜卹，識者稱其不愧爲汾陽裔孫。生篤念前徽，以述德誦芬爲己任，擬俟恭接封贈誥勅及諭賜祭文碑文之後，特建一堂於里第，敬謹尊藏。請余爲之命名，並乞作記。爰名其堂曰成寶，復舉唐史論贊，紬繹其義，以語之，曰：

　　《舊唐書·汾陽王傳》載其進所賜前後詔勅表云：「陛下曲垂惠獎，念及勤勞，貽臣詔書一千餘首。聖旨微婉，慰諭綢繆，彰微臣一時之功，成子孫萬代之寶。」其所謂成寶者，固以詔勅爲寶也。生今者欲建堂，以崇奉絲綸，即取成寶爲名，上可以宣殿陛之隆恩，下可以繼家門之盛事。聞者諒必以爲名實相副，允合其宜。而余之命此名者，其意則更有進焉。

　　昔杜孟嘗訓子孫曰：「忠孝，吾家之寶。是成寶者，必以忠孝爲先。」《舊史》汾陽王論贊，一則曰「效忠」，再則曰「忠良」，又言「忠孝之門有嗣」，誠以王之長子諡曰孝公，其諸弟扈從奉天，懋著忠勤之節，一門濟美，世有令名。故貞元時，命都尉以代國之封，則獎其居忠履孝。長慶時，贈都尉以大傅之秩，則襃其孝友忠貞。足知汾陽子孫所以能成其寶者，不繫乎顯榮之相襲，而繫乎忠孝之相傳。柳氏家誡所謂「名門右族，莫不由忠孝以成立之」者，其信然已。否則，唐代勳藩與汾陽同時者，大都朱紫滿門，重珪疊組，未嘗無優詔手勅，焜耀其家，而繼起者但矜貴介於當時，不念艱難於昔日，人皆知其非保家之主。彼方詡其有得位之才，方其滿盈則簪裾徒在，及其顛債，則搢紳難言。以視汾陽之累葉盛昌，奚啻天淵相隔。豈非驕妄非守寶之道，而忠孝乃成寶之基哉！

　　生家孝友相承，積累深厚。光祿公成仁取義，與其上世族祖奉直、嘉議兩公效忠於前明者，後先輝映，可謂名節風教，增衣冠門戶之光矣。生既有志於肯堂，當思以忠孝嗣共閥閱，蓋故國所寶者，不在喬木而在世臣；故家所寶者，不在華軒而在世德。誠能纘承先志，移孝作忠，讀蔭襲之德音，則思何以報稱；念囑咐之治命，則思何以顯揚。吾知前此郭氏以忠孝世其家者，如會稽永興郭氏，以望孝列於高門；《宋書·孝義傳》〔註46〕云：「郭世道，會稽永興人也。孝道淳備。子原平又稟至行。太守蔡興宗臨郡，深加貴異。會稽貴重望計及望孝，興宗

〔註46〕《宋書》卷九十一。

欲舉山陰孔仲智長子爲望計，原平次息爲望孝。仲智會土高門，原平一邦至行，欲以相敵。」
潁川陽翟郭氏，以勵忠顯其爵土；《後漢書・郭躬傳》〔註47〕云：「潁川陽翟人也。家
世衣冠，拜爲廷尉，務在寬平。弟子鎮少修家業，再遷尚書令。太傅、三公奏鎮冒犯白刃，手
劍賊臣，奸黨殄滅，宜顯爵土，以勵忠貞。乃封鎮爲定潁侯。郭氏數世皆傳法律，至公者一人，
廷尉七人，侯者三人，刺史、二千石、侍中郎將二十餘人，侍御史、正、監、平者甚眾。」不
能專美於前。近可以紹光祿公之家聲，遠可以延汾陽王之世澤，庶幾於成寶
名堂之義，克副其實也歟。

〔註47〕《後漢書》卷四十六。

卷 十

陳生伯平字說

　　《禮記・月令》「仲秋之月，日夜分，平權衡」，《呂覽・仲秋紀》同。高《注》云：「權，秤衡也。」今按：「秤」，古作「稱」。《說文》「稱」字下云：「銓也。從禾再聲。春分而禾生。日夏至，晷景可度。禾有秒，秋分而秒定。故諸程品皆從禾。」蓋禾之生成，適當二分之節，其時晝夜相平。權衡以平為主，故「仲春之月，日夜分，鈞衡石，正權概」。鄭《注》云：「因晝夜等而平當平也。」然則「仲秋之月，日夜分，平權衡」者，亦法天時之平，以修人事之平而已。《說文》「平」字下云：「語平舒也。從亏從八。八，分也。」「亏」字下云：「象氣之舒亏。從丂從一。一者，其氣平之也。」「丂」字下云：「氣欲舒出。勹上礙於一也。」「舒」字下云：「伸也。從舍從予，予亦聲。一曰舒，緩也。」據此則「平」字本義為舒，其訓為均齊，訓為公正者，乃引申之義耳。「舒」字本義為伸，其訓為紆徐，訓為閒雅者，乃假借之義耳。《方言》「舒」訓為「展」，《廣雅》云：「展，舒也」；「伸，舒展也」；「伸，展直也。」凡物之平者皆伸直而能舒展，衡之為體至直，而為用至平。其稱物之時自伸而舒展，譬諸士之藏器於身，待時而動者，必心平而氣直，然後能發抒其蘊蓄，展布其經綸。自來司政權、主國柄者，謂之鈞衡，蓋士任天下之重，不啻衡任千鈞之重。商之阿衡、宋之范希文，當未仕之日，即以平天下為己任，猶權衡未經稱物之時，其於和鈞關石之平，已知其勝任愉快。是故衡不能自稱其重，士亦不可自稱其賢。衡之自任，不屑輕微；士之自任，亦不容菲薄。惟其不肯自稱也，故能均齊而公正，此「平」字之引申義也。惟其肯自任也，故能伸直而展舒，此「平」字之本義也。

　　《周語》載單襄公之言，曰「君子不自稱也，非以讓也，惡其蓋人也。故聖人貴讓。」〔註1〕此言不肯自稱者，以紆徐閒雅養其平易之心也。曾子曰：「士不可以不宏毅，任重而道遠。仁以爲己任，不亦重乎？」此言肯自任者，以伸直展舒擴其平治之量也。由是觀之，士之有志於持衡者，養氣固貴乎和平，立志尤貴乎平直。故自信不可太果，而自期亦不可不高；自知不可不明，而自勉更不可不篤。此當仁所以不讓，可與立者，復望其可與權也。

　　蘄州陳生德衡，字曰伯平，績學工文，而慎密謙謹。即其所擅長者，亦遜謝未能。其應對紆徐，舉措閒雅，視流俗之炫矜誇詡者，固已卓爾不群矣。然余之所望於生者，則在乎奮發於遠大之圖，不以夙昔所已能者自囿。凡經史所述，均齊之實學，公正之嘉猷，論世知人咸援以自勵。匡居既有所蘊蓄，則得位而伸，其直道必能展布發抒。傳所謂「尊所聞則高明，行所知則廣大」〔註2〕，坐而言可起而行者，乃平治之經綸。有志於持衡者，所當引爲己任也。此則名字相應之本義也夫。

郭生子貞字說

　　《周易·升》卦六五爻詞云：「貞吉，升階。」《虞氏易象》云：「坤稱階。」今按：《升》卦下巽上坤。《升》之六五，即《坤》之六五。升六五之「貞吉升階」，即《坤》六五之「黃裳，元吉」。《左氏》昭十二年傳云：「遇《坤》之《比》，曰：『黃裳，元吉。』子服惠伯曰：『忠信之事，則可外彊內溫，忠也。和以率貞，信也。故曰黃裳元吉。』」據此，則貞即率貞，吉即元吉。蓋貞與險相對，惠伯言「《易》不可以占險」，誠以忠信者必不行險，而行險者必非忠信。有「升階」之吉者，必無「占險」之心。故卦詞、爻詞但言「利貞」，未有言利不貞者。《易》爲君子謀，不爲小人謀也。《禮記·少儀》云：「問卜筮，曰：『義與？志與？』義則可，問志則否。」鄭《注》云：「夫卜問來卜筮者也。義，正事也。志，私意也。」其說深合經訓。蓋私意不可問者，不貞而行險之占也；正事可以問者，貞吉而升階之兆也。《說文》「貞」字下云：「卜問也從。卜貝以爲贄。」鄭君注《周禮》「天府」云：「問事之正曰貞」；又注「大卜」云：「貞之爲問，問於正者，必先正之，乃從問焉。」《釋名》云：「貞，定也。精定不動惑也。」以諸說參互考之，貞字本取義於卜問，

〔註1〕語見《國語·周語中》。
〔註2〕語見《曾子治要》，載《群書治要》（四部叢刊景日本本）。

從來卜問者，必先精定於正事，而不動惑於私意，然後能戒其險而存其貞，立忠信爲基，以永保其元吉。然則欲應「升階」之吉者，無他夫，亦曰率其貞而已矣。況《升》與《?妄》旁通，貞與妄相反。?妄念則誠，有妄念則不誠，不誠則其意私，私則動惑其志，而棄忠信以行險。誠則其事正，正則精定於義，而主忠信以升階。蓋妄必不貞，貞自?妄，既能?妄，則凡不可階而升者，固不敢誕妄以圖之；即凡可階而升者，亦不肯躁妄以得之。此貞之所以爲至誠至正，所以爲至精至定，所以爲至忠至信，所以爲至和至義，而升階之所以爲至吉也歟。

　　蘄水郭生階，字曰子貞，天資淳篤，勤學好問，其議論頗知崇正嫉邪，可謂具忠信之質，而有尙義之心矣。由是謹守樸誠，堅持定識，杜私意之漸，防妄念之微，庶幾不惑於行險之占，而有得於升階之吉。於錫名命字之本指，乃無負也。爰就經傳大義推闡言之，以致勗勉之意焉。

書陳奎五提軍退思圖後　代先君子作

　　《孝經‧聖治章》云：「進退可度。」《釋文》引鄭《注》云：「難進而盡忠，易退而補過。」《事君章》云：「進思盡忠，退思補過。」《正義》引韋《注》云：「進見於君，則思盡其忠節。退居私室，則思補其身過。」由鄭《注》推之，則進思在服官之時，退思在致仕之時。此就終身而言也。由韋《注》推之，則進思在議政之時，退思在燕居之時。此就一日而言也。案：《孝經》既言「進思」、「退思」，復引《詩》以證之，曰「心乎愛矣，遐不謂矣。中心藏之，何日忘之。」夫「中心藏之」者，即思之謂；「何日忘之」者，即「進思」、「退思」之謂。蓋賢臣愛君愛國之心，無時或釋，固終其身如一日也。然則鄭、韋二《注》必兼取之，而經義始全矣。

　　提軍陳公〔註3〕，敦《詩》說《禮》，有古儒將之風。歷鎭三江、全楚、百粵，在行間垂六十年。所至之地，必以講求武備爲先。道光己亥，移節福

〔註3〕劉文淇《青溪舊屋集》卷十一詩有《題陳奎五軍門〔階平〕松鶴圖》云：
　　　不戀乘軒樂，飄然返故山。徘徊還起舞，壯志九霄間。
　　　鬱鬱推時棟，風霜閱歷中。歸來依大樹，獨坐不言功。
　　　陳奎五即陳階平。「本名安魁，字階平，號雨峰。於海州參將更以字行，雨峰遂爲字。別號鹿岑」，事具包世臣《皇誥授振威將軍賞戴花翎福建全省水師提督統轄臺澎節制各鎭原品休致特旨起家仍以提督用襄理浙江軍務泗州陳公行狀》（《齊民四術》卷十二，黃山書社1997年版，第536～541頁）。

建，其時嘆夷不靖，沿海戒嚴，公乃參考載籍用礮之法，加工製造火藥。庚子六七月間，夷船兩次突犯廈門，皆懾於礮火之威，望風而遁，士民莫不歸功於公。乃公方撫躬，歉然繪《退思圖》〔註4〕以自警，用韋義也。及解組歸田，復盡心籌畫，作《退思圖說》以見志，用鄭義也。昔士貞子告晉侯曰：「林父之事君也，進思盡忠，退思補過，社稷之衛也。」〔註5〕其後林父果以勝敵受封。貞子亦以舉賢賜邑，當時僉謂貞子能知人，而林父善補過。然究之林父爲帥，雖桑榆克收，而東隅已失，論古者不能無遺憾焉。若公則所向無前，未嘗少挫其勳名之重、威望之隆，視林父奚啻倍蓰。而僅自居於退思，以附於林父之補過，豈非所謂「勞而不伐，有功而不德」〔註6〕者耶？文淇於公爲部民，承命題詞於圖末，因述退思之義，以就正於公焉。

丁默齋先生攘夷圖序

昔歸熙甫陳禦倭之謀，海剛峰畫平黎之策，考其建議歲月，二公尚未仕於朝。而當時不以越位自嫌，後世不以侵官相誚，蓋同仇敵愾，公義昭然，故亂臣賊子人人得而誅之，不必士師。而蠻夷猾夏，亦人人得而攘之，不必將帥。況紳士爲斯民表率，尤當倡大義於鄉閭，以激勵眾人之忠憤者乎？

道光壬寅，嘆夷竊據丹徒，有窺伺江北之意，淮安紳士相約團練保衛。於時，山陽丁默齋先生慷慨運籌，欲出奇以決勝。及夷船既退，淮郡解嚴，

〔註4〕孫鏘鳴《孫鏘鳴集》卷十三《題陳階平提軍〈退思圖〉》（胡珠生編注，上海社會科學院出版社年版，第208頁），云：
勳名中外識彭、韓，勉強丹誠數據鞍。一疏火兵籌算妙（原注：公在閩任，奏製火藥法，各省依式製造），九重天寵乞身難（原注：公引病回籍甫半載，復奉命赴浙營）。風清鈴閣焚香坐，日落牙旗躍馬看。海上蛟鯨方肆虐，長纓親爲制樓蘭。
按：《退思圖》在清代不獨此。壹、蕭穆《敬孚類稿》卷九《記汪稼門先生退思圖冊》（項純文點校，黃山書社1992年版，第265～266頁）。汪稼門即汪志伊，《稼門詩鈔》卷六有《退思圖》七律二首。貳、袁枚《小倉山房文集》卷十一《裴中丞退思圖序》（王英志編纂校點《袁枚全集新編》第5冊，浙江古籍出版社2015年版，第222頁）三、郭崑燾《雲臥山莊詩集》卷二《爲李明府題畫四首》，其一爲《退思圖》（王建、陳瑞芳、鄧李志點校《郭崑燾集》，嶽麓書社2011年版，第34～35頁）。肆、潘奕雋《三松堂集》續集卷一有《汪龍莊退思圖》（清嘉慶刻本）。伍、李兆洛《養一齋集》詩集卷四有《鮑聯甫退思圖》（清道光本）。
〔註5〕事見《左傳·宣公十二年》。
〔註6〕語見《周易·繫辭》。

復繪《攘夷圖》以自述其壯志。咸豐乙卯，出斯圖見示，命爲題詞〔註7〕。竊謂夷人橫行，因粵之奸民勾結；夷人就撫，因粵之義民奮興。而聯絡義民以儺服奸民者，則紳士之用力爲多。故夷氛之平，由於民心之固，而民心之固，又由於士氣之申。昔人謂欲治洪水，必先正人心，而在今日則欲攘夷狄，尤必先正人心。然非士氣發抒，則人心不能凝固。若先生此圖，雖僅託諸空言，未嘗見諸實事，而藉以振揚士氣，感動人心，豈非廉頑立懦之助也哉！吾鄉阮文達公督兩廣時，察夷性情桀驚，遇事每加裁抑，嘗見酒肆畫西洋館圖，斥爲被髮祭野之萌，諭府縣立時撤毀，識者服其識微知著，有古賢哲之風。先生與文達顯晦不同，而繪攘夷之圖，與撤洋館之畫，其用心若合符節。蓋維持世教，本不以出處而有殊矣。知言者當不目爲迂闊也夫。

順民情以固民心議

　　舉行團練，原望其固守城池，必無事時能巡城，斯有事時能守城。故與其巡街，莫若巡城。然驟語以巡城，恐民情惶駭，則措施當有漸，轉移貴有機。其所以因勢利導者，莫若博採群言，廣行便民之政，則心悅誠服，可以不介而自孚。孔子贊《易》曰：「說以先民，民忘其勞；說以犯難，民忘其死。」孟子論得民心曰：「所欲與之聚之，所惡勿施爾也。」太史公述管仲治齊曰：「與俗同好惡，下令如流水之原，令順民心。其爲政也，善因禍而爲福，轉敗而爲功。」《漢書》載晁錯議政曰：「人情莫不欲壽，三王生之而不傷人情；莫不欲富，三王厚之而不困人情；莫不欲安，三王扶之而不危人情；莫不欲逸，三王節其力而不盡。」夫孔、孟所言者，純乎王道；管、晁所行者，涉於霸術，而其意無不主於便民。然則同好惡以順人情，俾各得其欲而忘其勞，斯令下而民皆悅服，此實切要之急務，而非迂闊之常談也。果其鼓舞振新，咸知大義，則官民一體，上下相孚，將見百廢可以次第具興，豈但巡城守城之事哉？謹議。

防火患以寓兵法議

　　團練保衛，所以固結人心，而鼓舞之機，貴乎陰有所寓，使其振作奮迅，而不自知。若火患謹防，而兵法即寓乎其中，尤其最要者也。揚郡水倉本多

<hr>

〔註7〕據此，可知作於咸豐乙卯，即咸豐五年（1855）。

救火者，無不勇往，雖城隅僻巷，深夜忽有火災，而各倉水龍奔走赴救，人心齊一，有同仇敵愾之風，誠以犒賞優，號令信，故衝煙蹈火而不辭也。寇亂以後，救火器具罕存，一聞出警，人情惶惑。倘遇奸民乘機肆掠，必有驚潰之憂。況今歲雨澤頗稀，尤為可慮。似宜酌撥捐款，將各倉水龍及器具號衣次第逐漸增補，即於各團壯丁之內，擇其嫻習救火者，令充各倉水兵，以紳士稽察其事。偶有火警督令趨前，既可安紛擾之人心，即以懾竊發之匪類。撲滅後，立發捐項並賞，藉以興起其爭先恐後之心。由是號令漸行，人心漸固。設有寇警，庶可望其眾志成城，況各行戶捐貲者，見水倉器具畢修，益信功歸實濟，自必更為踴躍。迨寇氛蕩平，而各倉水龍功效，猶被於數十年以後，德莫大焉。鄉先輩汪容甫先生頌游擊白公云：「自公至，而火不為災。夫兵猶火也，周以司爟隸夏官，而掌行火之政令，蓋以兵火為官聯，而公能舉其職也。」〔註8〕今兵革未靖，火患宜防，較承平之時，關係尤巨。誠能修火政以寓兵法，則人心感頌，奚啻媲美於白公哉！謹議。

鹽阜潮河新築長圩記　代秀水杜小舫觀察作

《周易》習坎之象，取諸重險。《象傳》始言天險，繼言地險，而終之以設險。誠以天險非人所能為，地險則人可致力。設險者在乎合人和，以修地利，而順天時。故《師》卦內坎外坤，其《象傳》曰：「剛中而應，行險而順。」言能以眾正，則眾志可成城也。其《象傳》曰：「地中有水，師。君子以容民畜眾。」言能設水防，則水勢可固圉也。設險之時義大矣哉！

鹽城、阜寧兩邑之間，恃射陽湖為地險。由阜寧南門外西行六十里，為朦朧鎮。自鎮以東，湖面漸寬，行二百餘里，乃入於海。自鎮以西，湖面較狹，名為潮河，當冬春之交，寬僅十餘丈。又西四十里，接馬家蕩，即湖之來源。界連寶應、山陽，形勢甚闊，故防湖者以中流之潮河為最要，而上游、下游次之。

同治壬戌正月，撚匪竄擾阜寧，有窺伺鹽城之意。文瀾時在泰州，奉都轉喬公檄，統帶礮船水勇兼程前往協防。既抵鹽城，即定議於北關二里外之天妃閘興築土城，四十五里外之上岡鎮河口興築土圍，七十五里外之小關口興築礮臺三座。其臺即在射陽湖之南岸，湖中復停泊礮船，棋布星羅，聲勢

聯屬。撚匪屢次突至湖濱，因北岸無船，上下游不能徑渡，遂分遣悍賊由潮河水淺之處策馬長驅。兩邑義團協贊官軍防禦，施放鎗礮，殪其前鋒。餘眾反走倉皇，多陷於淖，由是狂氛大挫，不復鴟張。然潮河值水落之時，礮船無從施展。南岸兵勇絡繹梭巡，晝夜勤勞，不遑啟處。雖人和已得，而地利未全。

將宏設險之謀，用廣集思之益。爰請阜寧裴樾岑進士蔭森、鹽城李小峰中翰秀良、金小村主事從新，邀集眾紳士，籌議沿河一帶建築長圩，西自朦朧鎮起，東至馬家蕩止。其中所歷之高作莊、蝦鬚口、太平橋、裴橋、新陽村，首尾三十九里，同時興工。築圩之人，即用團勇，遇有警報，各就工所嚴防。所築圩身其高六尺，頂寬一丈一尺，外壁立而內坡斜。取土於圩外，即在大汛潮痕之中，就勢挑濬濠溝，其深六尺，寬一丈一尺。溝以內二尺之地，留作圩基，丈尺一律相符。工費皆民捐民辦。論湖邊地段，阜寧居其七，鹽城居其三。論圩內田廬，鹽城居其八，阜寧居其二。衷多益寡，酌數勻攤，以近西二十九里之地歸鹽城業戶分修，近東十里之地歸阜寧業戶分修。計畝派工，所需工貲，即取給於捐款。其率佃來築者，以工抵費。雇人代築者，照工捐費。每田一畝，捐錢五文。各業戶欣然樂從，釀貲踴躍，馬廠董事馬封五布經松年慨然願墊錢三千串。遂於二月廿四日開工，兩縣共設圩董一百餘人，分作五段，按段分督，逐日監工。萬眾一心，人百其勇，版築競作，鼘鼓弗勝，遂以三月日告成，工程如式。

圩既屹立，則防禦者有所憑依。濠既濬深，則覬覦者無從馳突。當興築之始，撚匪即已斂戢不前。加以各路大兵層層兜剿，賊黨望風震懾，潛遁遠颺，不日迅奏蕩平，闔境咸得安居樂業。是舉也，實因諸紳士誼篤枌榆，情聯桑梓，各居民同仇敵愾，趨事赴公。文瀾藉手成功，幸無隕越，仰荷漕帥吳公獎以督同勸導，籌畫有方。華袞之褒，愧難克副。兩邑紳士諸君復請撰記，勒石以永其傳。文瀾豈肯掠美攘功，以為己力？而此圩之建，足以禦災捍患，則不可以不書。

自來說《周禮》者，皆謂遂人溝洫之制，非獨正經界，以防旱潦。而南東其畝，亦能阻戎馬之奔衝。今井田雖難以復行，然因時制宜者，不必盡師古人之跡，要當師古人之意。觀於《夏官》「司險」云：「掌設國之五溝五塗，以為阻固，皆有守禁。」賈《疏》云：「皆有守禁，則非遂人田間五溝五塗，但溝塗所作，隨所須大小而為之，皆準約田間五溝五塗。」此即田外築圩、

圩外濬溝之法所自昉也。「掌固」之職云：「頒其士庶子，及其眾庶之守。」鄭《注》云：「眾庶民遞守固也。」此即紳士督工、團勇興築之法所自昉也。「掌固」又云：「以通守政，有移甲與其役財用，以贊其不足者。」鄭《注》云：「通守政者，兵甲役財，難易多少，轉移相合也。」此即鄰邑居民通力合作之法所自昉也。蓋司險、掌固之職，主設險以保邦，足證《周易》與《周官》正相表裏。昔人善師其意，興水利以固封疆者，如何承矩之築河朔諸塘，孟琪之濬江陵三海，史冊所記，歷歷可徵。即以鹽阜往事言之，前明嘉靖中，倭寇闌入，官軍據捍海堰，賊不能前，境內獲安，實恃堰以爲保障。顧氏祖禹所謂「不特田疇攸賴，而亦守禦所資也」〔註9〕。此圩廣袤尺度雖不及捍海堰之崇宏，然禦寇衛民，功亦相埒。

今圩工幸已藏事，所望者在後此之培修。昔乾隆初年，鹽城縣令黃君垣作《圩岸志》，其篇末有云：「人情久逸而畏勞，安近習而不知古法，狃目前之便，恃垂成之局，忘不測之境。屢年督治，幸觀厥成。後之治者，保守勿墜。更以擴區區所未盡者而補苴之，垣深有厚期焉。」至哉斯言！可謂先得我心矣。所願繼今以往，良有司與賢士大夫接踵而興，和衷共濟，將見此圩鞏固，永爲兩邑藩屏，運有備無患之良圖，收興利除害之實效。上可爲提封奠其磐石，下可爲閭里關其田疇，此固守土之官與居鄉之紳士所當交相勉勖，以倡率黎庶者也。故詳述顛末，揚搉言之，俾來者有所考焉。

〔註9〕 按：語見顧祖禹《讀史方輿紀要》卷二十二《南直四》（顧祖禹《讀史方輿紀要》，中華書局1957年版，第1033～1034頁），載：
海：在縣東，自海浦東北出洋，凡五十里，相傳元時漕運縣此港出海，以達直沽。有堤在東門外二里，謂之捍海堰。唐大曆中，李承爲淮南節度判官，謂海潮漫爲鹽鹵，良田必廢，因自縣東北接山陽縣，南抵通泰、海門，築堤障岸，綿亙數百里。宋天聖初，張綸刺泰州，留意修復，時范仲淹監西溪鹽倉，力贊之，議移堤勢稍西，壘石以固其外，迤邐如坡，不與水爭，雖洪濤不能衝擊。五年，堤成，長一百四十三里有奇，俗謂之塘潮岸。淳熙八年，淮東提舉趙伯昌言，捍海堰遮護民田，屏蔽鹽灶，其功甚大。今日就頹圮，每風潮泛溢，輒涔沒田廬，毀壞亭灶。自宣和、紹興以來，屢被其害，望敕有司隨時修葺。務令堅久，從之。亦謂之范公堤。於是濱海沮洳瀉鹵之地，復爲良田，民得奠居。元詹士龍爲興化宰，復加修葺，民被其利。明景泰三年重修。嘉靖中，倭賊從山陽大海口闌入縣境，官軍據岸遏之，賊不能前。蓋不特田疇攸賴，而亦守禦所資也。
按：顧氏此言，陳玉澍《後樂堂文鈔》卷四《築堤捍海議上劉邑侯》亦曾引用。

法家出於理官說上篇

　　《漢書・藝文志》云：「法家者流，出於理官。信賞必罰，以輔禮制。」
〔註10〕《隋書・經籍志》云：「法者，人君所以禁淫慝，齊不軌，而輔於治者
也。《周官》『司寇，掌建國之三典，以佐王，刑邦國，詰四方。司刑，以五
刑之法，麗萬民之罪』是也。」案：據鄭氏《禮記注》，夏時大理之官，即唐
虞士官、殷周司寇之官。《月令》云：「命理瞻傷。」鄭《注》云：「有虞氏曰士，夏曰大
理，周曰大司寇。」《曲禮》云：「天子之五官曰司寇。」鄭《注》云：「此亦殷時制也。」而
《周禮・秋官》司刑之職，本隸於司寇。是《隋志》言「司寇」、「司刑」，與
《漢志》言「理官」，其說初無岐異。惟《漢志》兼言「賞」，《隋志》專言「刑」，
此則《隋志》之疏，不若《漢志》之密。欲考法家之宗旨者，所當辨職業於
理官矣。

　　今夫寧僭無濫者，爲國之常經；勸賞畏刑者，恤民之大體。《左氏襄二十六
年傳》云：「善爲國者，賞不僭而刑不濫。賞僭則懼及淫人，刑濫則懼及善人。若不幸而過，
寧僭無濫。古之治民者，勸賞而畏刑，恤民不倦。是以將賞爲之加膳，將刑爲之不舉。」是故
皋陶執法以討罪，而先述服章；《皋陶謨》云：「天命有德，五服五章哉！天討有罪，五
刑五用哉！」《訟》上九爻辭云：「或錫之鞶帶，終朝三褫之。」《象》曰：「以訟受服，亦不足
敬也。」今按：皋陶所言之服、章，雖不指聽訟，然據《訟》卦所言，則聽訟之時，固有錫服、
受服之事矣。司寇懸法以糾民，而特詳察異。《大司寇》云：「以五刑糾萬民：一曰野刑，
上功糾力；二曰軍刑，上命糾守；三曰鄉刑，上德糾孝；四曰官刑，上能糾職；五曰國刑，上
願糾暴。乃縣刑象之法於象魏。」鄭《注》云：「糾，猶察異之。暴，當爲『恭』字之誤也。」
賈《疏》云：「謂萬民犯五刑，察取與之罪，使別異善惡，則《尚書・畢命》云『旌別淑慝，
表厥宅里』是也。以其上四刑，皆糾察其善，不糾其惡，以類言之，故知是『恭』。」蓋班賞
雖司勳之專職，《司勳》云：「凡賞無常，輕重眡功。」而理官亦得與聞也。推之方士
之法時修，而賞與誅咸舉，《方士》云：「以時修其縣灋，若歲終則省之而誅賞焉。」士
師之法掌禁，而賞與罰兼施。《士師》云：「掌國之五禁之法，以施刑罰慶賞。」且也，
法莫肅於狩田，而賞獲以解斬徇之屬；《大司馬》云：「斬牲，以左右徇陳，曰不用命

〔註10〕　余嘉錫《小說家出於稗官說》（《余嘉錫文史論集》，嶽麓書社 1997 年版，第
　　　　245 頁）稱：
　　　　吾嘗納繹經傳，考其官職，妄以爲稗官者天子之士也，因仿劉毓崧說法家、
　　　　墨家、縱橫家之例，〔劉氏《通義堂集》卷十有《法家出於理官說》二篇，卷
　　　　十一有《墨家出於清廟之官說》，《縱橫家出於行人之官說》，各三篇。〕作《小
　　　　說家出於稗官說》。

者斬之。遂以狩田。大獸公之，小禽私之，獲者取左耳。」《注》云：「鄭司農云：『此明其獻大者於公，自取其小者。』玄〔註11〕謂得禽獸者取左耳，當以計功。」法莫急於軍旅，而賞賚以濟挐戮之嚴。《甘誓》云：「用命賞於祖，不用命戮於社。」《湯誓》云：「爾尚輔予一人，予其大賚汝。爾不從誓言，予則挐戮汝。」誠以有威者尤宜有恩，示懲者更當示勸，必罰者斷不可不信賞耳。觀於法家之書，今日流傳者，以《管子》為最古。《漢志》列《管子》於道家，不甚允協。《隋志》改隸於法家，當從之。諸篇之言及於法者，大抵以賞與罰對言。《七法》篇云：「有功必賞，有罪必誅。」《版法》篇云：「喜無以賞，怒無以罰。」《法法》篇云：「審而不行，則賞罰輕也。重而不行，則賞罰不信也。」《任法》篇云：「夫愛人不私，賞也。惡人不私，罰也。」他篇以賞罰對言者，不可枚舉。且其中有雖言罰，而仍以賞為主者；《九守·主賞》篇云：「用賞者貴誠，用刑者貴必。刑賞信必，莫不闇化矣。」有不言罰，而專以賞為事者。《輕重甲》篇云：「士忿怒，爭進而無止，重祿重賞之所使也。」《輕重乙》篇云：「終歲之租金，請以一朝素賞軍士。破萊軍，並其地，禽其君，此素賞之計也。」然則管子之治齊，固能傳《周禮》於理官，不愧為後世法家之祖矣。自是以降，《慎子》、《鄧析子》諸書漸入於深文，而猶以賞罰相提並論，未嘗顯然偏用罰也。《漢志》：《慎子》四十二篇列於法家，云：「申、韓稱之。」《鄧析》二篇，列於名家。高似孫《子略》云：「觀其立言，蓋有出於申、韓之學者矣。」晁公武《讀書志》云：「蓋兼名法家也。」今案：《慎子·君人》篇言：「殊賞殊罰。」《御覽》引《慎子逸文》言「虞、夏、商、周皆以賞罰並言。」《鄧析子·無厚》篇云：「喜不以賞，怒不以罰。」《轉辭》篇云：「喜而便，賞不必當功；怒而便，罰不必值罪。」又云：「言有善者，則而賞之。言有惡者，顯而罰之。為善者，君與之賞。為惡者，君與之罰。」亦以賞罰並言。至於商鞅、韓非之徒，競尚繁苛，務為殘忍。其書雖亦間及於賞，而終以罰為指歸。於是理官之用賞者少，而用罰者多。《商子·去強》篇云：「重罰輕賞，民死上。王者，刑九賞一。強國，刑七賞三。」《韓子·心度》篇云：「刑勝而民靜，賞繁而奸生。刑勝，治之首也。賞繁，亂之本也。」即其懸賞以勸告奸，亦不過藉賞行罰，《商子·開塞》篇云：「賞施於告奸，則細過不失。」《韓子·制分》篇云：「發奸之密。告過者免罪受賞。」而法家之弊，遂失於刻薄寡恩矣。《漢志》云：「及刻者為之，則無教化，去仁愛，專任刑法而欲以致治，至於殘害至親，傷恩薄厚。」迨嬴秦以還，法官有大理、司理之稱，明代以推官掌刑法，稱為司理，或作司李。今案：《管子·法法》篇云：「皋陶為李。」《注》云：「古治獄之官作此李字。李同理。」是理、李本通用也。但主刑而不主賞，竟致恩威勸懲，截然兩途。其於用罰之中略寓用賞之意者，惟漢採《周官》

議辟之典，《小司寇》云：「一曰議親之辟，二曰議故之辟，三曰議賢之辟，四曰議能之辟，五曰議功之辟，六曰議貴之辟，七曰議勤之辟，八曰議賓之辟。」鄭司農注「議親」云：「若今時宗室有罪，先請是也。」注「議賢」云：「若今時廉吏有罪，先請是也。」注「議貴」云：「若今時吏墨綬有罪，先請是也。」唐沿《隋志》減贖之條。《隋書・刑法志》云：「其在八議之科，及官品第七以上，犯罪皆例減一等。其品第九以上，犯者聽贖。」《唐六典》「刑部郎中員外郎」條下云：「迺立八議。」注云：「《周禮》以八辟麗邦法，附刑法，即八議也。自魏、晉、宋、齊、梁、陳、後魏、北齊、後周、及隋，皆載於律。」《唐律疏義》云：「諸八議者，犯死罪，議定奏裁。流罪以下，減一等。諸七品以上之官，及官爵得請者之祖父母、父母、兄弟、姊妹、妻、子孫，犯流罪以下，各從減一等之例。諸應議、請、減及九品以上之官，若官品得減者之祖父母、父母、妻、子孫犯流罪以下，聽贖。」庶幾乎惇仁延賞之遺風，稍留其一線耳。乃理官或援八議而加等，或視八議爲具文，遂並此而欲廢之矣。《舊唐書・唐臨傳》云：「律有八議，並依《周禮》舊文，矜其異於眾臣，所以特製議法。禮：王族刑於隱者，所以議親；刑不上大夫，所以議貴。知重其親貴，議欲緩刑，非爲嫉其賢能，謀致深法。今既訐議，而加重刑，是與堯舜相反，不可爲萬代法。」錢氏大昕《養新錄》「古律有蔭減蔭贖」條〔註12〕云：「唐制亦承隋舊制，八議本周公之制，至是始著於律。唐宋相因，莫之或改。明名《例律》，雖載八議之條，乃戒治獄官勿許引用，而先王忠厚之意漸滅盡矣。」

要之，理以里爲聲，里取義於土田。《說文》「理」字「里聲」，「里」字「從田從土」。分地者，本酬庸之典。《魯頌・閟宮》云：「錫之山川，土田附庸。」《周禮・司勳》云：「掌六鄉賞地之灋，以等其功。」法爲灋之省，灋取義於解廌。《說文》「灋」字下云：「刑也。平之如水，從水。廌，所以觸不直者去之。」「法」字下云：「今文省。」「廌」字下云：「解廌，獸也。古者決訟，令觸不直者。」觸邪者，正旄直之心。秦以後解廌飾於冠，明以來解廌繡於服，尚有古人舉直措枉之意。後世習法家之言，而任理官之職者，苟不顧名思義，以明乎《漢志》「信賞」之源，則昔賢所謂「比戶可封，刑措不用」〔註13〕者，又何由識其本哉？杭氏世駿《送龔愚安之長沙序》云：「讀書不讀律，是致君堯舜無術也。讀律而不讀書，謂遂能致君於堯舜，吾不信也。敦以厚其俗，靜以鎮其佻。刑期無刑，以俟其自化。生堯舜之世，治堯舜之民，如是而已矣。若夫矯尾厲角，矜箝束禁，制以爲能，此法家之所尚，而吾儒勿道也。」

〔註12〕見《十駕齋養新錄》卷六。
〔註13〕章梫纂《康熙政要》卷二（清宣統二年鉛印本）載：
康熙九年，聖祖諭禮部曰：朕惟至治之日，不以法令爲亟，而以教化爲先。其時人心醇良，風俗樸厚，刑措不用，比戶可封，長治久安，茂登上理。蓋法令禁於一時，而教化維於可久。

法家出於理官說下篇

　　「理」字本義爲治玉，引申其義則爲事理、物理之稱。《說文》：「理，治玉也。」段氏玉裁《注》云：「《戰國策》：『鄭人謂玉之未理者爲璞。』是理爲剖析也。玉雖至堅，而治之得其鰓理以成器不難，謂之理。凡天下一事一物，必推其情至於無憾，而後即安，是之謂天理，是之謂善治。此引申之義也。」而理之難明，莫若聽訟，故刑官謂之大理。蓋其剖析爲至微矣。焦氏循《理說》云：「惟先王恐刑罰之不中，務於罪辟之中求其輕重，析及毫芒，無有差謬，故謂之理。其官即謂之理官。」然天理不外乎人情，故情理可以互訓。《大戴禮‧哀公問》篇云：「情性也者，所以理然不然取捨者也。」〔註14〕《呂覽‧誣徒》篇云：「則得教之情也。」高《注》亦訓「情」爲「理」。《晉書‧刑法志》云：「夫刑者，司理之官。理者，求情之機。」戴氏震《孟子字義疏證》云：「理也者，情之不爽失也。未有情不得而理得者也。自然之分理，以我之情絜人之情，而無不得其平是也。」而理官治獄，首貴乎得情。《小宰》云：「六曰以敘聽其情。」鄭《注》云：「情，爭訟之辭。」賈《疏》云：「情謂實情。」《小司寇》云：「用情訊之，以五聲聽獄訟，求民情。」鄭《注》云：「用情理言之。」賈《疏》云：「恐有枉濫，故用情實問之，使得眞實。」能準理以度情者，斯謂之忠恕。《逸周書‧諡法》篇云：「剛強理直曰武。」孔《注》云：「理，忠恕。」《荀子‧禮論》篇云：「情貌之盡也。」楊《注》云：「情，忠誠也。」《晉書‧衛玠傳》云：「玠嘗以人有不及，可以情恕；非意相加，可以理遣。」故法家當以忠恕爲心。《左氏‧莊十年傳》云：「小大之獄，雖不能察，必以情。對曰：『忠之屬也。』」《昭六年傳》云：「先王議事，以制不爲刑辟，故誨之以忠，猶求聖哲之上，明察之官，忠恕之長，慈惠之師。」《正義》云：「於文中心爲忠，如心爲恕，謂如其己心也。忠是萬事之本，故陳忠恕之事以訓誨之。」能緣理而因情者斯謂之禮。《禮記‧坊記》云：「禮者，因人之情而爲之節文，以爲民防者也。」《管子‧心術》篇云：「禮者，因人之情，緣義之理，而爲之節文者也。」故法家必以禮爲本。《禮記‧喪服四制》云：「凡禮之大體，體天地，法四時，則陰陽順人情，故謂之禮。」《荀子‧大略》篇云：「禮者，法之大分。」《後漢書‧卓茂傳》云：「律設大法，禮順人情。今我以禮教汝，汝必無怨惡。以律治汝，汝何所措其手足乎？」蓋出乎禮，斯入乎刑耳。《後漢書‧陳寵傳》云：「臣聞『禮經三百，威儀三千』，故《甫刑》大辟二百，五刑之屬三千。禮之所去，刑之所取。失禮則入刑，相爲表裏者也。」惟忠信之人，知理之實依於禮。《禮記‧禮

〔註14〕　王引之《經義述聞》卷十一《大戴禮記上》有「然不然」條（清道光刻本），
　　　　稱：
　　　　　情性也者，所以理然不然取捨者也。家大人曰：「『然不』下不當更有『然』
　　　　字，『不』讀爲否，然否與取捨對文，後人不知『不』爲否之借字，故又加『然』
　　　　字耳。《荀子》無。」

器》云：「忠信，禮之本也。義理，禮之文也。」又云：「忠信之人可以學理。苟無忠信之人，則禮不虛道。」亦惟忠恕之吏，知禮之克止其刑。《漢書‧刑法志》云：「《書》云：『伯夷降典，悊民惟刑。』言制禮以止刑，猶隄之防溢水也。禮制未立，此刑之所以蕃也。孔子曰：『古之知法者能省刑，本也。』顏《注》云：「悊，知也。」此理官與禮官之司法家與名家之說，所以常相表裏者也。《漢志》云：「名家者流，出於禮官。」今案：古法家之書，多以刑名並言。後之習法律者，世人亦目為刑名。但名家之出於禮官，則知者鮮矣。

　　古之君子以禮法自修，其責己也重以周，其責人也輕以約。居恆則毀譽褒貶之際，必以忠恕持其平；《公羊‧莊四年傳》云：「《春秋》為賢者諱。」《僖十七年傳》云：「君子之惡惡也疾始，善善也樂終。」《昭二十年傳》云：「惡惡止其身，善善及子孫。」《穀梁‧隱元年傳》云：「《春秋》成人之美，不成人之惡。」《成九年傳》云：「為賢者諱過。」蒞官則賞罰懲勸之間，尤以忠恕秉其正。蘇氏軾《刑罰忠厚之至論》云：「賞之過乎仁，罰之過乎義。過乎仁，不失為君子。過乎義，則流而入於小人。是故疑則舉而歸之於仁，使天下相率而歸於君子長者之道，故曰忠厚之至也。」故懷刑讀律，則據理而飭躬；包慎伯先生《讀律說》云：「僕於友生之績學工文者，無不勸其讀律。吾人放曠襟懷，易涉邪僻，其所學又足以拒諫飾非，誰復能匡救其惡者，惟讀律而內訟，則必慚懼交迫。已犯既力求自贖，未犯夫豈敢輕蹈。懷刑之訓，殆謂此也。」奉法治民，則原情而觀過。《禮記‧王制》云：「凡聽五刑之訟，必原父子之親，立君臣之義以權之。意論輕重之序，慎測淺深之量以別之。悉其聰明，致其忠愛以盡之。」鄭《注》云：「權，平也。淺深，謂俱有罪。本心有善惡，盡其情。」孔《疏》云：「本其宿情，立其恩義，為平量之恕而免放。」《後漢書‧吳祐傳》云：「掾以親故，受污穢之名，所謂觀過斯知人矣。使歸謝其父，還以衣遺之。」是可知引經術以決疑獄。《漢書‧兒寬傳》云：「治《尚書》，以古法義決疑獄。」《後漢書‧應劭傳》云：「董仲舒作《春秋決獄》二百三十二事，動以經對，言之詳矣。著章句以解律文。」《晉書‧刑法志》云：「魏明帝承用秦漢舊律，叔孫宣、郭令卿、馬融、鄭玄〔註15〕諸儒章句十有餘家，天子於是下詔，但用鄭氏《章句》，不得雜用餘家。」惟儒家乃能精於法家，理與禮其道一而已矣。《禮記‧仲尼燕居》云：「禮也者，理也。」《樂記》云：「禮也者，理之不可易者也。」何必謂為學者但言禮不言理哉？凌氏廷堪《復禮下》云：「後儒之學，或出釋氏，故謂其言之彌近理而大亂真。不然，聖學，禮也，不云理也。其道正相反，何近而亂真之有哉？」今案：《樂記》云：「不能反躬，天理滅矣。人化物也者，滅天理而窮人欲者也。是故先王之制禮樂，人為之節。」據此，則禮固因理而制矣。況《說卦傳》云：「窮理盡性，將以順性命之理。」不得謂聖學言禮不言理也。凌氏謂言理者出於釋氏，未免矯枉過正。又何必

〔註15〕玄，原作「元」。

謂為治者以禮不以理哉？焦氏循《理說》云：「後世不言禮而言理。九流之原，名家出於禮官，法家出於理官。而所以治天下則以禮，不以理也。禮論辭讓，理辨是非。可知理足以啓爭，而禮足以止爭也。」今按：《坤》六五《文言》云：「君子黃中通理，正位居體。」虞《注》云：「坤為理。」《繫辭上傳》云：「禮言恭致，恭以存其位者也。」虞《注》云：「坤為禮。」據此，則理與禮皆取象於《坤》，禮以存位，理以正位，皆治天下之要道也。況《禮記‧禮運》云：「禮達而分定。」《喪服四制》云：「理者，義也。」《管子‧心術》篇云：「理也者，明分以論義之意也。」是理可明分，禮可定分，皆足以止爭矣。焦氏謂「理足以啓爭」，亦未免於偏執。後之君子論人則繩之以理，而不復揆之以情；錢氏大昕《廿二史考異‧自序》云：「更有空疏措大，輒以褒貶自任，不稽年代，不揆時勢，強人以所難行，責人以所難受。陳義甚高，居心過刻。予尤不敢效也。」為政則驅之以刑，而不復齊之以禮。《漢書‧賈誼傳》云：「俗吏之所務，在於刀筆筐篋，而不知大禮。夫禮者，禁於將然之前。而法者，禁於已然之後。是故法之所用易見，而禮之所為生難知也。」有嚴厲而無忠恕，良法在而美意亡矣。洎乎末流論人，則例加責備之詞，錢氏大昕《潛研堂續集‧齋中無事》詩云：「奈何後代儒，吹毛好論議。妄引《春秋》法，務責賢者備。善人不可為，大奸翻得志。」而已之悖乎禮者，乃飾非以拒諫。為政則全施督責之術，《史記‧李斯傳》云：「乃阿二世意，以書對曰：『夫不能修申、韓之明術，行督責之道，何足貴哉？督責必則所求得，故督責之術設，則所欲無不得矣。』」而身之違乎理者，又逞巧以逃刑。究之壞法舞文者，詎免於受誅；《王制》云：「析言破律，亂名改作，執左道以亂政，殺。」鄭《注》云：「析言破律，巧賣法令者也。」《舊唐書‧柳公綽傳》云：「行部至鄧縣，縣二吏犯法，一贓賄，一舞文。獄具，判之曰：『贓吏犯法，法在；奸吏壞法，法亡。誅舞文者。』」酷法暴刑者，終歸於自斃。《史記‧商君傳》云：「商君亡，至關下，欲舍客舍。舍客人曰：『商君之法，舍人無驗者，坐之。』商君喟然歎曰：『為法之敝，一至此哉。』」錢氏大昕《晁錯論》云：「禮有議貴議能之例，而法家紬之，惡其法不立也。法在必行，錯所受申、商之學如是，庸詎知適以自禍也。是故任刑之君常至於亂國，任法之臣常至於殺身。」此皆借禮文以肆辨，而不循禮節以自修；縱己情以恣睢，而不體人情以忠恕。故流弊至此極耳。然則欲求法家之無弊，必在理官之得人，而《荀子》所謂「有治人，無治法」者，誠千古不易之論也夫。

胡自公先生耕餘訓俗圖序

　　昔少皞紀官，「九扈為農正」以扈民，說者謂「各隨其宜，以教民事」。蓋「扈」有「止」義，「扈民」猶言「止民」。既能止民之惰遊，斯能教民之勤儉。是上古農官所掌，固以訓俗為先矣。《周禮‧籥章》云：「以樂田畯。」

鄭司農《注》以「田畯」爲「古之先教田者」。《小雅・甫田》云：「田畯至喜。」鄭《箋》以「田畯」爲「今之嗇夫」。據此，則漢之嗇夫即周之田畯，亦即上古之農正。其所謂「教田」者，正藉此以教民耳。《漢書・百官表》云：「鄉有三老嗇夫。三老掌教化，嗇夫職聽訟。」今按：教化雖掌於三老，而嗇夫亦得與聞。故《後漢書・爰延傳》言其爲外黃鄉嗇夫，仁化大行。民但聞嗇夫，不知郡縣。此嗇夫能訓俗而民服其教也。《漢書・循吏傳》言朱邑自舒桐鄉嗇夫官至大司農，桐鄉民共爲起冢立祠，歲時祠祭。此訓俗有成績而民懷其恩也。沿及明初，設立老人，必選年高有德、眾所信服者，使勸民爲善。天下邑里皆置申明、旌善二亭。凡戶婚、田土、鬥毆常事，里老於此剖決。民有怠惰不務生理者，許里老依《教民榜例》懲治。蓋舉三老、嗇夫兩職，屬諸里老一身，其訓俗科條，猶見崇尚孝悌力田之意。迨洪熙、宣德以降，有司於里老之選，罕能愼擇其人，以致接待之禮益輕，其聲望亦漸替。由是稍知自好者，皆恥不肯爲，而教訓正俗之權，惟隱君子實肩其事。蓋以儒者無論出處升沉，皆有世道人心之責。身雖不仕，而訓俗之念未嘗一日忘也。

　　高郵胡自公先生，其上世襲本衛指揮，屯田於寶應。先生服疇食德，務稽勸耕，暇時招集鄉人列坐場圃，演說孝慈友睦故事。環而聽者，多感悟焉。同人繪《耕餘訓俗圖》以紀其實，先生之曾孫槐窗廣文呂、杖仙徵君泉並公砥行礪名，紹承舊緒。廣文勸鄉人息爭止訟，因而釋憾修好者甚多。徵君講貫良知，誠悃所孚，雖顓魯亦能啓發。而溯其所自，則皆先生厚澤之貽也。廣文既歸道山，徵君屬毓崧爲作墓誌。其行略內述及先生事蹟，爰出是圖共觀，屬撰序文。

　　嘗考成周之世，鄉先生與鄉大夫並列。其時鄉官即本鄉之人，進則爲鄉大夫，退則爲鄉先生。故凡族黨比閭分鄉大夫職業者，不論班秩崇卑；師儒耆宿具鄉先生儀型者，亦不論聲名顯晦。蓋鄉大夫之位，大都以鄉先生居之；而鄉先生之稱，不得以鄉大夫括之。訓俗之政，雖自鄉大夫操之；而訓俗之方，尤望鄉先生輔之。是以《孝經》云：「言思可道，行思可樂，德義可尊，作事可法，容止可觀，進退可度。」此鄉大夫訓俗之本也。《儀禮・士相見禮》云：「與老者言，言使弟子；與幼者言，言孝悌於父兄；與眾言，言忠信慈祥；與居官者言，言忠信。」此鄉先生訓俗之體也。漢代朱邑、爰延以鄉先生兼攝鄉大夫，而訓俗之效既彰；陳太邱、王彥方以鄉先生贊佐鄉大夫，而訓俗之功亦著。至於前明中葉，鄉大夫之制幾廢，而其任遂專寄於鄉先生。所繫

於風教之源者，益見其重矣。若先生才足以司稼，而未膺農正、田畯之官；德足以化民，而未加三老、嗇夫之秩。然其言行德義，矜式鄉邦，而訓俗之心極其懇摯。聞其語者，孝悌忠信慈祥之念油然而自生，宜乎里黨奉爲楷模，孫曾守其矩矱。書傳所稱「賢人在下則美其俗」〔註16〕，「鄉先生歿而可祭於社」〔註17〕者，庶幾其近之矣。然則此圖之流傳，不獨胡氏後賢所當珍護，其亦鄉人士君子所當取法者歟。

胡康齋先生課耕圖序

《周頌・載芟》篇云：「侯彊侯以。」鄭《箋》云：「以謂閒民。今時傭賃也。能左右之曰以。」《周禮・太宰》云：「閒民無常職，轉移執事。」鄭司農《注》云：「若今傭賃。」後之論農政者，因謂在昔課耕之事，但有傭賃而無佃人。然古者卿以下必有圭田，趙氏《孟子注》據《周禮・載師》之「士田」，謂「自卿以下至於士，皆有圭田」。其說最爲精確。夫卿、大夫、士之圭田，昉於天子、諸侯之籍田。耕籍田者，既以庶人終畝，則耕圭田者，亦以庶人終畝可知。終籍田之畝者，既非傭賃，則終圭田之畝者，必係佃人可知。《左氏・成十年傳》云：「使甸人獻麥。」杜《注》云：「甸人，主爲公田者。」今考「甸」與「佃」皆從「田」字得聲，可以通用。《禮記・王制》，《注》以「治田出谷稅」釋「甸」字之義，則甸人即係佃人。蓋「甸」爲正字，「佃」爲假借字耳。《周禮》有甸師，掌統馭甸人之權，猶後世有屯官，膺督率佃人之任。是故甸得有師，此王朝侯國所特置也；田必有佃，此卿大夫士所通行也。烏得謂課耕之事止屬於傭賃，而不屬於佃人哉？特三代以前，卿、大夫、士之課耕，有佃人而無傭賃；庶民之課耕，有傭賃而無佃人。至於三代以後，則卿、大夫、士之家不盡邑居，亦可兼有傭賃；庶民之產無復限制，亦得兼有佃人。此固時異勢殊，不能有沿而無革。然課耕者必當躬親勸勉，加以慰藉勞來；而世族有祭田者，尤宜體恤其佃人傭賃，則無今古之分也。

〔註16〕《荀子・儒效》（清抱經堂叢書本）：「儒者在本朝則美政，在下位則美俗。」林執善《聖人備道全美論》（曾棗莊，劉琳主編《全宋文》第 304 冊，上海辭書出版社，安徽教育出版社 2006 年版，第 117 頁）云：「在上則美其政，在下則美其俗。」袁枚《贈中議大夫孝廉隱谷孫君暨范太淑人合葬墓表》（王英志編纂校點《袁枚全集新編》第 7 冊，浙江古籍出版社 2015 年版，第 147 頁）云：「夫君子在上則美其政，在下則美其俗。」

〔註17〕韓愈《送楊少尹序》：「古之所謂鄉先生歿而可祭於社者，其在斯人歟？」

　　高郵胡康齋先生，上世爲高郵衞官，而屯田於寶應，故祠墓、祭田皆在
氾水，生平持躬極儉，而待人最寬。馭傭賃則憫其衣食艱難，撫佃人則賙其
牛種乏闕。每逢耕耨之日，常攜飲饌以行犒厥勤劬，俾知感奮。由是惰農激
勵，力穡有秋，鄉人爲繪《課耕圖》以記其跡。先生之哲嗣杖仙徵君泉出圖以
示毓崧，屬爲作序。

　　嘗考《小雅·楚茨》以下四篇，始言務農，終言奉祀，《信南山》、《甫
田》、《大田》皆言曾孫，《集傳》以爲有「田祿者主祭」〔註18〕之稱，於情
事較合。詩中所云「攘其左右，嘗其旨否。禾易長畝，終善且有。曾孫不怒，
農夫克敏」者，言課耕之時，上下相親，因和樂而致綏豐之慶。此圭田世祿
之澤，所以歷久而彌長也。今胡氏之先，本世祿而兼有圭田，先生嗣美席芬，
守家祠之祭，而課督耕稼，恒善遇其傭賃佃人，可謂以仁粟祀先，而能亢宗
纘業者矣。昔漢時樊重「世善農稼，課役童隸，各得其宜，財利歲倍」〔註19〕。
王丹「每歲農時，輒載酒肴於田間，候勤者而勞之，邑聚相率，以致殷富」
〔註20〕。觀於先生之舉措，安見古今人不相及歟？況乎士族之明農，其志不
僅在於畎畝，是故《禮記·儒行》篇云：「不祈土地，立義以爲土地。不祈
多積，多文以爲富。」杜孟嘗訓子孫曰：「忠孝，吾家之寶。經史，吾家之
田。」〔註21〕丁顗盡其家貲置書，語人曰：「吾聚書多矣，必有好學者爲吾
子孫。」〔註22〕此並簡策之格言讜論，足以垂範百世者矣。然則先生以禮耕
學耨修其身，以經畬墨莊課其子，行見孫曾繼起，光大門閭，所謂以義理爲
豐年者，諒亦可操左券也夫。

〔註18〕 朱熹《詩集傳》卷十三（四部叢刊三編景宋本）《楚茨》云：
　　　此詩述公卿有田祿者，力於農事，以奉其宗廟之祭。故言蒺藜之地，有抽除
　　　其棘者。古人何乃爲此事乎？蓋將使我於此蓺黍稷也，故我之黍稷旣盛，倉
　　　庾旣實，則爲酒食以饗祀，妥侑而介大福也。
　　　同卷《甫田》云：
　　　此詩述公卿有田祿者力於農事，以奉方社田祖之祭，故言於此大田，歲取萬
　　　畝之入以爲祿食。
〔註19〕 見《後漢書》卷六十二《樊宏傳》。樊重乃樊宏之父。
〔註20〕 見《後漢書》卷二十七《王丹傳》。
〔註21〕 見王象之《輿地紀勝》卷第一百五十八《人物》。
〔註22〕 見王稱《東都事略》卷六十三《丁度傳》（清文淵閣四庫全書本）。丁顗乃丁
　　　度之祖。

卷十一

千金方考上篇

　　《舊唐書・孫思邈傳》云：「撰《千金方》三十卷行於代。」《新唐書・藝文志》云：「孫思邈《千金方》三十卷。」晁氏《郡齋讀書志》、陳氏《直齋書錄解題》皆云「《千金方》三十卷，孫思邈撰。」案：《千金方》之書，以孫徵君所編爲特顯；而『千金方』之名，以范世英所立爲較先。蓋范與孫本屬同時，范書早行而久佚，孫書後出而廣傳，故人但知有孫書，而不知有范書耳。

　　《隋書・經籍志》載「《千金方》三卷，范世英撰」，未言世英爲何代之人。《新唐書・藝文志》列其書於徐之才《秘方》之下，姚僧坦《集驗方》之上。《隋書》『范世英撰』之下，即次以《徐王方》五卷。據《北史・徐之才傳》云「封西陽郡王」，疑所謂徐王者即指之才而言。今考僧垣卒於隋開皇三年以前，《周書》本傳云：「隋開皇初，進爵北絳郡公。三年卒，時年八十五。」之才卒於北齊武平三年以後，《北史》本傳云：「武平元年，重除尚書左僕射。」又云：「由是遷尚書令，封西陽郡王。祖珽執政，除之才侍中太子太師。」案《後主紀》云：「武平二年，左僕射徐之才爲尚書令。三年以左僕射唐邕爲尚書令，侍中祖珽爲左僕射。」據此則祖珽執政與之才罷相皆在三年矣。本傳但云『年八十卒』，而不言何年。然其在三年以後，則固有明徵也。由開皇三年上溯武平三年，相去不過十載。僧垣與之才既爲同時之人，則世英與徐姚亦爲同時之人可知。孫徵君之卒在唐永淳元年，《舊書》本傳云：「永淳元年卒。」《新書》本傳云：「永淳初卒。」王氏鳴盛《十七史商榷》云：「永淳之號本只二年，初與元年有何分別，何必改作？」自云開皇辛酉歲生，至唐咸亨癸酉年七十三，《舊書》本傳載盧照鄰序云：「思邈自

－459－

雲開皇辛酉歲生至，今年九十三矣。」王氏鳴盛云：「開皇辛酉，隋文帝在位之二十一年，是年改元仁壽。至照鄰作序之年癸酉，是唐高宗在位之二十四年。咸亨四年，當云年七十三。而云九十三者，此傳刻之誤耳。」以是推之，則永淳壬午年八十二，似其生較晚，不與世英同時矣。然當世之人皆言徵君不啻百歲。《舊書》本傳載照鄰序，又云：「詢之鄉里，咸云數百歲人，話周齊間事，歷歷如眼見。以此參之，不啻百歲人矣。」王氏鳴盛云：「思邈蓋不欲以長生不死驚駭世人，故自隱其年。」此說甚精深，得徵君之意。孫氏星衍《千金寶要序》云：「家徵君生於後周，余檢《舊書》本傳云：『周宣帝時，隱居太白山。隋文帝輔政，乃徵爲國子博士，稱疾不起。』」夫周宣帝在位之時，隋文帝尚爲宰臣，未建開皇之號。而徵君已隱居卻聘，則斷非生於隋也。王氏鳴盛云：「上文明云周宣帝時隱太白山，隋文帝輔政徵爲博士，此何以云開皇辛酉歲生？」又云：「弱冠善談《莊》、《老》及百家之說。洛州總管獨孤信見而歎曰：『此聖童也。』」夫信爲洛州總管，在西魏大統三年十月。其罷洛州總管，在大統四年八月。居此職者不滿一期，《周書》本傳：「大統三年秋，至長安，率眾與馮翊王元季海入洛陽。四年，戰不利，東魏遂有洛陽。」據《周書·文帝紀》，得洛陽在三年十月，失洛陽在四年八月。下距後周受禪凡十九年，而徵君於是時年已弱冠，則並非生於後周也。以聖童言之，則非廿一以外之語。以弱冠言之，則非十九以內之詞。徵君見信之時，其年必適滿二十。自大統三年四年上溯二十年，前爲北魏神龜元年二年，徵君之生當在此兩年之內。至北齊武平三年，年五十四五。至隋開皇三年，年六十五六。是徵君與徐氏、姚氏固同時也。然則與范氏同時，又何疑乎？

　　《隋書·經籍志》之例，所紀書目以撰述之人卒於隋義寧年以前者爲斷。其唐初始卒者，一概不收。《舊唐書·高宗紀》云：「顯慶元年五月己卯，太尉長孫無忌進史官所撰梁、陳、周、齊、隋《五代史志》三十卷。」《四庫全書·隋書提要》云：「其十志本名《五代史志》，以《隋書》居末，故列於《隋書》之中。」案：唐初諸人如陳叔達、蕭瑀、虞世南、魏徵之流，皆卒於顯慶元年以前，並有文集，而《經籍志》絕不闌入。他如陸德明、孔穎達、顏師古等詮釋經史之書，俱用此例，足以見其界限之嚴矣。范氏之《千金方》既得著錄，則其書必行於義寧二年以前矣。葉夢得《避暑錄話》言「孫徵君作《千金前方》，時已百餘歲，後三十年作《千金翼》」，其說必有所據。核以《千金》本書自述之詞，有言貞觀四年者，有言貞觀七年者，有言貞觀中者。《外臺秘要》卷三十「丁腫」門引《千金論》，曰「臣以貞觀四年」云云。又「丹毒」門引《千金方》，曰「臣以貞觀七年三月八日」云云。又「惡疾大風」門引《千金論》，曰「臣以貞觀中」

云云。就「貞觀中」一語繹之，顯係追敘之詞，此書告成至早亦在永徽元年，徵君年已百三十二三歲，可證葉說之確。若自永徽元年以後更數三十年，則《千金翼方》之成當在永隆元年，徵君時年百六十二三歲。又閱二年，乃爲永淳元年，徵君得年百六十四五歲。王氏鳴盛云：「《舊》於傳末直云『永淳元年卒』，更不言年若干，蓋的年實無可考。而以上文歷敘者參詳之，則自是百餘歲人，不言可知矣。《新》則改云『永淳初卒』，而又添一句云『年百餘歲』，則反成贅疣。」案：《新書》之贅，誠如王氏之說。至於徵君的年雖難確指，然其歲數在百六十以外，則實有明文。若《新書》於百字下增六十二字，則無可議矣。以享壽之歲，推成書之年，亦相符合，則其書必出於永徽元年以後矣。范氏之書早行於世，徵君未有不知，《舊書》本傳云：「初，魏徵等受詔修齊、梁、陳、周、隋《五代史》，恐有遺漏，屢訪之。」是《經籍志》之載范書，固徵君所知也。故所編之書，名曰《備急千金要方》，以別於范氏之《千金方》。與葛稚川所編之書名曰《肘後救卒方》，《舊唐書·經籍志》、《新唐書·藝文志》皆有「救卒」二字。《晉書·葛洪傳》，「救卒」作「要急」。《隋書·經籍志》但言《肘後方》者，從省文也。以別於扁鵲之《肘後方》，《隋書·經籍志》有扁鵲《肘後方》三卷。事正相類。唐宋以下，醫家撰述未嘗言及范氏之書，其爲久佚無疑。故後人引徵君之書，多從省而曰《千金方》者，因范氏之書已亡，與引稚川之書多從省而曰《肘後方》者，因扁鵲之書已亡，事亦相類。蓋書果並列，則同文者恒患其淆；書既專行，則省文者不慮其混也。范書之名千金，雖未審其何所取義，然揣度其情，疑亦如《莊子》所記「百金之方」，即宋人不龜手之藥。《史記》所記「萬金之藥」，見《灌夫傳》。皆言其價之巨耳。若徵君之書，則專以拯人爲念，而非以獲利爲心。其自序云：「以爲人命至重，有貴千金。一方濟之，德踰於此。故以爲名也。」徵君特著此義，蓋亦申明大旨，所以別於范氏之書，眞藹然仁者之言，宜其廣傳於天下後世矣。豈僅以卷袠十倍於范氏，爲足見裒輯之富哉？

千金方考中篇

《新唐書·藝文志》於孫思邈《千金方》三十卷之外，復載其《千金翼方》三十卷。晁氏《讀書志》、陳氏《書錄解題》並與之同。《四庫全書》收《千金要方》九十三卷，《簡明目錄》云：「唐孫思邈撰。原本三十卷，又《千金翼方》三十卷。此本混合爲一。」孫氏星衍《千金寶要序》云：「《千金方》本與《千金翼方》爲二書，今俗本《千金翼方》九十三卷，案：翼字乃要字之誤。

不知何人更其次第。《千金前方》竟不可別。」案：《要方》、《翼方》之古本雖已不傳，然《外臺秘要》所錄之方，援據此兩書者居其大半，而門目卷第亦皆縷析條分，彼此秩然不相牽涉。今即所徵引者，參伍錯綜以求之，其體裁異同，尚可得而考焉。是故就序次而論，有《要方》本在前，《翼方》移於後者；《要方》，「癇」在卷五；《翼方》，「癇」在卷十一。見《外臺》卷三十五所引。《要方》，「瘖」在卷十；《翼方》，「瘖」在卷十八。見《外臺》卷五所引。有《要方》本在後，《翼方》移於前者。《要方》，「關格」在卷十五；《翼方》，「關格」在卷七。見《外臺》卷二十七所引。《要方》，「蠱」在卷二十五；《翼方》，「蠱」在卷十五。見《外臺》卷二十八所引。其異一也。就編訂而論，有《要方》本合為一，《翼方》特分之者；《要方》，「跌傷」與「蠱傷」在卷二十六；《翼方》，則「跌傷」在卷十一，「蠱傷」在卷二十四。見《外臺》卷二十九及卷四十所引。有《要方》本分為二，《翼方》特合之者。《要方》，「面病」在卷六，「疣贅黑子」在卷二十四；《翼方》則「面病」與「疣贅黑子」皆在卷五。見《外臺》卷三十及卷三十二所引。其異二也。就釐輯而論，有《要方》卷數本多，《翼方》反較少者；《要方》卷五、卷六為「小兒方」，凡兩卷；《翼方》卷十一為「小兒方」，止一卷。見《外臺》卷三十五所引。有《要方》卷數本少，翼方反較多者。《要方》卷二至卷四為「婦人方」，止三卷；《翼方》卷五至卷八為「婦人方」，凡四卷。見《外臺》卷三十三及卷三十四所引。其異三也。然則兩書之互異者，從可知矣。

　　以言乎沿襲，有《要方》採古書，而《翼方》復採之者；「仲景療傷寒大承氣湯」，《千金方》並《翼》同，見《外臺》卷一所引。有《要方》述舊論，而《翼方》復述之者。「《肘後》療中蠱論」，《千金方》並《翼》同。見《外臺》卷二十八所引。其同一也。以言乎變通，有《要方》加減成劑，而《翼方》亦加減之者。「《刪繁》療霍亂伏龍肝湯」，《千金》並《翼》有干地黃五兩，無黃蘗。見《外臺》卷六所引。有《要方》改易昔名，而《翼方》亦改易之者。「深師療黑疸赤小豆茯苓湯」，《千金方》名赤苓散，《千金翼》同。見《外臺》卷四所引。其同二也。以言乎創造，有《要方》著妙法，而《翼方》從而著之者；「《千金》療漆瘡磨石泥方」，《翼》同。見《外臺》卷二十九所引。有《要方》施禁術，而《翼方》從而施之者。「《千金》療貓鬼畫灰法」，《翼》同。見《外臺》卷二十八所引。其同三也。然則兩書之相同者，亦可知矣。

　　若夫所記之方，《翼方》與《要方》約同而品味偶有異者；「《小品》療黃疸茵蔯蒿湯」，《千金》、《翼》同，《千金》加大黃。見《外臺》卷四所引。所用之藥，《翼方》與《要方》全同而銖兩微有異者。「《集驗》療皯皰塗面方」，《千金》有木蘭一斤，《翼》云半斤。見《外臺》卷三十二所引。此則同中之異也。至於病之辟除，《翼方》與《要

方》各異，而袪邪則必同者；《千金》有闢溫丸等方，《千金翼》有度瘴散等方。見《外臺》卷四所引。疾之禳解，《翼方》與《要方》亦異，而去患則皆同者。《千金》載肘後止瘧發之方，《千金翼》載岐伯去瘧鬼之方。見《外臺》卷五所引。此又異中之同也。觀於《翼方自序》云：「所以更撰《方翼》三十卷，共成一家之學，譬輜軒之相濟，運轉無涯；等羽翼之交飛，搏搖不測。」蓋徵君之作，《翼方》本慮《要方》有所未備，用是重加搜聚，另爲一書。凡《要方》之英華，總括於《翼方》之內。而引申推廣以竟其盛業者，則後定之帙實過於先出之篇。故《要方》之治傷寒，僅守前人緒論，而《翼方》所闡發者，則己之心得爲多。誠以壽逾耋期，而好道之心不倦，年彌高，斯學益邃耳。葉夢得《避暑錄話》云：「思邈作《千金前方》時已百餘歲，妙盡古今方書之要。獨傷寒未之盡，以未盡通仲景之言，故不敢深論。後三十年，作《千金翼》，論傷寒者居半，蓋始得之。其用志精審不苟如此。」案：徵君作《要方》時，非不能識傷寒，特以虛心求道，未肯輕於立說。至作《翼方》時，學力愈深，乃舉夙昔所蘊者筆之於書耳。晁氏公武跋《要方》，以爲「議者頗恨其獨不知傷寒之數」，此則淺之乎測徵君矣。

　　讀徵君之書者，必明乎兩書所以同，然後知法之有定；又必明乎兩書所以異，然後知道之無窮。是《要方》與《翼方》固相輔以行，相資爲用，而不可偏廢者也。後代習方書之士，厭其篇頁太多，既刪並其文，又離析其卷，而部居之別、義例之殊，則聽其雜糅，置之不顧。於是舊本漸廢，新本盛行，收藏之家大率皆九十三卷之本。其《要方》、《翼方》各三十卷之本，惟錢遵王《讀書敏求記》言有此書，而今則無從得見，洵可惜矣。所幸者《外臺》具存，猶易尋其端緒。若果依此編纂，自可頓還舊觀，譬諸虞仲翔之注《易經》，雖殘闕已非一日，而李氏《集解》所有者尚能排比以成書也。況乎《要方》《翼方》所本者皆六朝以前之秘籍，倘其理而董之，不獨此兩書煥然一新，即華元化等人之醫方，何難考見其大略哉！是在有志者勉之而已。

千金方考下篇

　　宋宣和六年，郭氏思就孫徵君《千金方》內選其簡易者，勒石於華州公署，名曰《千金寶要》。明隆慶六年，秦藩重鐫之，分爲十七卷，附論及《千金須知》，爲十八卷，立碑於耀州眞人祠。孫氏星衍據重鐫拓本，刻入《平津館叢書》之內，編爲六卷，其序云：「此宣和時擇要本，當從《前方》錄出者。」今案：孫氏所謂前方者，乃指《要方》而言。其上文云葉夢得《避暑錄話》稱其作

《千金前方》時已百餘歲,後三十年作《千金翼》。今俗本不知何人更其次第,《千金前方》竟不可別繹。其語意《前方》指《要方》無疑。蓋因《要方》作於前,《翼方》作於後耳。然以《寶要》所載諸方核之,頗有與《外臺》所載《翼方》字句相合者。就中如客忤之可療,卷三云:「卒忤死,炙手十指爪下,各三壯」云云,其方出於《翼方》卷二十七。見《外臺》卷二十八所引。蟲毒之可痊,卷五云:「中蟲方,槲樹北陰白皮」云云,其方出於《翼方》卷十五。亦見《外臺》卷二十八所引。夢魘之可蘇,卷三云:「鬼魘不悟,炙兩足大指」云云,其方出於《翼方》卷二十七。亦見《外臺》卷二十八所引。癬疾之可愈,卷十六云:「癬方,搗羊蹄根」云云,其方出於《翼方》卷二十三。見《外臺》卷三十所引。皆其證佐確鑿,顯然無疑者也。況又有云「《千金翼》作某」者,卷十六又云:「指痛欲脫,豬脂和鹽煮,令消熱,內其中,食久住」,《千金翼》作「和乾薑」。是當日纂集《寶要》,本以《要方》、《翼方》參定而成,作者固已明揭其旨矣。然則《寶要》之名,即提要舉要之意,豈得謂止收《要方》而不及《翼方》哉?

或曰《新唐書・藝文志》載《千金髓方》二十卷,隆慶間秦府委官李海《校刻寶要序》云:「拾遺一段,茲皆附之各類。小兒兩類,並而為一。若將拾遺、小兒兩卷仍前分之,加以今本十八卷,適得二十卷之數,疑《寶要》原係《髓方》而更變其名。」此說似乎近理,而實不然。

蓋《髓方》久已失傳,惟《本草綱目》所引尚有數則,而皆為《寶要》所無。《綱目》卷十七「商陸」條引《千金髓方》「水氣腫滿」云云。卷三十五「榆白皮」條引《千金髓方》「火灼爛瘡」云云。卷五十「豬肚條」引《千金髓方》「溫養胎氣」云云。今檢《寶要》卷一「婦人類」卷八、「瘡疽類」卷十二、「水氣類」卷十六、「瘡漏類」,此數方並不在內。是歐、宋所紀之《髓方》,與《寶要》無與矣。郭氏仕於宋徽宗之世,上距《新唐書》告成已隔數朝,《寶要》內附郭氏評議之語,非歐、宋所及見。末卷之首條先引「《千金論》曰」云云,繼之以「思以謂」云云。所謂思者,即郭氏之名。其下文又有「孫氏曰」云云,其末則云「斯言可謂切至矣」。「孫氏」以下乃郭氏援引徵君之論,「斯言」以下則郭氏稱頌徵君之詞也。是郭氏所輯之《寶要》,與《髓方》無與矣。又安可附會以為一耶?

要之,徵君所撰醫方,自唐迄宋,流播最廣。節錄之本,類於《寶要》者,不一而足。其專言時氣者,則有《月令綱目》;卷十「麥飯石」條、卷十六「鱧腸草」條、卷十八「五味子」條及「黃藥子」條、卷三十六「南燭條」,皆引孫真人《千金月令》。其專言飲膳者,則有《食忌綱目》;卷十五「惡實」條、卷十六「蕨藜」條、卷二十七「百合」條、卷三十九「蜂蜜」條,皆引孫真人《千金食忌》。其專言祝由者,則有

《禁經》；《通志‧藝文略》有孫思邈《禁經》二卷，錢遵王《讀書記》於《要方》、《翼方》之後，亦列《禁經》五卷。其專言炙法者，則有《針經》；其專言經絡者，則有《導養圖》；《通志‧藝文略》載《針經》一卷、《五藏旁通導養圖》一卷，並云孫思邈撰。其專言補益者，則有《枕中記》；《綱目》卷十八「天門冬」條、卷二十七「茯苓」條，皆引孫眞人《枕中記》。皆僅得《要方》、《翼方》之一體而已。晁氏跋《要方》云：「著用藥之方、診脈之訣、針灸之穴、禁架之法，以至導引養生之要，無不周悉。」又跋：「《翼方》云：『林億等謂：首之以藥錄，次之以婦人、傷寒、小兒、養性、辟穀、退居、補益、雜病、瘡癰、色脈、針灸，而禁經終焉者，皆有指意』云。」今考《綱目》所引與《外臺》所引大約相合，是《食忌》以下六書固摘錄之本也。其具體而微者，則《髓方》而外或以《集效》爲名，《綱目》卷八「粉錫」條引孫眞人《集效》。或以《纂錄》爲名，《通志‧藝文略》載《千金纂錄》一卷。或以《手鑒》爲名，《宋史新編‧藝文志》載《千金手鑒》二十卷。或以《秘要》爲名，《通志‧藝文略》載《千金秘要備急方》一卷。大抵鈔撮《要方》、《翼方》，以便於檢閱者也。諸書散佚，今並無存。《綱目》卷十二「白朮」條引《千金良方》，疑即指《要方》而言。卷三十二「秦椒」條、卷五十一「鹿茸」條、「麝香」條，皆引《續千金方》，疑即指《翼方》而言。未必別有兩書。其有完帙者，惟《寶要》耳。郭氏所見之《要方》、《翼方》，乃北宋以前善本，其勝於今本者正復不少。雖條目間有未全，如傷寒有論無方之類。銓次間有未協，如蛇蠍等毒之後、虎犬馬傷之前，雜以喉痺、金瘡等三卷之類。配合間有未善，如疫瘴、濁淋合爲一卷之類。分析間有未安，如論與方不相附麗之類。後人不必曲爲迴護。而究之所列諸方，頗有《外臺》所未及引者。藉以補苴罅漏，正不得以小過掩大功矣。昔魏氏了翁刪群經正義以爲《要義》，而校注疏者多有取焉。以此推之，則郭氏刪《要方》、《翼方》以爲《寶要》，其亦校《千金》者所不可少歟？

痘考上篇

字書之載痘字〔註1〕，始於《字彙》，論者謂「古人無此疾，故古書無此

〔註1〕按：方宗誠《重刻牛痘新書序》（嚴雲綬、施立業、江小角主編《桐城派名家文集》9《方宗誠集》，安徽教育出版社2014年版，第784頁）云：
古書無「痘」字，痘即豆瘡之譌。《外臺秘要》、《巢氏病源論》、《千金方》、《本草綱目》載瘡名，或曰「豌豆」，或曰「麻豆」，或曰「班豆、麩豆」，皆以形相類也。其證之源，始於胎毒，感時氣而發，世謂之「天行」。不待天行之時，而以痘痂塞鼻中，引其胎毒，使早發以解散之，而使不爲大害，世謂之「種痘」，謂之「鼻苗」，又謂之「放花」。曰種、曰苗、曰花，仍與「豆」字之義相生也。

字」。然以醫家舊說考之，其疾實非起於今時。但「痘」乃俗字，而正字則當作「豆」，蓋其形類於豌豆，故有豌豆瘡之名。《外臺祕要》卷三引《巢氏病源論》云：「其瘡形如豌豆，亦名豌豆瘡」；又引《千金方》十一首、《延年方》一首、《古今錄驗方》一首。豌豆一名斑豆，故有斑豆瘡之名。《本草綱目》卷二十四「豌豆」條載《別錄》「青斑豆」之名，卷二十六「蕪菁」條、卷二十七「馬齒莧」條，皆載《肘後》「豌豆斑瘡方」，卷三十四「乳香」條載《聞人規痘疹論》「斑豆不快方」，卷五十一「犀角」條，時珍有「發斑豆瘡方」。又名麻豆，故有麻豆瘡之名。《綱目》卷二十四「豌豆」條有「麻累」之名，注云：「老則斑麻」。孫思邈《千金方》云：「青小豆，一名麻累。」卷十五「漏蘆」條引《別錄》云：「瘡瘍如麻豆，可作浴湯。」《外臺》卷三十二「面皯皰」門載《古今錄》「療療面皰氣盛如麻豆瘡方」。其結痂似麥麩，故有麩豆瘡之名。《綱目》卷三十六「密蒙花」條載「小兒麩豆方」，卷四十六「眞珠」條載李珣「小兒麩豆瘡方」，卷五十二「人血」條引陳藏器云「羸病人身麩片起」。今案：陳氏所言，雖非指麩豆瘡，然取象命名亦屬相近。就省文言之，亦可但曰豆瘡。自「豆」變爲「痘」，相沿日久，而其字尠有作「豆」者矣。《本草類方》「痘瘡」門引《肘後》「豌豆斑瘡方」，改豆爲痘，尤非。又以古方治法考之，或用豌豆，《綱目》卷二十四「豌豆」條，時珍注云：「研末塗癰腫痘瘡」。又載四聖丹，云：「治小兒痘。中有疔，惟牛都御史得祕傳，此方用豌豆四十九粒」云云。或用山豆，《綱目》卷十八「山豆根」條引「經驗麩豆諸瘡方」。或用大豆，《綱目》卷二十四「大豆」條引《子母祕錄》「豌瘡煩躁方」。或用小豆，《外臺》卷三載「千金豌豆瘡方」，云：「小豆屑和雞子白傅之。」或用綠豆，《綱目》卷四十「牛虱」條引譚野翁「預解痘毒方」：「焙綠豆四十九粒」云云。或用三豆，或用五豆，《綱目》卷二十四「綠豆」條載扁鵲「三豆飲」：「治天行豆瘡，用綠豆、赤小豆、黑大豆各一升」云云。又載一方，「加黃大豆、白大豆，名五豆飲」。蓋瘡以豆爲名，即以豆治之。《綱目》卷二十二「麥麩」條，時珍云：「或小兒暑月出痘，並用夾褥盛麩縫合藉臥」，是麩豆瘡亦可以麥麩治之矣。與病名百合，即以百合治之，《外臺》卷二「傷寒百合病門」載仲景「百合知母湯」、「百合滑石代赭湯」、「百合雞子湯」、「百合生地黃湯」、「漬百合水洗身法」，又載「千金百合根方」三首。其例正屬相似。則其字之當作豆無可疑也。然「痘」字雖係後出，而仍從豆字得聲，與「疔」字仍從丁字得聲，《外臺》、《千金》等書，凡言丁者，皆古疔字。事亦適等。較諸「疢」字取義於火，《說文》疢字下云：「熱病也。從火，從疒。」段注云：「其字從火，故知爲熱病。」「瘖」字取義於音，《說文》瘖字下云：「不能言也。從疒，音聲。」痂字取義於

天行始於東漢，種苗防自宋代，意欲竊造化之機，以爲保赤之術，然亦往往有險證，以其術之猶未得其精要也。

加，《說文》痂字下云：「疥也。從广，加聲。」段注云：「案：痂本謂疥，後人乃謂瘡所蛻鱗為痂。此古義今義之不同也。蓋瘡鱗可謂介，介與痂雙聲之故耳。」頗相比附，尚不悖於六書之理。惟自「痘」字盛行，而豌豆、斑豆、麻豆、麩豆之名，醫家鮮能舉者，此則失之於不考耳。若夫今人以面斑為麻本，由斑豆、麻豆、之號而生，俗說之有根據者也。明乎「麻」字之為古語，不愈見「豆」字之為古名耶？

至於「豆」謂之「花」，五代以前早有此號。《五代史補》卷一云：「陳黯，東甌人，才思敏速。時年十三，袖卷謁本郡牧。時面上有斑瘡新愈，其痕炳然，郡牧戲之曰：『』藻才而花貌，何不詠歌？黯應聲曰：『玳瑁寧堪比？班犀詎可加。天嫌未端正，敷面與裝花。』」所謂班瘡即指豆瘡而言，所謂花貌、裝花即指出花而言。蓋「花」即「華」之俗字，自初出言之則曰「花」，自既成言之則曰「豆」，亦取華實兼收之義而已。孫氏星衍因豆毒出花，遂以丹毒、反花瘡當之，則與古人方論殊不符合。孫氏《重刻千金寶要序》云：「書中謂今俗稱豆瘡為小兒丹毒，又有反花瘡，元人《奇效良方》始謂之痘疹，可證俗人謂此疾出於近代者非也。」余案：《寶要》所載之小兒班瘡，即班豆瘡之省文，而丹毒及反花瘡則與豆瘡無涉。《外臺》卷三十「反花瘡」類引《病源論》云：「初生如飯粒，其頭破則血出，便生惡肉，肉反散如花形。」又「丹毒」類引《肘後論》云：「夫丹者，惡毒之氣，五色無常，或發於節解，多斷人四肢，蓋疽之類。」據其所言之形狀，絕不與豆瘡相近，無庸牽合為一也。其說固未可從，然謂「古有豆瘡，非出於近代」，此則卓然先覺之論，洵至當而不易者矣。

痘考中篇

近日醫家治痘者，特設此科，而古人治豌豆瘡則附載於天行類中，與發斑相次。蓋豌豆、斑豆，名異而實同，故編書者取以並列。《外臺》卷三「天行」類，「天行發斑方」三首之後，即繼以「天行發瘡豌豆皰瘡方」一十三首。即傷寒溫病亦有發斑，其立論多與天行發斑不殊。《外臺》卷一「傷寒」類載「華陀方」及《古今錄驗》論發斑各一則，卷三「天行」類、卷四「溫病」類各載《病源》論發斑一則，語意均屬相類。《綱目》卷二十六「乾薑」條引龐安常《傷寒論》，有「斑豆厥逆」之語。其處方每與天行、豆瘡不異。《外臺》卷三「天行豌豆瘡」類載「《千金方》黃連」云云，又載「延年大青湯方」。今考卷四「溫病發斑」類載《古今錄驗》用黃連方，與《千金》全同。又考《南陽活人書》，治傷寒、發斑用大青湯，與《延年》正合。其他類此者尚多。均未嘗更分門目。若夫小兒類中麻豆瘡，別有火灼之名，《外臺》卷三十六「小兒火灼瘡」類引《千金方》云「一身盡有如麻豆」云云。又引《千金翼方》「煮大豆」云云。而發斑治法仍詳於傷寒、天行、

溫病之內，《外臺》「小兒傷寒類」引《千金論》曰：「夫小兒未能冒涉霜雪，然天行非節之氣，其亦得之有時。行疾疫之年，小兒出腹便患斑者也。治其時行節度，故如大人法，但用藥分劑少異，藥小冷耳。」又載其方三首。「小兒天行」類載「廣濟千金劉氏方」共八首。究非另立一家。誠以斑豆之瘡皆因時氣而出，天行與傷寒溫病情狀，雖有不齊，《外臺》卷一引《小品論》曰：「古今相傳，稱傷寒爲難療之病，天行溫疫是毒病之氣，而論療者云傷寒是雅士之辭，云天行溫疫是田舍間號耳。不說病之異同也。」考之眾經，其實殊矣。方說宜辨，而覈其大端，則不甚相遠。《外臺》卷一、卷二皆「傷寒」類，卷三系「天行」類，而「溫病」類即在卷四之首。三者本聯類而及，所載方論彼此互有出入，而指趣實相貫通。故傷寒、溫病可以天行統之。

上世性情較淳，資稟較厚，感時氣者恒淺，所謂豆瘡或發於中年，或發於晚歲，甚至終其身不發，而幼時即發者罕有其人。此所以方書無專條，而治小兒者亦不以是爲重也。後世賦質漸薄，風會漸漓，而時氣之相侵又益滋熾，加以軍旅數動，此疾復隨疫癘以俱興。一盛於晉建武之年，《綱目》卷十三「升麻」條引「《肘後》豌豆斑瘡方」，云：「比歲有病天行，發斑瘡，云晉元帝時此病自西北流起，名虜瘡。」卷三十九「蜂蜜」條引「《肘後》天行虜瘡方」，云：「比歲有病天行，斑瘡，世人云建武中南陽擊虜所得，仍呼爲虜瘡。」今考建武即晉元帝年號，《晉書・南陽王模傳》附載其子保事，云：「都尉陳安歸於保，保命統精勇千餘人以討羌。」證以《本紀》及《通鑑》，其事正在建武年間，羌地又在西北。《綱目》所引兩條，上下文字句約略相同，其爲一事無疑。《外臺》卷三「天行發斑」類引《肘後方》，以《綱目》校之，與「蜂蜜」條頗合，而與「升麻」條小殊。蓋所據之本互異也。後人因漢世祖時亦有建武年號，遂以南陽王事移屬於馬伏波，則誤甚矣。再盛於唐永徽之日，《外臺》「天行發斑」類又引文仲云：「高宗永徽四年，此瘡從西域東流於海內。」《綱目》卷十六「葵」條引《外臺》此段而申之，曰：「按：此即今痘瘡也。」余以《唐書・高宗紀》及《通鑑》考之，永徽建元凡六年，至七年正月改元顯慶。四年未嘗征伐西域，「四」字必傳寫之訛。元年有擒突厥車鼻可汗事，與西域無涉。六年有命程知節討西突厥賀魯事，其地雖在西域，然其祖餞出師，實在次年改元以後。惟二年七月有遣梁建方等討賀魯事，三年正月有梁建方等大破處月朱邪孤注事，蓋遣將在二年，奏凱在三年，「四」字當是「三」字之誤。文仲所記者必指此事而言。傳染既廣，流毒愈深，於是發者習以爲常，不發者轉以爲變，寖假而遲發者少，早發者多，業幼科之家遂以是爲先務。間有明於醫理者知其逐日傳經之候，與傷寒異流同源，而積習相沿，大小方脈久已判而爲二，雖市井恒言尙有天花之名，然語以豆瘡本天行溫病，無不以爲怪矣。豈其習焉不察，能言者未必果能知歟？

痘考下篇

　　徐氏大椿《蘭臺軌範》引錢氏《小兒直訣・五臟瘡疹症治》而申之曰：「此即後世痘瘡之症，其病與癍疹同列，並無起脹、成漿、收靨等說。大抵宋時之瘡形治法不過如此，近日愈變愈重，與癍疹絕不相類，治亦迥別。」余案：徐氏謂痘瘡本與癍疹略同，其語未爲無見。然又謂昔時之瘡形治法與近日迥別，則大不然。今考豌豆、斑豆、麩豆諸瘡，「戴白漿而生紫瘢」，見於《肘後》；《外臺》卷三「天行發斑」門載《肘後》云：「頭面及身，須臾周匝，狀如火瘡，皆戴白漿，隨決隨生。療得差後，瘡瘢紫黯，彌歲方滅。此惡毒之氣也。」又載文仲引陶氏云：「須臾遍身，皆戴白漿，此惡毒氣。」余考《肘後方》乃葛稚川所著，陶隱居所補，所謂「陶氏」當指隱居而言。「痂落良而靨黑壞」，見於《千金》；《外臺》「天行豌豆瘡」類載：「《千金》云：『痂落無瘢，仍臥黃土上。良瘡皆黑靨，不出膿死，不療。』」是葛稚川、陶隱居、孫徵君之論此症，即有「起脹、成漿、收靨」等說，不得謂瘡形與近日迥別矣。

　　活血宜紫草，乃韋宙所用，而蘇頌因之；《綱目》卷十二「紫草」條，「頌曰：『紫草，古方稀用，韋宙獨行，方治豌豆瘡，煮紫草湯飲。後人相承用之，其效尤速。』時珍曰：『其功長於涼血、活血，故痘疹欲出未出，宜用之。』」解毒宜升麻乃，葛氏所用，而王燾因之；《綱目》卷十三「升麻」條載葛洪《肘後方》，云：「豌豆斑瘡，以蜜煎升麻，時時食之，並以水煮升麻，綿沾拭洗之。」時珍曰：「升麻能解痘毒。」余考《外臺》「天行發斑」門引《肘後方》，與《綱目》所載約同。辟惡宜胡荽，乃掌禹錫所用，而楊士瀛因之；《綱目》卷二十六「胡荽」條載：「嘉祐云：『豌豆瘡不出，作酒歊之，立出。』」時珍曰：『胡荽，辛，溫，香，竄，能闢一切不正。故痘瘡出不爽快者，能發之。』」按：楊士瀛《直指方》云：「痘疹不快，宜用胡荽酒歊之，以辟惡氣。」清胃宜犀角，乃李珣所用，而錢乙因之；《綱目》卷五十一「犀角」條載：「海藥云：『主小兒麩豆。』《錢氏小兒方》云：『痘瘡稠密，不拘大人小兒，生犀於澀器中，新汲水，磨濃汁，冷飲服之。』時珍曰：『磨汁治痘瘡稠密，瀉肝涼心，清胃解毒。』」去熱宜兔肉，乃甄權所用，而李時珍因之。《綱目》「兔肉」條載：「《藥性本草》云：臘月作醬食，去小兒豌豆瘡。時珍曰：『今俗以飼小兒，云令出痘稀，蓋亦因其性寒而解熱耳。』」是東晉而還、北宋以上所有藥品，今人亦不能出其範圍，不得謂治法與近日迥別矣。

　　且也，《外臺》紀差後禁忌，詳於傷寒、天行、溫病各門，視後世之將慎痘瘡實爲仿佛，安在今必異於古哉？雖曰運氣不同，隨時變易，薑石、東壁土之類，近日罕有言之者；《綱目》卷十「薑石」條引《唐本草》云：「主治熱豌豆瘡、

丁毒等腫。」卷七「東壁土」條引甄權云：「同蜆殼爲末，傅豌豆瘡。」葵菜、馬肉之類，近日無有施之者。《綱目》卷十六「葵」條，時珍曰：「案：唐王燾《外臺秘要》云：『天行、斑瘡，但煮葵菜葉，以蒜齏啖之則止。』」又《聖惠方》亦云：「小兒發斑，用生葵菜葉絞汁，少少與服。」案：此即今痘瘡也。今之治者，惟恐其大小二便頻數泄其元氣。葵菜滑竅，能利二便，似不相宜，而昔人賴之，豈古今運氣不同，故治法亦隨時變易與？卷五十「馬肉」條引《兵部手集》云：「豌豆瘡，毒馬肉煮清汁洗之。」未可株守古書，致失之於拘滯。然博考而加以善擇，亦足爲參酌之資也。況乎時行豆毒，古人以油劑防之，《綱目》卷二十二「麻油」條有預解痘毒之方，注云：《外臺》云：「時行暄暖恐發痘瘡，用生麻油一小盞」云云，末云「瘡自不生矣，此扁鵲油劑法也。」余案：唐時尚無「痘」字，「痘瘡」當是「豆瘡」之訛。此即近日稀痘之方所自昉。畜有豌瘡，古人以黍汁洗之，《綱目》卷二十三「黍穰」條引《千金》云：「天行豌瘡，不拘人畜，用黍穰濃煮汁洗之。」此即近日牛痘之法所由來。然則種痘之書，今人得以愈精愈密者，仍就昔賢之遺意而推廣之耳。謂非從微至著，沿其流者必當溯其源耶？

汪近垣先生金匱要略闡義序

自昔儒家以師承爲重，醫家亦以師授爲先。《史記・扁鵲傳》載其受醫學於長桑君，《倉公傳》載其受醫學於陽慶，與《儒林傳》載經師之授受例正相同。張氏仲景爲醫家大宗，所著《金匱要略》其中引「師曰」者不一而足，蓋即漢代醫師之言，而仲景續述師承以告後學。猶許叔重作《說文解字》，引其師賈侍中之言也。然則醫家援據師說以著書，其所由來久矣。

儀徵汪近垣先生，家世業儒，尤深於醫理。學醫於同邑名醫李西垣先生，授受淵源，具有端緒。西垣先生之醫道，見重於江都焦里堂先生及其子虎玉先生。嘉慶乙丑閏六月，虎玉先生遘疾，似疹而陰躁，西垣先生診之，曰：「脈緊不渴，非疹也。」投以眞武湯而愈。然群醫仍議其好奇。丙寅歲，虎玉先生見《鄭素圃醫案》云「寒極於內，逼陽於外，陰瘕也」，與西垣先生所言相合，益歎其術之神。及丁卯三月，里堂先生病寒，其時西垣先生已卒。虎玉先生延先生診之，先生謂：「耳聾舌黑而滑脈，洪大無倫，少陰之陽欲亡矣。非參附不救。」群醫或咻之，謂「舌黑脈大爲陽證」。虎玉先生憶《鄭素圃醫案》云「耳聾昏睡，少陰非少陽。脈反散大，眞陽欲脫之機。舌黑而滑，腎水凌心也」，與先生所言無異，遂決計服參附之藥，應手而瘳。《蜜梅花館文

錄》中有《鄭素圃醫案序》〔註2〕，詳記其事，以見先生眞能得西垣先生之傳。當是時，先生年甫弱冠，而醫術已精，其後擅重名者垂五十年。齒彌高而學彌粹，生平得力者尤在仲景之書。

咸豐庚申，哲嗣少垣以先生所著《金匱要略闡義》見示，屬爲作序〔註3〕。

〔註2〕 焦廷琥，字虎玉，焦循之子。著有《蜜梅花館詩錄》、《蜜梅花館文錄》各一卷。《鄭素圃醫案序》見《蜜梅花館文錄》（《清代詩文集彙編》第541冊，第123～124頁），曰：

醫有讀先世書至數百年不絕者，莫如歙中鄭氏。鄭世居歙之南山，明末有字夢圃者，自歙遷於揚。其裔孫平聞居湖中，每譚其先世素圃先生著述甚富。今老屋綠督齋在鈔關門，子孫守之，懼先業之墜也。索其書，平聞寶之，不輕示。嘉慶丙寅，得其醫案一冊，曰傷寒、曰暑、曰瘧、曰痢、曰諸中、曰男證、曰女科、曰胎產。素圃自序云：「陰平陽秘，精神乃治」；曰「平則不欲，過盛可知」；曰「秘則當寶護可知」；又云「傷寒諸案皆屬三陰三陽，證顯明易見，特以亢害之證似是而非者，令兒輩錄存以示諸門人」。嗚呼！陽長陰消，《易》道也。勝任扶陽抑陰，不欲陰之盛也。自丹溪輩倡爲陽常有餘之說，後之醫者每爲所囿，觀素圃之案，亦可以悟矣。儀徵李振聲，今之名醫也。乙丑閏六月，余病頭面蒸熱如炭，徧身發紅，跡似疹，陰踝，困憊幾死。李翁曰：「脈緊不渴，非疹也，服眞武湯而愈。」醫者多議之。乃素圃治胡子任即余姓，皆云寒極於內，逼陽於外，陰瘢也。李之治與素圃合。議李者尚能讀素圃之書哉？丁卯三月，家君病寒，誤藥，致耳聾昏睡，舌黑而滑脈洪大。無倫汪近垣者，李翁之門人也，診曰：「少陰之陽，欲亡矣，非參附不救。」群醫或咻之，謂舌黑脈大爲陽證，無以決。余因憶素圃云：「耳聾昏睡，少陰，非少陽，脈反散大，眞陽欲脫之機。舌黑而滑，腎水凌心也。」遂執此案以證之，果愈。益知素圃之術之神，而此案之益人不淺也。素圃名重光，一字完夫，初寓瓜渚，後來邗上。邑中舉鄉飲酒禮，酌先生於明倫堂。康熙四十六年，太守左必蕃贈扁曰寶筵望重。享年七十有九。夢圃爲素圃曾祖，所著有《墨寶齋經驗方》，家弱矦太史序而行世。素圃又撰《補注》、《條辨》、《證辨》、《論翼》等書，子孫多習儒者，而亦精於醫。自夢圃至今，幾三百年，平聞猶守其家學。去歲平聞歿，素圃之學不幾墜歟？書之以告閱是書者。

按：《補注》、《條辨》、《證辨》、《論翼》，指《瘟疫論補注》、《傷寒論條辨續注》、《傷寒論證辨》、《傷寒論翼》。

另外，《素圃醫案》卷首有康熙丙戌（康熙四十五年，1706）許彪序、康熙丁亥（康熙四十六年，1707）自序。

〔註3〕 據此，可知作於咸豐庚申，即咸豐十年（1860）。另外，李鴻濤、張華敏主編《孤本醫籍敘錄集》著錄此書（中醫古籍出版社2016年版，第1210～1212頁），稱：「《金匱要略闡義》四卷，清·汪近垣著，清咸豐十年（1860）鈔本，現藏於南京圖書館。（下略）汪近垣行醫五十餘年，這部《金匱要略闡義》是他畢生唯一著述。其子汪少垣也是儒醫，傳其鈔本。正文之前有同邑劉毓崧和李祖望兩人的序，都寫於清咸豐十年（1860）。」據此，則劉毓崧序末當有題署。中醫古籍出版社2011年曾影印此書，一函四冊，俟訪。李祖望之序，《鍥不捨齋文集》未收。

書凡二十四篇，其中多援引西垣先生之醫案，如第一篇所述治符姓脅痛之案、第十二篇所述治趙姓脊心惡寒之案及治余姓腰背常痛之案。《揚州府志》「藝術」門內《西垣先生傳》中備列其事，其他各案大都互見於《西垣診籍》、《李翁醫記》兩書。至於第一篇中言「肝本在右而氣行於左」，尤西垣先生獨抒心得之創論。因學《易》以悟其消長之機者，得先生推廣引申，其有功於醫學大矣。西垣先生曾著《金匱要略注》二十二卷，其書今已無傳，有先生此書略存梗概，其宗旨尚可推測而知。較之三國時廣陵吳氏輯其師華元化之方，體例雖殊而志趣如一，皆不忘師訓者也。

先生自少至老，活人甚眾，惜未存診籍之書。然即觀於里堂先生之獲痊，已足見其為功不淺。蓋里堂先生疾亟之時，《雜卦傳》一篇往來於心，自憾《易注》未就。及既愈之後，延壽十數年，不但《易學三書》告成，即《孟子正義》等書亦次第竣事，微先生之力不及此。昔元時賢相廉孟子有疾，揚州名醫王仲明遄往，處方一匕立愈，時人以為能，起廉相國，功在天下生民。然則先生能起里堂先生，豈非功在聖賢經傳者歟？少垣好學能文，兼通醫理，謀刊先生著述以廣其傳，不獨闡揚先德之孝思，亦嘉惠來學之盛意也夫。《曲禮》所謂「醫不三世，不服其藥」，舊疏謂「三世乃三古，言醫之書，非三代習醫之士」，其說是矣。然古者學出世官，故有官族，知疇人世業，不獨推步為然。若宋時著《醫說》之張季明、元時著《世醫得效方》之危達齋，皆數世工醫，未始非古人家學相傳之意，無異於虞氏傳《易》、伏氏傳《書》也。況仲景、元化皆曾舉孝廉，實以名儒而為良醫，則醫道非儒家所當從事者乎？今少垣既傳儒業，複習醫方，其於先生此書，不啻弓冶箕裘之相繼矣。毓崧上世累葉儒門，先祖琢齋公邃於醫道，而毓崧僅傳儒業，未習醫方。勉序先生此書，豈能無愧於少垣也哉？

朱雲林棠湖鷗寄圖序

吾揚醫師之撰述，流播至今，卷帙完具者，以許學士《本事方》〔註4〕為

〔註4〕《宋史》卷二百七《藝文六》著錄「許叔微《普濟本事方》十二卷。」陳振孫《直齋書錄解題》卷十三著錄《本事方》十卷（上海古籍出版社1987年版，第391～392頁），稱：「維揚許叔微知可撰。紹興三年進士第六人。以藥餌陰功見於夢寐，事載《夷堅志》。晚歲取平生已試驗之方，並記其事實，以為此書，取本事詩詞之例以名之。」「以藥餌陰功見於夢寐」一事，南宋典籍多有記載，然所記各有差異。

洪邁《夷堅甲志》卷五《許叔微》（何卓點校，中華書局 1981 年版，第 38 頁）
載：

許叔微，字知可，眞州人。家素貧，夢人告之曰：「汝欲登科，須積陰德。」
許度力不足，惟從事於醫乃可，遂留意方書。久之，所活不可勝計。復夢前人
來，持一詩贈之，其詞曰：「藥有陰功，陳樓間處。堂上呼盧，唱六作五。」
既覺，姑記之於牘。紹興壬子，第六人登科，用升甲恩如第五，得職官，其上
陳祖言，其下樓材也，夢已先定矣。呼盧者，臚傳之義云。

馬純《陶朱新錄》所載略有不同（清墨海金壺本），稱：

紹興間，臨安府教授許叔微字知可，眞州人。家世通醫，常以藥施人。知可既
獲納薦，將試之，夕夢人遺詩云：「藥餌陰功，陳樓間處。殿上呼盧，喝六作
五。」莫曉所謂。已而預禮部奏名，廷試中第六名，上名陳祖言，下名樓材。
俄以文理優長，升作第五。果符所夢。唱名日，殿上傳呼謂之臚，故云呼盧，
借爲臚也。

施德操《北窗炙輠錄》卷下（清刻奇晉齋叢書本）載：

子韶榜中有許叔微，嘗夢有人告之曰：「汝無及第分。」叔微夢中遂懇其人，
以何道使某可第。其人曰：「分止爾，奈何？」叔微曰：「行陰德，可否？」其
人頷首而去。叔微自此遂學醫，頗有得。亡何，其鄉中大疫，叔微遂極力拯療
之，往往獲全活者頗多。一夕，復夢其人唱四句云：「呼盧殿上，請何事主。
王陳間隔，呼六爲五。」及是榜子韶既魁，王郊第四人，陳祖吉第五人，叔微
第六人。叔微又應該恩人，升一名，遂得第五人恩例。所謂「王陳間隔，呼六
得五」，其親切如此。呼盧者，傳臚之謂也。

劉宰《漫塘文集》卷十九《本事方序》（民國嘉業堂叢書本）載：

醫生呂啓宗與余言曰：「啓宗晚學醫，於醫家書未多讀，獨求其論證明白、用
藥精審，無如許知可學士《本事方》。許，儀眞人，今是方之流行江淮浙間多。
眞所刊本火於兵，今不獲存。啓宗大懼此書之泯，無以惠方來，嘗試以語句曲
施君某。施欣然欲鏤板，以廣其傳，顧未得善本。公嘗官於眞，盍從公求之？」
余即授以眞舊本，而復書曰：「施君刊是書，可以濟人，愈於刊釋老經文萬萬
也。」施以余言契於心，復介呂生求序。余謂許君知可少時坎壈，欲一第不可
得。及其以是方濟人，即有「藥市收功，陳樓間阻。殿上呼盧，喝六得五」之
夢。未幾，果第六人及第，升名第五，在陳、樓二人之間。蓋造物報應不爽如
此。今君以壯年遊上庠，科第直摘頷底鬚爾，猶蹭蹬迄今，庸詎知造化者非有
待而然乎？夫身用是方，所及有限，厥應猶爾，況板行之，使人皆得用是方者
乎？勉之！吾將賀子鼎甲之捷，不止臚傳第五也。知可名叔微，其出處詳於舊
序，茲不復贅。嘉定改元序。

曾敏行《獨醒雜志》卷七（清知不足齋叢書本）載：

許知可嘗夢有客來謁，知可延見坐定，客問知可曰：「汝平生可知恨乎？」知
可曰：「我恨有三。父母之死，皆爲醫者所誤，今不及致菽水之養，一也。自
束髮讀書，而今年踰五十，不得一官以立門户，二也。後嗣未立，三也。」其
人又曰：「亦有功於人乎？」知可曰：「某幼失怙恃，以鄉無良醫某。既長立，
因刻意方書，期以活人。建炎初，眞眞州城中疾癘大作，某不以貧賤，家至户
到，察脈觀色，給藥付之。其間有無歸者，某輿寘於家，親爲療治。似有微功，
人頗相傳。」其人曰：「天政以此將命汝官及與汝子。若父母，則不可見矣。」

最古。而近人習醫者，罕有肄業及之。同里朱君雲林深挈醫理，於學士之著作尤能洞悉其精微。咸豐癸丑，避粵寇之亂，相遇于邵伯埭，以《棠湖鷗寄圖》屬題〔註5〕。

余謂學士當建炎擾攘之時，揚郡、真州並遭蹂躪，其倉皇轉徙，諒亦不異於今。及兵火漸安，民間疾疫，學士親行閭巷視療，所活甚多，遂以誠感靈神，致得官延嗣之報。信乎！天道之不爽矣。今朱君處困境而施仁術，惟以活人為志，而不以獲利為心，正與學士之所行後先合轍，則棠湖之寄跡，不啻杏林之隱居。吾知天之福祐其躬，而昌盛其子孫者，正未有艾也。爰跋諸圖尾，以為異日之左券焉。

墨家出於清廟之官說上篇

《漢書・藝文志》云：「墨家者流，蓋出於清廟之守。宗祀嚴父，是以右鬼。」《隋書・經籍志》云：「墨者，《漢書》以為本出清廟之守。然則《周官》宗伯『掌建邦之天神、地祇、人鬼』，肆師『掌立國祀及兆中廟中之禁令』，是其職也。」案：《隋志》所言，最能申釋《漢志》之意。今以《墨子》本書考之，其大旨皆主於宗廟鬼神，是故或言宗廟之宜先，《明鬼下》篇云：「且惟昔者虞、夏、商、周三代之聖王，其始建國營都日，必擇國之正壇，置以為宗廟。」或言宗廟之貴潔，《節用中》篇云：「然則為宮室之法將奈何哉？其中蠲潔可以祭祀。」或言告宗廟之必謹，《迎敵祠》篇云：「公素服，誓於太廟，日：『各死而守。』既誓，公乃退食，舍於中太廟之右。」或言毀宗廟之當誅。《非攻下》篇云：「於此為堅申利兵，以往攻伐無罪之國，燔潰其祖廟，以亂聖人之緒。」此所守在宗廟之證也。或言鬼神之前知，《耕柱》篇

因復取書一通示之，知可略記其間語曰：「藥市收功，陳樓間阻。殿上呼盧，喝六作五。」既覺，異其事，而不知其何祥也。紹興二年，策進士第六，陛作五，乃在陳祖言、樓材之間。其年仍舉子，始知夢中之言無不合。知可名叔微，真州人，有《普濟本事方》，今行於世。

此外，亦有一些記載，如《夢林玄解》卷三十三《夢徵・白衣人助知慧〔宋〕》：許知可嘗獲鄉薦，省闈不利，而歸舟次平望。夜夢白衣人曰：「汝無陰德，所以不第。」知可曰：「某家貧無貲，何以與人？」白衣曰：「何不學醫？吾助汝知慧。」知可輒寤，歸踐其言，果得盧、扁之妙。凡有病者，無問貴賤，診候與藥，不受其直，所活不可勝計。後又艤舟平望，復夢前白衣人相見，以詩遺之曰：「施藥功大，陳樓間處。殿上呼盧，喚六作五。」思之不悟其意，姑記於牘。紹興壬子，以第六人登科，因上名不祿，遂升第五。其上則陳祖言，其下則樓材也，省前夢也。

〔註5〕據此，此文當作於咸豐癸丑，即咸豐三年（1853）。

云：「使聖人聚其良臣，與其桀相而諫，豈能知數百歲之後哉？而鬼神知之。是故曰鬼神之明，智於聖人也，猶聰耳明目之與聾瞽也。」或言鬼神之鑒察，《明鬼下》篇云：「故聖王其賞也必於祖，其僇也必於社。賞於祖者何也？告分之均也。僇於社者何也？告聽之中也。」或言事鬼神之盡禮，《尚同中》篇云：「其事鬼神也，酒醴粢盛不敢不蠲潔，犧牲不敢不腯肥，珪璧幣帛不敢不中度量，春秋祭祀不敢失時。」或言慢鬼神之愆儀。《節葬下》篇云：「若苟貧，是粢盛酒醴不淨潔也。若苟寡，是事上帝鬼神者寡也。若苟亂，是祭祀不時度也。」此所敬在鬼神之證也。然則《墨子》之爲道，固不外乎祭祀之間矣。

　　周時掌邦禮者，統以春官，而大、小宗伯實爲之長。其所首陳在祭祀之吉禮，而於宗廟鬼神之典，敘述尤詳。《大宗伯》云：「掌建邦之天神、人鬼、地示之禮，以吉禮事邦國之鬼神示。以禮樂合天地之化、百物之產，以事鬼神。凡祀大神，享大鬼，祭大示，治其大禮。」《小宗伯》云：「掌建國之神位，右社稷，左宗廟。辨廟祧之昭穆。類社稷宗廟，則爲位。」誠以禮有五經，莫重於祭。故禮官之職，舉此爲大綱耳。若夫春官之屬，其位次於宗伯者，是爲肆師，所主者無非祭祀，而皆佐宗伯以行之。《肆師》云：「掌立國祀之禮，以佐大宗伯，以歲時序其祭祀。大祭祀，展犧牲。凡祭祀之卜日宿爲期。凡祭祀禮成，則告事畢。若國有大故，則令國人祭。歲時之祭祀亦如之。凡國之大事，治其禮儀，以佐宗伯。凡國之小事，治其禮儀，而掌其事，如宗伯之禮。」《隋志》於宗伯之後，繼以肆師者，蓋因肆師之職掌仍即宗伯之職掌也。然則所謂「清廟之守」者無他，夫亦曰宗伯之官而已。

　　至於分禮官之一職，以協輔宗伯者，大抵於祭祀之事，各有所司。蓋司祈祥者，其官爲祝；《大祝》云：「掌六祝之辭，以事鬼神，示祈福祥。掌六祈以同鬼神示。凡大禋祀、享〔註6〕、祭示，則執明水火而號祝。」《小祝》云：「掌小祭祀，將事侯、禳、禱、祠之祝號。大祭祀，凡事佐大祝。」司致福者，其官爲宗；《都宗人》云：「掌都祭祀之禮，凡都祭祀，致福於國家。」《宗人》云：「掌家祭祀之禮，凡祭祀致福。」司禳災者，其官爲巫；《司巫》云：「國有大烖，則帥巫而造巫恆，凡祭祀守瘞。」《男巫》云：「冬堂贈，春招弭，以除疾病。」司習儀者，其官爲史。《太史》云：「大祭祀，戒及宿之日，與群執事讀禮書而協事。祭之日，執書以次位常。辨事者考焉。」《小史》云：「大祭祀，讀禮灋，史以書敘昭穆之俎簋。」所列之職掌，咸在宗廟鬼神，而《墨子》書中言及祝宗巫史者不一而足。《明鬼下》篇云：「必擇國之父兄慈孝貞良者，以爲祝宗。」《迎敵祠》篇云：「靈巫或禱焉，給禱牲。必敬神之。巫卜〔註7〕。祝、史乃告於四望、山川、社稷。祝、史舍於社。

〔註6〕按：亨，《周禮》原作「肆亨」。
〔註7〕按：此處引文有剪裁，「巫卜」二字疑衍。《墨子・迎敵祠》（孫詒讓《墨子閒

－475－

祝史、宗人告社。」《號令》篇云：「巫舍必近公舍，必敬神之。巫祝〔註8〕。」蓋祭祀於宗廟之內者，非祝宗巫史諸人，則無以集事。雖大、小宗伯位居長官，亦賴此四者以贊襄，然後鬼神可得而禮。故清廟之守，此四者亦與有責焉。墨子之學，遠則發源於史佚所述，《漢志》墨家有《尹佚》二篇，注云：「周臣，在成康時也。」汪氏中《墨子序》曰：「周太史尹佚，身沒而言立。劉向校書，列諸墨六家之首。」近則私淑於史角所傳，《呂氏春秋·當染》篇云：「魯惠公使宰讓請郊廟之禮於天子，桓王使史角往，惠公止之。其後在於魯，墨子學焉。」高誘《注》云：「其後，史角之後也。」史官本執事於清廟之中，汪氏中《墨子序》云：「劉向以爲出於清廟之守。夫有事於廟者，非巫則史，史佚、史角皆其人也。」與祝、宗、巫三官既同屬於宗伯，而祭祀鬼神之禮，其職又彼此相聯。有時祝、宗、巫不備，其官則史官可以兼攝。汪氏中《左氏春秋釋疑》云：「周之東遷，官失其守，而列國又不備官，則史皆得而治之。其見於典籍者，曰瞽史、曰祝史、曰史巫、曰宗祝巫史、曰祝宗卜史，明乎其爲聯事也。」而侯國三卿不設宗伯，則太史之職亦可相參。故墨家者流，考其授受則出於太史之官，觀其會通則出於祝宗巫之官，颺其淵源本末則出於宗伯之官。蓋祝、宗、巫、史均以宗伯爲之帥，而宗伯又因宗廟而得名。《說文》「宗」字下云：「尊祖廟也。」《隋志》謂「出於宗伯之職」者，統於尊也。《漢志》謂「出於清廟之守」者，從其朔也。古者，清廟與明堂，名雖異而地則同。蔡邕《明堂論》云：「明堂者，天子太廟。取其宗祀之清貌，則曰清廟；取其正室之貌，則曰太廟；取其堂，則曰明堂。異名而同事，其實一也。魯禘祀周公於太廟、明堂，猶周宗祀文王於清廟、明堂也。」其制起於太古之初，故仍其樸素，不過蓋以茅屋，《左氏桓二年傳》云：「清廟茅屋。」《淮南子·主術訓》篇云：「昔者神農之制天下也，明堂之制，有蓋而無四方。」猶存上棟下宇之遺風。當清廟創立之時，掌祭祀鬼神者，不但無宗伯之號，亦未必以宗爲名，則質言之曰清廟之守耳。其後唐虞之世，名其官曰秩宗；殷商之世，名其官曰大宗；成周之世，又名其官曰宗伯。《周禮·春官》云：「乃立春官宗伯，使帥其屬而掌邦禮。」鄭司農《注》云：「宗伯，主禮之官，故《書·堯典》曰：『帝曰：咨！四嶽。有能典朕三禮？僉曰：伯夷。帝曰：俞！咨伯。汝作秩宗。』」宗官又主鬼神。《郊特牲》曰：「宗人升自西階，視壺濯及豆籩。」然則唐虞歷三代，以宗官典國之禮，與其祭祀。《禮記·

詁》，清光緒三十三年刻本）原作「巫必近公社，必敬神之。巫卜以請守，守獨知巫卜望之氣請而已。（下略）祝史乃告於四望、山川、社稷，先於戎，乃退。」

〔註8〕「巫祝」二字疑衍。《墨子·號令》原作「望氣者舍必近太守，巫舍必近公社，必敬神之。巫祝吏與望氣者必以善言告民，以請報守上，守獨知其請而已。」

曲禮》云：「天子建天官，先六大，曰大宰、大宗。」鄭康成《注》云：「此蓋殷時制，周則大宰爲天官，大宗曰宗伯，爲春官。」蓋所守皆在於廟，故其官均謂之宗也，此以知《墨子》之書其所由來者遠矣。彼以爲《漢志》所言不解爲何語者，其亦未之考歟？

墨家出於清廟之官說中篇

諸子之流派，分列於《漢志》者，大率以學術名其家，而不以姓氏名其家。是故法家不標以申、韓，名家不標以尹、鄧，道家不標以黃、老，縱橫家不標以蘇、張。即託始之最顯者如農家，亦不標以列山；垂教之最高者如儒家，並不標以孔子。蓋學術傳千載之業，而姓氏止一人之名。欲後世知其本原者，自當以學爲主，而不以人爲主也。惟墨家者流，則姓氏特標而學術未著，不可謂非變例。

良以墨子之爲人，好創論以立名。汪氏中《墨子後序》云：「墨子者，蓋學焉而自爲其道者也。故其《節葬》曰：『聖王制爲節葬之法』，又曰：『墨子制爲節葬之法。』則謂墨子自制者是也。」其徒附和之者，從而增益其說，又皆託之於師。畢氏沅《墨子序》云：「今惟《親士》、《修身》及《經上》、《經下》，疑翟自著，餘篇稱『子墨子』、《耕柱》篇並稱『子禽子』，則是門人小子記錄所聞。」汪氏中《墨子序》云：「今定其書爲內、外二篇，而以其徒之所附著爲雜篇。」故自周末以至漢初，言墨子之道者，第誇其姓氏之顯，而不尋其學術之眞。漢志因之，遂並史佚之書在墨子前者，統名之曰墨，亦狃於其所習聞耳。然欲覈其實以定其名，則墨翟之書可名爲《墨子》，而史佚之道不可名爲墨家。夫鄒衍之輩言曆象天文者，既以陰陽家爲名，《漢志》陰陽家有《鄒子四》十九篇，注云：「名衍，齊人。號談天衍。」則史佚之流言宗廟祭祀者，當以鬼神家爲號。蓋清廟之地，所以安鬼神祭祀之禮，所以享鬼神宗伯肆師之位，所以事鬼神祝宗巫史之職，所以接鬼神。而史佚、墨翟之書又所以尊鬼神，則其名當謂之鬼神家，本無疑義。且《春官》之末，「凡以神仕者無數。鄭《注》云：「男巫之俊，有學問才知者。」賈《疏》云：「以其能處置神位，故以神爲名。」掌三辰之法，以猶鬼神示之居，辨其名物。」鄭《注》云：「《國語》曰：『古者民之精爽不攜貳者，則神明降之。是以使制神之處位次主，而爲之牲器時服。』巫既知神如此，又能居以天法，是以聖人用之。」所謂「凡以神仕者」，即以鬼神名家，而官於清廟者也。彼墨子之弟子，得其師之緒言，以求名位於當時，汪氏中《墨子序》云：「自墨子沒，其學離而爲三，徒屬充滿天下。呂不韋再稱鉅子，韓非謂之顯學。」固無非以神仕

者，亦無非鬼神家而已矣。夫建除、堪輿之類，爲術數之支流，尙且各自名家，況鬼神之爲德，與陰陽正相表裏，奚不可名家之有？乃墨氏之徒務爲名高，謂鬼神家不足以盡其道，遂於宗旨之外，雜以他說，令人莫測其端倪。《魯問》篇云：「子墨子曰：『國家昏亂，則語之尙賢、尙同。國家貧，則語之節用、節葬。國家憙（音湛）湎則語之非樂、非命。國家淫僻無禮，則語之尊天、事鬼。國家務奪侵陵，則語之兼愛、非攻。』」《漢志》云「茅屋采椽，是以貴儉。養三老五更，是以兼愛。選士大射，是以尙賢。宗祀嚴父，是以右鬼。順四時而行，是以非命。以孝視天下，是以尙同。」然究之本書之中，言鬼神者層見迭出。《尙同中》篇云：「故古者聖王明天鬼之所欲，以祭祀天鬼，天鬼之福可得也。」《天志上》篇云：「其事上尊天，中事鬼，下愛人。」《非樂上》篇云：「故上者天鬼弗戒，下者萬民弗利。」《非命上》篇云：「上帝、山川、鬼神，必有干主。」其他言鬼神及天鬼者，不可枚舉。即其徒之推衍其說者，亦不能離乎鬼神。《漢志》墨家有《隨巢子》六篇，注云：「墨翟弟子。」《意林》引《隨巢子》云：「執無鬼者曰越蘭，問隨巢子曰：『鬼神之智何如聖人？』隨巢子曰：『聖人生於天下，未有所資。鬼神爲四時八節以紀育人，乘雲雨潤澤以繁長之，皆鬼神所能也。豈不謂賢於聖人？』」則根柢之所存，終不能掩也。亦何必侈言墨家，而諱言鬼神家乎？夫自昔聖人明鬼神之情狀，而作祭祀之禮，凡宗廟之官守，必愼選其人。《楚語》云：「使名姓之後，能知四時之生、犧牲之物、玉帛之類、采章之宜、彝器之量、次度之主、屏攝之位、壇場之所、上下之神祇、氏姓之所出，而率舊典者爲之宗。」則鬼神家之致敬竭誠，由廟中而達諸境內者，未始非儒者之所尙。特墨子主持太甚，往往至於失中，故聖王先成民而後致力於神，而墨子則先鬼神而後修其人事。《明鬼下》篇云：「必擇六畜之勝以爲犧牲，必擇五穀之芳黃以爲酒醴粢盛。故古聖王治天下也，故必先鬼神而後人者此也。」充其意之所極，以致囿於一偏。因「齋者徹樂」之文，遽敢於非樂；因「喪者不祭」〔註9〕之說，竟敢於短喪；此則史佚、史角以前鬼神家初無此失，其流弊實起於墨子。蓋以身居於宋，而宋出於殷，沿殷人尊神之遺風，守宋人徵鬼之故智，而放言無忌，卒貽後世之譏。正不獨兼愛、節葬之言見斥於孟子已也是。故知墨子之習於鬼神家，則學術之是非無所隱遁；知鬼神家之包乎墨子，則儀制之同異必務講求。蓋儒家精於祭禮者，不當蒙墨家之名；而墨家出於清廟者，則當蒙鬼神家之名耳。要之，墨子之學術合於鬼神家者，自不容沒其長；不合於鬼神家者，亦不必諱其短。好古之士，節取其詞者，固君子表微之心矣。然或因其《修身》等篇近於儒家，《備城

〔註9〕語見《禮記·喪服小記》。

門》等篇深於兵家，遂謂「自餘諸子，皆非其比」〔註10〕，是不知墨子本鬼神家之旁枝，未足以別自名家，且亦未能盡合鬼神家之道也。豈非千慮之一失哉？

墨家出於清廟之官說下篇

墨家著錄於《漢志》者，自《尹佚》、《墨翟》以外，有《田俅子》、《我子》、《隨巢子》、《胡非子》四家。而《隋志》、《唐志》但有《隨巢》、《胡非》二家。至宋以後，則並此二家而無之。說者謂經孟子所辟，後人無肯居其名者，故其書遂絕〔註11〕，是固然矣。抑知墨之子學，名雖若亡，而實則仍在。中國之士雖不肯居其名，而異域之人多能竊取其實。則以釋家之說，其學出自墨家，又爲之踵事增華、變本加厲耳。粵自周室既衰，天子之官咸失其守，而學術之流播或在於四夷。羲和失其官，而陰陽家遂入於泰西；宗伯失其官，而鬼神家遂入於天竺。彼漢以後，釋家之說即秦以前墨家之言。蓋其戒律之修近於宗，呪術之靈近於祝，禳祈之舉近於巫，經卷之詞近於史，而其原則出於清廟。故釋家所居之寺院，猶墨家所守之宗廟也；釋家所立之佛像，猶墨家所事之鬼神也。釋家所設之供養，猶墨家所行之祭祀也。雖其間之儀文節度，彼此似殊，而窮其指歸，要不相遠。則釋氏與墨氏，眞異流而同源矣〔註12〕。

夫釋家之書所以能聳動天下者，其大端有二，皆不外乎鬼神。一在於吉凶之徵祥，一在於禍福之果報。而墨子當日已開其端。是故即其所言者觀之，禹之征三苗，湯之放夏桀，武王之伐殷紂，《非攻下》篇云：「禹親把天之瑞令，以征有苗。有神人面鳥身，苗師大亂。則此禹之所以征有苗也。夏王桀，鬼呼國，帝乃使陰暴毀有夏之城。有神來告，曰：『夏德大亂，往攻之。』則此湯之所以誅桀也。商王紂，有鬼宵吟，武王踐功，夢見三神曰：『予必使汝大堪之。』則此武王之所以誅紂也。」皆吉凶之徵祥也。

〔註10〕 語見汪中《述學·墨子序》。
〔註11〕 《四庫全書總目》卷一百十七子部二十七雜家類一著錄《墨子》十五卷，稱：
「墨家者流，史罕著錄，蓋以孟子所辟，無人肯居其名。」
〔註12〕 蔡尚思《中國古代學術思想史論·論墨子》（《蔡尚思全集》第7冊，上海古籍出版社2005年版，第189頁）稱：
有墨子與佛教相同說，見清劉毓崧《通義堂文集·墨家出於清廟之官說》。不知墨佛根本相反，如入世出世，積極消極等，沒有可以附會的餘地。不少人認爲墨家的思想不如佛教的思想。不知墨不如佛只是宗教，其他均非佛所能比。

勾芒之祐鄭穆公，《明鬼下》篇云：「昔者鄭穆公，當晝日中處乎廟，有神入門而左，乃恐懼犇。神曰：『無懼！帝享女明德，使予錫女壽十年有九。予爲勾芒。』」祗子之殪祏觀辜，又云：「昔者宋文君鮑之時，有臣曰祏觀辜，固嘗從事於厲，祗子杖揖出，與言曰：『春秋多夏選失時，豈女爲之與？意鮑爲之與？』觀辜曰：『鮑幼弱，官臣觀辜特爲之。』祗子舉揖而槀之，殪之壇上。」畢氏沅云：「祗，祝字異文，言神馮於祝子而言也。選同算，槀同敲。」社神之斃中裏徼，又云：「昔者齊莊君之臣，有所謂王裏國、中裏徼者，訟三年而獄不斷。盟齊之神社，漒羊而漉其血。讀王裏國之辭，既已終矣；讀中裏徼之辭，未半也，羊起而觸之，折其腳，殪之盟所。」畢氏沅云：「漒，字書無此字。盧云《玉篇》有摤字，云磊搖也。」皆禍福之果報也。由此推之，則鬼神家之言，非釋家先路之導哉？且也，墨家土鉶以崇儉，《節用中》篇云：「啜於土鉶。」而釋家之蔬食，則崇儉甚矣；墨家桐棺以節葬，《節葬下》篇云：「桐棺三寸。」而釋家之火化，則節葬甚矣；墨家摩頂放踵以兼愛，而釋家之捨身濟物，則兼愛甚矣；墨家守圉待寇以非攻，《公輸篇》云：「禽滑釐等三百人，已持臣守圉之器在宋城上，而待楚寇矣。」而釋家之解劫釋冤，則非攻甚矣。焉得謂釋家之法不出於墨家乎？況墨家雖不廢君臣之敬，而其言曰：「凡殺不辜，鬼神之誅」，《明鬼下》篇云：「周宣王殺其臣杜伯而不辜。其三年，周宣王合諸侯而田於圃田。日中，杜伯乘白馬素車，朱衣冠，執朱弓，挾朱矢，追周宣王，射入車上，中心折脊，殪車中，伏弢而死。燕簡公殺其臣莊子儀而不辜。期年，燕簡公方將馳於祖塗，莊子儀荷朱杖而擊之，殪之車上。凡殺不辜者，其得不祥。鬼神之誅，若此之憯連遬也。」則君臣之敬已薄。彼釋家之謁國主而不拜者，以此說爲之作俑也。墨家雖不忘父子之恩，而其言曰：「愛無差等，施由親始」，則父子之恩已疏。彼釋家之視冤親爲平等者，以此說爲之濫觴也。孟子斥楊墨爲無父無君，亦逆知其貽害之無極耳。若夫墨家定嫁娶之時，《節用上》篇云：「昔者聖王爲法曰：『丈夫年二十，毋敢不處家。女子年十五，毋敢不事人。』」而釋家悉禁之者，則以欲嚴齋戒之防，故祭祀無嗣續而弗恤也。墨家貴牲牷之品，《天志上》篇云：「四海之內，粒食之民，莫不犓牛羊，豢犬彘，潔爲粢盛酒醴，以祭祀於上帝鬼神。」而釋家盡捨之者，則以欲廣慈惠之念，故宗廟不血食而弗憂也。此雖遞遷迭變，迥非墨子之初心。而本源既差，則末流之放軼，固勢所必至。後代釋家之橫墨子，固不得辭其責矣。自唐以來，闢釋家者莫若韓昌黎，所作《送浮屠文暢序》謂「士有儒名而墨行者，亦有墨名而儒行者」，其意即指釋氏爲墨家，最爲有見。而《讀墨子》一篇，則推墨而附於儒，以爲「辯生於末學」，誠以墨子之派傳於中國者，尚未大背其宗，而傳於西域者，幾至全忘其本。故詰墨猶可

緩，而闢釋所必先也。後之信釋家者，既不察其出於《墨子》；黜釋家者，亦不考其出於《墨子》。但知釋氏之道託於鬼神，而不知其竊諸《墨子》者本鬼神家也；但知釋家之徒專於祭祀，而不知其竊諸《墨子》者本祭祀禮也。雖歷代俱設僧官，論者亦第以冗官視之，而實則本古時清廟之官，失其所守者耳。至於天主、天方之教，與釋氏大同小異，而皆以祭祀鬼神爲綱，蓋亦出於清廟之官矣。孰謂墨氏之學眞絕於世耶？

從橫家出於行人之官說上篇

《漢書·藝文志》云：「從橫家者流，蓋出於行人之官。孔子曰：『誦詩三百，使於四方，不能專對。雖多，亦奚以爲？』又曰：『使乎！使乎！』言其當權事制宜，受命而不受辭。此其所長也。」《隋書·經籍志》云：「從橫者，《漢書》以爲本出行人之官。《周官·掌交》：『以節與幣，巡邦國之諸侯，及萬姓之聚是也。』」案：以《周禮·秋官》考之，凡奉使典謁之事，以大、小行人爲主。與之聯職者，司儀、行夫兩官，即附於其間。《秋官·序官》：「大行人、小行人、司儀、行夫。府四人，史八人，胥八人，徒八十人。」賈《疏》云：「亦謂別職同官，故四官各有職司，而共府史胥徒也。」環人、象胥、掌客、掌訝、掌交、掌察、掌貨賄七官，皆列於其後。而掌察、掌貨賄，久闕其文。賈《疏》云：「蓋督察邦國之事，及掌邦國所致貨賄，但二官闕不可強言也。」故《隋志》特舉在末之掌交，以括其餘職。蓋司儀、環人、象胥、掌客、掌訝，皆典謁四方之賓。惟行夫、掌交乃爲四方之使，而行夫之職實次於大、小行人，自不妨但述掌交，著其爲行人之助。誠以行人之所重，不在典謁於本國，而在奉使於四方。則從橫家之所習，必以奉使爲本也。惟是從橫家宜於奉使之任，人咸知之，而從橫家出於行人之官，人罕道之。良以言及從橫者，皆斥其爲合從連橫，而究之何以名爲從橫，則不一考其本義。每覺與行人之說扞格，而不能貫通。今以諸家傳注核之，「從」與「縱」、「橫」與「衡」，字本通用；《論語·八佾》篇：「從之。」《集解》云：「從讀曰縱。」《禹貢》：「至於衡漳。」鄭《注》云：「橫漳，漳水橫流。」「從」與「經」、「橫」與「緯」，義亦相同。《說文》「經」字下云：「織也」；「緯」字下云：「織橫絲也。」段氏玉裁據《御覽》所引，改「織也」爲「織，從絲也」。《楚詞·沉江》云：「不別橫之與縱。」《注》云：「緯曰橫，經曰從。」凡南北謂之經，東西謂之緯。《大戴禮·易本命》篇云：「凡地東西爲緯，南北爲經。」《考工記·匠人》云：「國中九經九緯。」賈《疏》云：「南北之道爲經，東西之道爲緯。」故「從」可訓爲南北，「橫」可訓爲

東西。《一切經音義三》引《韓詩傳》云：「東西曰橫，南北曰從。」《淮南‧覽冥訓》云：「縱橫間之。」《注》云：「南與北合為縱，東與西合為橫。」東西南北四方，為人所共行之路。而行人奉使，尤當遍歷四方。《小行人》云：「使適四方。」鄭《注》云：「適之也。」其官既以行為名，則東西南北惟其所使，所謂從橫者無他，夫亦曰行而已矣。且也，「從」有順義，《廣韻》云：「從，古作從。」《說文》：「從，相聽也。」今案：相聽，即順從之義。《樂記》云：「率神而從天。」鄭《注》云：「從，順也。」「橫」有逆義，《說文》「橫」字下云：「闌木也。」「衡」字下云：「牛觸橫大木也。」今案：「闌」與「觸」皆有橫逆之義。《荀子‧致仕》篇云：「不官而衡至者。」《注》云：「橫至，橫逆而至也。」「從橫」有旁午之義，《儀禮‧大射儀》云：「度尺而午。」鄭《注》云：「一從一橫曰午。」《特牲饋食》云：「午割之。」鄭《注》云：「午割，從橫割之。」《漢書‧霍光傳》云：「使者旁午。」師古曰：「一縱一橫為旁午，猶言交橫也。」亦即交午之義。《古今注》云：「程雅問曰：『堯設誹謗之木，何也？』答曰：『今之華表木也，以橫木交柱頭，形似桔橰，大路交衢悉施焉。亦以表識衢路也。今西京謂之交午也。』」今案：柱本以從木為之，復加橫木於柱頭，則有從橫交午之象。《爾雅‧釋宮》云：「四達謂之衢。」郭《注》云：「交道四出。」所謂「表識衢路」者，蓋以四方之途徑示行人也。交午、旁午者，行人之奔走；從橫、順逆者，行人之往來。則行字取義於從橫，固確有明徵矣。《說文》「行」字下云：「人之步趨也。從彳亍。」「彳」字下云：「小步也。」「亍」字下云：「步止也。」今案：步趨與步止，即往來順逆之意。況乎習從橫者，或稱說士，或稱策士。士字指事，為推十合一。《說文》「士」字下云：「數始於一，終於十。孔子曰：『推十合一為士』。」為士者果能奉使於四方，而出疆專對，自不憚東西南北之遠矣。昔吾夫子歷聘各國，自稱為東西南北之人，《檀弓上》篇云：「今邱也，東西南北之人也。」鄭《注》云：「言居無常處也。」蓋轍環天下終其身，故以行人自擬耳。當春秋之世，為行人者，猶有三代之遺風。從橫家與儒家，其道初無歧異。行於南北者，即可稱為從人；行於東西者，即可稱為橫人。在夫子既以東西南北之人為名，則儒者必不以從橫之名為諱。志在四方者，固賢哲之所許也。迨戰國以還，合從連橫之輩，專恃詐諼為策，《漢志》云：「及邪人為之，則尚詐諼，而棄其信。」其事遂為儒者所羞稱，而從橫家言恆為後人所詬病。然合從者，合其南北；連橫者，連其東西。《史記‧蘇秦傳》云：「夫衡人者。」《索隱》云：「東西為橫，南北為從。」蘇秦以合從為功，往來於南北；張儀以連橫為務，奔走於東西。據《史記‧蘇秦張儀傳》秦始說燕、趙，次說韓、魏，次說齊、楚，然後反報於趙，是謂由北至南，由南還北。儀始說魏、楚、韓，次說齊、趙、燕，然後反報於秦，是謂由西至東，由東還西。所存者雖非古行人之心，

而所踐者猶是古行人之跡。然則儀、秦所爲誠不可爲訓，而從橫所出則未可厚非矣。若夫釋「從橫」之訓者，或謂「東西爲從，南北爲橫」，《儀禮・鄉射》云：「十純則縮而委之。」鄭《注》云：「縮，從也。於數者，東西爲從。」賈《疏》云：「凡言從橫者，南北爲從，東西爲橫。今釋算者，東面而言從橫，則據數算東爲正。是以東西者爲從，南北者爲橫。」此變例之異，而非其常也。斥從橫之說者，或謂「從者合眾強，橫者攻眾弱」，《韓非子・五蠹》篇云：「從者，合眾強以攻一弱也；而衡者，事一強以攻眾弱也；皆非所以持國也。」此末學之失，而非其本也。考古者能明乎從橫之初義，又何難洞悉其源流也哉！

從橫家出於行人之說中篇

從橫之書載於《漢志》者十二家，今皆不存。載於《隋志》者，僅《鬼谷子》一書。其文辭甚爲奇橫，高似孫《子略》曰：「戰國之事危矣。士有挾雋異豪偉之氣，求騁乎用，以自放於文章，其辭又極矣。《鬼谷子》書，蓋出於戰國諸人之表。」即觀於篇目，或以《捭闔》、轉丸爲名，《捭闔》篇云：「捭之者，開也，言也，陽也。闔之者，閉也，默也，陰也。」《轉丸》篇久亡。《本經陰符七術》篇屢言「轉圓」。孫氏星衍云：「疑即《轉丸》。」《文心雕龍・論說》篇云：「《轉丸》逞其巧辭。」或以《揣情》、《摩意》爲名，《揣》篇、《摩》篇，《御覽》四百六十二引作《揣情》篇、《摩意》篇。《史記・蘇秦傳》，《索隱》引王劭云：「《揣情》、《摩意》，是《鬼谷》之二章名。」皆修辭之要指。後世論文者，莫能出其範圍。蓋古者行人之官，本以辭命爲職，故行人之任，必以文采爲先。嘗以經傳考之，《聘禮》言「辭達」，《論語》亦言「辭達」，乃行人應對之辭；《潛研堂集・論語答問》云：「『辭答而已矣』，此『辭』即專對之辭也。《公羊傳》：『大夫出使，受命不受辭。』《聘禮・記》：『辭無常，孫而說。辭多則史，少則不達，辭苟足以達，義之至也。』《論語》之文與《禮經》相表裏。」《左傳》言「爲辭」，《論語》則言「爲命」，乃行人簡牘之辭命。《左氏・襄三十一年傳》云：「子羽爲行人，能知四國之爲，而又善爲辭令。」高似孫《緯略》云：「讀《左氏傳》，因悟爲命，裨諶草創之，世叔討論之，行人子羽修飾之，東里子產潤色之，其精詳如此，文章安得不好？」而欲求應對簡牘之才，則惟從橫家嫺習文辭，乃克受行人之寄耳。然則《志》所謂「言以足志，文以足言」，《孔子》所謂「非文辭不爲功」者，固儒家之至論，而亦從橫家所當奉爲矩矱者矣。《鬼谷子》爲從橫家最著之書，雖《抵巇》、《飛箝》，事多不軌於正，《飛箝》篇云：「或量能立勢以鉤之，或伺候見澗而箝之，其事用抵巇。以飛箝之辭，鉤其所好，乃以箝求之。」盧氏文弨《鬼谷子跋》曰：「凡其捭闔、鉤箝之

術，秖可施於闇君耳。又其《抵巇》篇云：『世無可抵，則深隱而待時。』此非遇明君治世，所挾之術皆無所可用乎？」然其立說之意，皆在乎文章文辭。《揣》篇云：「此揣情飾言成文章，而後論之也。」《權》篇云：「繁稱文辭者，博也。」此則淵源出於古之行人，立說具有根柢，故蘇秦、張儀得其緒論，《御覽》五百三十引《鬼谷子》，曰：「周有豪士居鬼谷，號爲鬼谷先生，蘇秦、張儀往見之，擇日而學。」《史記・蘇秦傳》云：「東事師於齊，而習之於鬼谷先生。」《張儀傳》云：「始嘗與蘇秦俱事鬼谷先生學術。」並爲從橫之雄。《漢志》從橫家首列《蘇子》三十一篇，次列《張子》十篇。注云：「名秦」、「名儀。」非獨簡練揣摩，可見其誦文之篤志；抑且刺股書掌，可證其習文之苦心。《戰國策》云：「蘇秦乃夜發書，陳篋數十，得《太公陰符》之謀，伏而誦之，簡練以爲揣摩。讀書欲睡，引錐自刺其股。」王嘉《拾遺記》云：「張儀、蘇秦二人，或傭力寫書。行遇聖人之文，無以題記，則以墨書於掌中及股裏。夜還，折竹寫之。」故戰國之文，猶有春秋行人遺意。而游說中特顯者，無過儀、秦，未可鄙其人之傾危，而斥其文爲險譎，遂謂從橫家無足道也。

漢代撰從橫之書者，如蒯通、鄒陽、主父偃、徐樂、莊安等人，《漢志》從橫家有《蒯子》五篇，注云：「名通。」又有《鄒陽》七篇、《主父偃》二十八篇、《徐樂》一篇、《莊安》一篇。今案：莊安即嚴安，避漢明帝諱而改。均屬能文之士。雖書已久佚，而列傳所載文筆，猶可想見其大凡。《史記・淮陰侯傳》載蒯通說韓信之語，《田儋傳》末言蒯通論戰國之權變爲八十一首，《鄒陽傳》載其上梁孝王書，《主父偃傳》載其諫伐匈奴書，又載徐樂、莊安言世務書。《漢書》各傳所載略同。《鄒陽傳》又載其諫吳王書，《蒯通傳》末云：「通論戰國時說士權變，亦自序其說八十一首，號曰《雋永》。」此皆以應對簡牘爲專長，可備行人之選矣。自東漢以降，立言者恥以從橫得名，史志中從橫家之書不過僅存其目。《舊唐書・經籍志》自鬼谷子以外，但載《補闕子》十卷。《新唐書・藝文志》亦然。然歷代奉使與館伴，皆以文才相高。《北史・李諧傳》云：「既南北通好，務以俊乂相矜，銜命接客，必盡一時之選，無才地者不得與焉。」即將命於外夷者，猶以文學爲重。《舊唐書・新羅傳》云：「邢璹往新羅，上謂璹曰：『新羅號爲君子之國，頗知書記，有類中華。以卿學術善於講論，故選使充此。到彼宜闡揚經典，使知大國傳教之盛。』璹等至彼，大爲蕃人所敬。」凡以詞華敏辨見稱者，史傳皆特爲記載。蓋行人之有關國體，所繫匪輕。雖文士不欲居從橫之名，而使臣自當明從橫之略。故文之由朝以宣於野者，爲誥、敕、詔、命，則典諸內外制之官；唐、宋時，中書舍人、翰林學士文之。由下以達於上者，爲表、章、箋、啓，則典諸掌書記之官；唐、宋以前，凡幕府皆有之。文之由內以播於外者，爲國信、封冊，則典諸正副使之

官。三者皆古行人所司，而奉使尤爲切務，則從橫之術，固不可廢矣。要之，周秦以前，應對最繁，而簡牘亦具；《文心雕龍・書記》篇云：「三代政暇，文翰頗疏。春秋聘繁，書介彌盛。繞朝贈士會以策，子家與趙宣以書，巫臣之遺子反，子產之諫范宣，詳觀四書，辭若對面。又子服敬叔進弔書於滕君，固知行人掣辭，多被翰墨矣。」漢魏以後，應對較省，而簡牘尤多。《史通・言語》篇云：「逮漢魏以降，周隋而往，世皆尚文，時無專對。運籌畫策，自具於章表；獻可替否，絕歸於筆札。宰我、子貢之道不行，蘇秦、張儀之業遂廢矣。是以歷選載言，布諸方冊。自漢以下，無足觀焉。」今案：《史通》謂漢以下方冊載言皆無足觀，其說未免太過。然其謂言語轉爲文詞，則固確有所見也。其工於辭命者，大抵於從橫之學爲近。故其文施於書檄，則有如房玄齡；《舊唐書・房玄齡傳》云：「玄〔註13〕齡在秦府十餘年，常典管記。每軍書表奏，駐馬立成，文約理贍，初無稿草。高祖嘗謂侍臣曰：『此人深識機宜，足堪委任。每爲我兒陳事，必會人心千里之外，猶對面語耳。』」其文施於敷奏，則有如馬周；《舊唐書・馬周傳》云：「周有機辨，能敷奏。中書侍郎岑文本謂所親曰：『吾見馬君論事多矣，援引事類，揚搉古今，舉要刪蕪，會文切理，一字不可加，一言不可減。聽之靡靡，令人忘倦。昔蘇、張、終、賈，正應此耳。』」其文施於諫議，則有如魏徵；蘇明允《諫論》云：「夫游說之士，以機智勇辯濟其詐。吾欲諫者，以機智勇辯濟其忠。吾觀昔之臣言必從，理必濟，莫若唐魏鄭公。其初實學從橫之說，此所謂得其術者歟？」吳曾《能改齋漫錄》云：「予讀鄭公《出關》詩云：『縱橫計不就，慷慨志猶存。』《舊唐書・魏公傳》：『尤屬意從橫之說。』乃知魏公少學縱橫無疑。」其文施於詔令章疏，則有如陸贄。《舊唐書・陸贄傳》云：「贄揮翰起草，莫不曲盡事情，中於機會。故奉天所下書詔，雖武夫悍卒，無不揮涕感激。」又云：「其於議論應對，明練理體，敷陳部判，下筆如神。」此皆名世之良臣，藉縱橫之文，以展其經濟，又不但優爲行人而已。《周易・賁・象傳》曰：「觀乎天文，以察時變；觀乎人文，以化成天下。」爲行人者，果能察時變以觀化成，而顯其文於天下，則有功世教，不愧爲儒者之文矣。又豈僅以縱橫名家也哉？

從橫家出於行人之官說下篇

　　西漢以前未有別集之目，《隋書・經籍志》云：「別集之名，蓋漢東京之所創也。」而詩賦作於哀、平以前者，凡百有六家，《漢書・藝文志》云：「《傳》曰：『不歌而誦謂之賦。』登高能賦，可以爲大夫。古者諸侯、卿、大夫交接鄰國，

〔註13〕此三處「玄齡」，原作「元齡」。

以微言相感，當揖讓之時，必稱詩以諭其志。蓋以別賢不肖，而觀盛衰焉。故孔子曰『不學詩，無以言』也。」今按：交接鄰國者，行人之專司；揖讓諭志者，行人之常事。據此，則詩賦之學亦出行人之官，其業實從橫家所獨擅。蓋賦本六藝之一，乃古詩之流，而六藝之中，其用以賦為最廣。古詩雖不別標賦體，然凡作詩者皆謂之賦詩，《左氏・隱三年傳》云：「衛人所為賦《碩人》也。」《閔二年傳》云：「許穆夫人賦《載馳》。」又云：「鄭人為之賦《清人》。」《文六年傳》云：「國人哀之，為之賦《黃鳥》。」誦詩者亦謂之賦詩。《左氏・襄二十八年傳》云：「賦詩斷章。」《漢志》戒從橫家流「誦詩三百，不能專對」，誠以出使四方者，必當有得於詩。古詩多因行人而作，亦多為行人所誦，則賦詩本於奉使為宜。

故以《三百篇》證之，有知行人之勤勞，而賦詩以慰恤者；《周南・卷耳》，《序》云：「求賢審官。知臣下之勤勞。」鄭《箋》云：「臣以兵役之事行出，離其列位」；又云：「臣出使，功成而反，君且當設饗燕之禮，與之飲酒以勞之。」有獎行人之往來，而賦詩以褒美者；《小雅・四牡》，《序》云：「勞使臣之來也。有功而見知則說矣。」首章云：「四牡騑騑。」毛《傳》云：「騑騑，行不止之貌。」《皇皇者華》，《序》云：「君遣使臣也。送之以禮樂，言遠而有光華也。」首章云：「駪駪征夫。」毛《傳》云：「征夫，行人也。」有行人從政，而室家賦詩以勸之者；《召南・殷其靁》，《序》云：「召南之大夫遠行從政，其室家能閔其勤勞，勸以義也。」鄭《箋》云：「遠行，謂使出邦畿。」有行人于役，而僚友賦詩以念之者；《王風・君子于役》，《序》云：「君子行役無期度，大夫思其危難以風焉。」《正義》曰：「謂在家之大夫，思君子僚友在外之危難。」有行人困瘁，而賦詩以抒其情者；《小雅・北山》，《序》云：「役使不均，已勞於從事，而不得養其父母焉。」四章云：「或盡瘁事國」，又云：「或不已于行。」《緜蠻》，《序》云：「大臣不用仁心，遺忘微賤，不肯飲食教載之。」鄭《箋》云：「古者卿大夫出行，士為末介。士之祿薄，或困乏於資財，則當賙贍之。」有行人憂閔，而賦詩以述其境者。《王風・黍離》三章皆言「行邁靡靡，知我者謂我心憂」。《序》云：「周大夫行役至於宗周，閔周室之顛覆，彷徨不忍去，而作是詩也。」《小雅・小明》首章云：「我征徂西。至于艽野」；又云：「心之憂矣，其毒太苦。」是古詩每因行人而作，習從橫者固宜能作詩矣。

又以《左氏傳》證之，有行人相儀而賦詩者，《襄二十六年傳》云：「齊侯、鄭伯為衛侯故，如晉，晉侯兼享之。國景子相齊侯，賦《蓼蕭》；子展相鄭伯，賦《緇衣》。國子賦《轡之柔矣》，子展賦《將仲子兮》。」有行人出聘而賦詩者，《襄八年傳》云：「晉范宣子來聘，公享之，宣子賦《摽有梅》。」有行人乞援而賦詩者，《襄十六年傳》云：「穆叔如晉，聘且言齊，故曰：『敝邑之急，朝不及夕。』見中行獻子，賦《圻父》。見范宣子，賦《鴻

雁》之卒章。」有行人蒞盟而賦詩者，《襄二十七年傳》云：「楚薳罷如晉蒞盟，晉侯享之，將出，賦《既醉》。」有行人當宴會而賦詩者，《昭元年傳》云：「趙孟、叔孫豹、曹大夫入於鄭，鄭伯兼享之。禮終，乃宴穆叔，賦《鵲巢》，又賦《采蘩》。子皮賦《野有死麕》之卒章，趙孟賦《常棣》。」有行人答餞送而賦詩者，《昭十六年傳》云：「鄭六卿餞宣子於郊，子皮賦《野有蔓草》，子產賦《鄭之羔裘》，子太叔賦《褰裳》，子游賦《風雨》，子旗賦《有女同車》，子柳賦《蘀兮》，宣子皆獻馬焉，而賦《我將》。」是古詩每爲行人所誦，好從橫者更宜能誦詩矣。

　　且夫采風於侯邦者，本行人之舊典。《漢書·食貨志》云：「行人振木鐸，徇於路以采詩，獻之太師，比其音律，目聞於天子。」顏《注》云：「行人，遒人也。」觀樂於鄰國者，亦行人之深心。《左氏·襄三十年傳》云：「吳公子札來聘，請觀於周樂，使工爲之歌《周南》、《召南》。」則詩賦之根源，惟行人研尋最審。所以賦詩當答者，行人無容緘默。《左氏·昭十二年傳》云：「宋華定來聘，公享之，爲賦《蓼蕭》。弗知，又不答賦。昭子曰：『必亡。』」賦詩不當答者，行人必爲剖陳。《左氏·文四年傳》云：「衛甯武子來聘，公與之宴，爲賦《湛露》及《彤弓》。不辭，又不答賦。使行人私焉，對曰：『臣以爲肄業及之也。昔諸侯朝正於王，王宴樂之，於是乎賦《湛露》。諸侯敵王所愾而獻其功，於是乎賜之彤弓一。今陪臣來繼舊好，君辱貺之，其敢干大禮以自取戾？』」由是言之，行人承命以修好，苟非登高能賦者，難期專對之能矣。《漢志》所載詩賦，首列屈原，而唐勒、宋玉次之。《屈原賦》二十五篇，《唐勒賦》四篇，《宋玉賦》十六篇。其學皆源於古詩。《漢志》云：「春秋之後，周道寖壞，聘問歌詠不行於列國，學詩之士逸在布衣，而賢人失志之賦作矣。大儒孫卿及楚臣屈原，離讒憂國，皆作賦以風，咸有惻隱古詩之義。」雖體格與《三百篇》漸異，《文心雕龍·詮賦》篇云：「及靈均唱《騷》，始廣聲貌。於是荀況《禮》、《智》，宋玉《風》、《釣》。爰錫名號，與詩畫境。六義附庸，蔚成大國。斯蓋別詩之原始，命賦之厥初也。」而數人者皆長於辭令，有行人應對之才，《史記·屈原傳》云：「嫻於辭令，出則接遇賓客，應對諸侯。屈原既死之後，楚有宋玉、唐勒、景差之徒者，皆好辭而以賦見稱，然皆祖屈原之從容辭令。」則惟千古詩賦之宗工，始盡從橫之能事矣。西漢人詩賦見於《藝文志》者，如陸賈、嚴助之流，《陸賈賦》三篇，《嚴助賦》三十五篇。並以辯論見稱，受命出使。《史記·陸賈傳》云：「名爲有口辨士，居左右，常使諸侯。」《漢書·嚴助傳》云：「上令助等與大臣辯論」；又云：「迺遣助以節發兵會稽，諭意指。」是詩賦雖別爲一略，不與從橫同科，而夷考作者之生平，大抵曾任行人之職也。東漢以後，詩賦咸以集名，《文獻通考》卷二百三十引吳氏曰：「按閔馬父論《商頌》之亂曰：『韋昭《注》：輯，成也。』蓋東京別集之名，實本於劉歆之《輯略》，

而《輯略》又本於《商頌》之輯云。」爲行人者，以詩賦與鄰境唱酬，亦莫不雍容華國。《三國志·諸葛恪傳》，《注》引《恪別傳》云：「權嘗饗蜀使費禕，禕停食餅，索筆作《麥賦》，恪亦請筆作《磨賦》咸稱善焉。」《隋書·薛道衡傳》云：「陳使傳縡聘齊，以道衡兼主客郎接對之。縡贈詩五十韻，道衡和之，南北稱美。」又豈特行旅之詩賦，如班彪《北征》、潘岳《西征》諸賦，及蘇武、李陵諸詩。藉江山之壯偉，以助其才哉？王氏鳴盛《少司農裘公使浙集序》云：「計惟奉使之臣，感恩戀闕，必有優渥之言。而星軺所屆，又得名山大川以攄豁其襟抱，則於詩家爲宜。」況乎詩賦之易涉輕佻，以從橫家恒多矜詡；《顏氏家訓·文章》篇云：「自古文人多陷輕薄，原其所積文章之體，標舉興會，發引性靈，使人矜伐。故忽於持操，果於進取。」詩賦之競求靡麗，以從橫家常喜浮誇。《漢書·藝文志》云：「其後宋玉、唐勒，漢興枚乘、司馬相如，下及楊子雲，競爲侈麗宏衍之詞，沒其風諭之義。是以楊子悔之，曰：『詩人之賦麗以則，辭人之賦麗以淫。』」則即其流弊之所窮，亦足證本原之不異焉。得謂集部與子部竟無關耶？至於登高能賦之言，本於毛公《詩傳》，毛《傳》「登」作「升」。「登」與「升」，音近義同，古多通用。在君子九能之內。夫九能均不外乎作文，故總名曰德音。而「升高能賦」與「使能造命」相次，其爲行人之詩賦無疑。《鄘風·定之方中》，毛《傳》云：「故建邦能命龜，田能施命，作器能銘，使能造命，升高能賦，師旅能誓，山川能說，喪紀能誄，祭祀能語。君子能此九者，可謂有德音，可以爲大夫。」《隋書·經籍志·集部總論》云：「文者，所以明言也。」「古者登高能賦」云云，其說亦本於毛《傳》。古人詩賦俱謂之文，《揅經室續集·咸秩無文解》云：「古人稱詩之入樂者曰文，故子夏《詩大序》曰：『聲成文，謂之音』。《孟子》曰：『不以文害辭。』趙岐曰：『文，詩之文章也。』」則無論詩集、文集之殊，皆從橫家統緒之所寄也。若夫孫卿之賦，《漢志》著錄於「詩賦」門中，其文今見於《荀子·賦篇》。而賈誼、蕭望之、劉向亦俱有賦，《漢志》載《孫卿賦》十篇，《賈誼賦》七篇，《蕭望之賦》四篇，《劉向賦》三十三篇。此又以儒者兼文士之才，非從橫家所能限矣。然則《學記》所謂「宵雅肄三，官其始」者，即望其能賦詩而爲行人之官，故以使者輶軒勵初學進修之志耳。《學記》鄭《注》云：「宵之言小也。謂《鹿鳴》、《四牡》、《皇皇者華》也。爲始學者習之，所以勸之以官。」欲知文章詩賦之流別者，盍留意於從橫家乎！

卷十二

唐摭言跋上篇

　　右《唐摭言》十五卷，其標題云唐光化進士琅邪王定保撰。錢氏大昕《養新錄》云：「今檢《唐書·宰相世系表》，琅邪王氏未有名定保者。唯太原王氏有定保，字翊聖，乃起之曾孫、薳之子。今書中於『起』直書其姓名，於『薳』字亦不迴避，則別是一人，非太原之定保矣。唐有兩王定保，而史僅載其一，此表之脫漏也。」

　　今按：此書言及王起者，或稱王相起，卷八云：「王相起，長慶中再主文柄。」或稱王起僕射，卷三云：「王起僕射再主文柄。」或稱左僕射兼太常卿王起，卷三云：「依前命左僕射兼太常卿王起主文。」或竟直稱王起，卷三云：「王起於會昌中放第二牓」，又云：「王起門生一牓二十二人」；卷八云：「會昌四年，王起奏五人。」斷非曾孫稱其曾祖之詞。況王播為王起親兄，據新、舊《唐書》本傳及《新唐書·宰相世系表》。此書言「王播少孤貧」，卷七。又言「令禮部尚書王播署牓」，卷十四。亦非從曾孫稱其從曾祖之詞。

　　至於「薳」字，非但不迴避，且一則曰王薳，再則曰王薳，並詳述薛昭緯之謔語，以薳與李系為小人行綴，卷十二云：「薛保遜尤肆輕佻。其子昭緯頗有父風，常〔註1〕任祠部員外。時李系任小儀，王薳任小賓。正旦立仗班退，昭緯朗吟曰：『左金烏而右玉兔，天子旌旗。』薳遽請下句，昭緯應聲答曰：『上李系而下王薳，小人行綴。』聞者靡不洪哂。」今按《宰相世系表》，琅邪王氏旁枝亦有名薳者，係武后時宰相，璿之六世族孫。其人並無官爵。太原王氏名薳者，官右司員外郎。《摭言》稱王薳任小賓，唐人稱主客員外郎

　　〔註1〕按：常，《唐摭言》（上海古籍出版社2012年版，第92頁）原作「嘗」，是。

爲小賓、禮部員外郎爲小儀，與祠部員外郎同屬於禮部尙書。羲蓋由主客員外郎而轉右司員外郎，其官主客時，與薛昭緯、李系同列，《摭言》所記必太原之王羲也。尤非子稱其父之詞。然則撰此書者，琅邪之王定保，非太原之王定保，不可牽合爲一。錢氏謂「唐有兩王定保」，其說是也。

　　錢氏又云「其書有云『從翁丞相溥』。考昭宗時宰相有王摶，字昭逸，出自琅邪；有王溥，字德潤，出自太原。定保既出琅邪，則溥當爲摶之譌。」今按：王溥爲相，《舊唐書・昭宗紀》在天復三年，《新唐書・昭宗紀》在天復元年。《舊唐書・昭宗紀》云「三年二月乙未，以戶部侍郎王溥同中書門下平章事」，沈氏炳震《新舊唐書合鈔》云「《新書》」在元年二月拜，是年二月丙子罷。據《新書》罷相之時，《舊書》尙未拜也。然《舊書》元年十一月猶書戶部侍郎，崔允尙命之至全忠軍若同爲宰臣，允不應使之矣。但《舊書》不書罷免歲月，而哀帝即位，即書太常卿，未知罷於何時也，皆在光化三年之後。其時定保業已登第，詳見中篇。前此溥所歷官皆在京朝，《新唐書・王溥傳》云：「擢累禮部員外郎、史館修撰，充集賢殿直學士、刑部郎中知雜事，驟拜翰林學士、戶部侍郎，以中書侍郎同中書門下平章事。」定保應舉時，固可接見。然《舊唐書》不爲溥立傳，其里居家世無考。《新唐書・宰相世系表》列溥於太原大房，而列傳則云失其何所人，沈氏炳震《宰相世系表訂譌》據此疑其未必爲太原而世系歷歷，其說甚爲有見。雖表、傳不出於一手，列傳爲宋景文所作，《世系表》爲歐陽文忠所作。表或別有所本，未可竟斥其非。但溥既出自太原，則與琅邪無涉，《宰相世系表》琅邪王氏亦有名溥者，係方慶曾孫，定保高祖輩，非從翁也。其人不但未嘗爲相，抑且並無官階，斷非定保所述。定保不應稱爲從翁。且溥之共高祖兄弟有名凝者，官宣歙觀察使，據《宰相世系表》及新、舊《唐書・王凝傳》。溥若果係定保從祖，則凝亦係定保從祖。而此書直稱爲王凝，卷七云：「王凝、裴瓚」，又云：「凝終宣城。」今按以新舊《唐書・王凝傳》考之，凝卒於宣州。唐時宣州治宣城縣，亦稱宣城郡。則定保非凝之從孫可知。既非凝之從孫，則亦非溥之從孫可知。昭宗光化以後，王氏居相位爲定保應舉時所及見者，自溥之外惟摶。唐末之宰相，尙有王鐸、王徽。鐸係出太原，即起之從子、羲之從叔，以僖宗中和四年遇害，在昭宗即位之前四年。徽係出京兆，以昭宗大順元年卒，在改元光化之前八年。皆非琅邪之族，亦非定保應舉時所及見也。摶之入相，《舊唐書・昭宗紀》在景福二年，《新唐書・昭宗紀》在乾寧二年，皆在光化之前。至其爲崔允所誣，罷相貶官賜死，則新、舊《唐書》皆在光化三年六月，即定保登第之年。唐代試進士皆在春間，則定保登第時，摶猶爲相。摶與溥字形相近，而摶又係出琅邪，錢氏謂「溥當爲摶」，其說亦是也。

　　錢氏又云「書中稱王方慶爲七世伯祖，但依表所列，摶爲方慶八世孫，而定保稱方慶七世伯祖，則於摶不當有從翁之稱，是亦可疑也」。今按：方慶名綝，以字行。據《新唐書·王方慶傳》。《摭言》卷一。云：「咸亨五年，七世伯祖鸞臺鳳閣龍石白水公，時任考功員外郎，下覆試十一人」，《舊唐書·王方慶傳》云：「起家越王府參軍，永淳中累遷太僕少卿。」今按：咸亨、永淳皆高宗年號，而咸亨在永淳之前，傳不言官考功員外郎，當據此以補其闕。「龍」字乃「襲」字之訛，「白水」二字乃「泉」字誤分爲二。石泉者，封爵之號。方慶之曾祖褒，後周時謚石泉康侯；祖鼒，隋時謚石泉明威侯。據《宰相世系表》。今按《周書》、《北史·王褒傳》，皆言封石泉縣子，不言進封侯爵，當據此以補其闕。漢時高密國有石泉縣，褒等所封蓋即此也。故方慶受封於唐時，仍襲此號，其子晞亦襲石泉侯，據《宰相世系表》。今按《舊唐書·王方慶傳》云「封石泉公」，《新唐書·王方慶傳》云「曾祖褒。孫俌。」自褒至俌，六世封石泉云。是其明證。方慶昆弟五人，其行第居四，伯兄名緘，字方舉；仲兄名續，字方紹；叔兄名績，字方節；季弟名緄，字方操。據《宰相世系表》。定保以七世伯祖稱方慶，則其七世祖當是方操，方操有子三人：長令賓、次輝遠、次延客。據《宰相世系表》。令賓官商洛丞，輝遠無官，延客官姑臧尉。三人之中，孰爲定保六世祖，則無可考矣。定保既稱方慶爲七世伯祖，又稱摶爲從翁，則摶必是方慶五世孫。而《宰相世系表》以摶爲方慶八世孫者，《世系表》於方慶及摶之中間誤屬三世。蓋肅宗時宰相王璵，非方慶之後人，亦非摶之先世。《舊唐書·王璵傳》不言其先世及後裔。沈氏《考證》云「此別是一王璵，而方慶之六世孫，或亦名璵耳。摶爲方慶九世孫，而其曾祖亦名璵耳，非此王璵也益明矣。」《新書·璵傳》誤以爲方慶之六世孫、摶之曾祖。《新書·摶傳》云「失其何所人」，不言璵之曾祖。兩傳自相矛盾。《世系表》亦同其誤。據《世系表》，自方慶至璵共得六世，自方慶至摶共得九世，傳稱璵爲「方慶六世孫」，連本身數之也。《養新錄》稱摶爲方慶八世孫，除本身數之也。古人紀祖孫世數，雖亦有連本身數之者，然終以除本身數之者爲正例。《養新錄》所數是也。沈氏炳震因三人時代相距或遠或近，世數並參差不合，斷爲牽附，其辨析最爲詳明。沈氏《宰相世系表訂譌》云：「案《宰相表》，方慶萬歲通天元年入相，璵肅宗乾元元年入相，相去僅六十三年，不應遽有六世孫相也。又案《方慶傳》，光輔開元中官潞州刺史，《璵傳》開元末爲太常博士。光輔，璵之高祖，同時而仕，恐未必然。且璵之曾孫摶，案《宰相表》，昭宗乾寧二年入相，上距璵之入相一百三十八年，亦恐未必然也。要之，肅宗時之相乃別一王璵，非方慶六世孫，亦非摶之曾祖，其爲牽附無疑。」然則璵以前及璵以後，當必有兩世出於牽附，《宰相世系表》，方慶第三子畈，字光輔。沈氏《訂譌》云：「《方慶傳》作長子，

名光輔。」今按，此亦《世系表》歧出之一端也。若除去其牽附者，則世數自相合矣。錢氏謂定保稱摶從翁爲可疑，其說亦未嘗不是也。惟自方慶至摶實止六世，自方慶至定保實止八世。盧氏見曾《重刻《摭言》序》云：「唐末有鳳閣侍郎王方慶八代從孫定保。」今按：自方慶至定保首尾共八世，方慶爲定保七世伯祖，則定保乃方慶七世從孫。盧《序》言「八代從孫」，蓋連定保本身數之也。然與定保稱方慶之詞不合，仍當言七世爲是。祇可據《摭言》以訂《世系表》，不可援《世系表》以改《摭言》耳。

　　且《摭言》紀王摶之事，尚不止此一處。卷八云：「王倜，丞相魯公摶之子。倜及第翌日，摶登庸，王倜過堂別見。」今按：《新唐書・宰相世系表》，王氏宰相十三人無名損者，而琅邪王氏有名損者，字中禮，並無官階。其父名莓，與摶爲從兄弟。乃摶之從姪也。有名倜者，字垂光，官鄩尉，直宏文館，即摶之子，損之再從兄弟也。或謂摶、損二字偏旁皆從手，疑損乃摶之從兄弟、倜之從伯叔。然無它文可證。今姑從《世系表》。據此則《摭言》損字必是摶字之訛。其上文云「崔昭矩，大順中裴公下狀元及第。翌日，兄昭緯登庸」，而王倜之事即彙敘於下，則倜之登科後於昭矩可知。按《新唐書・昭宗紀》，昭緯之入相在大順二年正月，《舊唐・昭宗紀》在大順元年十二月，非試進士之時。《通鑑》在二年正月庚申，與《新書》合，當從之。摶之入相在乾寧二年三月，《舊唐書・昭宗紀》在景福二年十一月，較《新・紀》早二年。然十一月亦非試進士之時，《通鑑》從《新・紀》，是也。均在春間試進士之時。《摭言》卷八云：「天復元年，時上新平內難，聞放新進士，喜甚。」今按昭宗反正在是年正月朔。昭緯登庸先於摶四年，則昭矩登科亦先於倜四年，以證《摭言》所述之次第正相符合，則損當作摶無疑。摶之名，兩見於《摭言》，而一誤爲溥、一誤爲損，皆偏旁形似之訛耳。摶之封魯公，見於《新唐書》本傳，定保稱摶爲丞相魯公，乃尊其從祖之詞，而於倜則不稱官階，似非所以尊其從叔。當是王倜之上本有官階，而傳寫者脫去。蓋崔昭緯不稱爵位，而王摶稱爵位者，尊摶而異其詞也。崔昭矩不稱官階，而王倜稱官階者，尊倜而異其詞也。試思定保言及從叔渙，稱其官階曰南海記室，見《摭言》卷三《散序門》。倜與渙同是從叔，於渙既稱其官階，則於倜亦必稱其官階，此稱謂之常例也。否則，不獨書法未能畫一，亦非待從叔之禮矣。定保又言「大順中，王渙自左史拜考功員外」，見《摭言》卷三《慈恩寺題名遊賞賦詠雜紀門》。此王渙另是一人，非定保之從叔，蓋南海記室係幕職而考功員外爲朝官，其高下重輕迥相懸隔。定保言及從叔渙，列於已所諮訪前達之中。凡所稱前達，皆舉其所歷至高之秩。如顏蕘先官中書舍人，後官給事中，而《摭言》稱爲顏夕拜，

詳見《中篇》。良以給事班在舍人之上耳。據《舊唐書・職官志》及《通典》，四十一給事中與中書舍人皆係正五品上階，而舍人在給事之下。若定保之從叔渙曾官考功員外，不應僅稱南海記室。然則唐時不止一王渙爲南海記室者，一人乃定保之從叔也，爲考功員外者又一人，非定保之同宗也。《新唐書・宰相世系表》太原王氏第二房有名渙者，但言字群吉，不言居何官，則非爲考功員外之王渙也。琅邪王氏方慶之從曾孫有名渙者，係定保族高祖，而非從叔，亦不言居何官，則非爲南海記室之王渙也。定保同宗名渙者二人，論其行輩，一爲族曾祖，一爲族曾孫，而彼此同名者，蓋凡族大人眾散處四方者，每至數世不相往來，故命名有時而誤複。即以琅邪王氏而論，名汶者二人，一爲殿中少監，係方慶族曾孫；一無官，係方慶曾孫。族兄族弟之同名者也；名邁者二人，一官淄州刺史，係方慶元孫；一官黃岩令，係方慶從來孫族。叔族姪之同名者也；名澄者二人，一無官，係方慶從姪；一官洋州刺史，係方慶曾孫。族祖族孫之同名者也；名擢者二人，二人皆無官，一系方慶從孫，一系方慶來孫。族曾祖族曾孫之同名者也；名綱者二人，一官臨洺丞，係方慶族孫；一無官，係方慶從舅孫。族高祖族元孫之同名者也。然則兩王渙皆與定保同宗，亦事所常有，而無足深訝者矣。

定保自言京師有舊第，在太平里。詳見《中篇》。今以《長安志》卷九。所記唐京城考之，太平坊係朱雀街西第二街，在皇城南面含光門外，此坊內王氏之第有二：一爲御史大夫王鍇宅，一爲戶部尚書王源中宅。鍇係太原王氏，乃方翼之孫，非定保之同宗。《舊唐書・王鍇傳》云：「太原祁人也。祖方翼，爲時名將。」《新唐書・王方翼傳》云：「并州祁人。」今按：太原屬并州，《新書》之「并州」即《舊書》之「太原」也。天寶間已被族誅籍沒，《舊唐書・王鍇傳》云：「經五年而鍇至赤族」。《新唐書・王鍇傳》云：「有司籍第舍，數日不能遍」。《長安志》云：「天寶中，鍇有罪，賜死，縣官簿錄鍇太平坊宅」。源中係琅邪王氏，乃方慶之元孫，即定保之從曾祖，據《新唐書・宰相世系表》。開成間猶居方鎮尊榮。《舊唐書・文宗紀》云：「太和九年十二月丙子，以刑部尚書王源中爲天平軍節度使。開成三年十一月乙丑，天平軍節度使王源中卒。」《新唐書・王源中傳》云：「入拜刑部侍郎。未幾，領天平節度使。開成三年卒，贈尚書右僕射。」今按新、舊《書》皆不言曾官戶部尚書。《長安志》紀源中之官階稱戶部尚書者，疑節度天平時所晉之秩也。然則定保所言太平里舊第，必是源中之宅，而非鍇之宅矣。況此書曾言源中與昆季雍睦，即係太平里第之事，卷十五云：「王源中文宗時爲翰林承旨學士，暇日與諸昆季蹴踘於太平里第。球子擊起，誤中源中之額，薄有所損。俄有急召，比至，上訝之，源中具以上聞。上曰：『卿大雍睦。』遂賜酒兩盤，每盤貯十金椀，每椀容一升許，

宣令並椀賜之，源中飲之無餘，略無醉態。」今按：據《新唐書‧宰相世系表》，源中昆季七人，其行次第二，長兄名遇，三弟名敬元，四弟名逢元，五弟名迪，六弟名適，七弟名高。尤其明證。惟源中既係定保從曾祖，不應直稱為王源中。意者其上下尚有闕文，或稱其生前之官則曰尚書，或稱其追贈之官則曰僕射。猶之述其從叔王偶之事，本有官階而傳寫者脫去耳。

此書言定保家諱者凡二處，其一條云「王大夫廉問浙東」，自注云：「名與定保家諱下一字同」。今考此條上下文記方干謁王大夫之事，卷十二云：「方干，桐廬人也。王大夫廉問浙東，干造之，連跪三拜，因號方三拜。王公將薦之於朝，請吳子華為表章。無何公遘疾而卒，事不諧矣。」證以新、舊《唐書》及《北夢瑣言》，王大夫名龜，《北夢瑣言》卷六云：「詩人方干，王龜大夫重之。既延入內，乃連下兩拜，亞相安詳以答之。未起間，方又致一拜。時號『方三拜』也。」《舊唐書‧王龜傳》云：「咸通十四年，轉越州刺史、御史大夫、浙東團練觀察使。山越攻郡〔註2〕，為賊所害，贈工部尚書。」《新唐書‧王龜傳》云：「徙浙東觀察使，卒贈工部尚書。」今按：唐人稱觀察使為廉問，王龜官浙東觀察使兼御史大夫，故《摭言》有「王大夫廉問浙東」之語，《瑣言》紀方三拜事，與《摭言》合。其以王大夫為王龜，與新、舊《唐書》合。則《摭言》所謂王大夫必是王龜無疑。《新唐書》但言龜卒，不言為賊所害，與《摭言》遘疾而卒之語相符，《舊唐書》所言蓋傳聞之誤。系出太原，乃起之子、蕘之父，據新、舊《唐書》本傳及《新唐書‧宰相世系表》。即太原王定保之祖，而其名與琅邪王定保家諱下一字同。此書係琅邪王定保所作，非太原王定保所作，故不稱之為祖，而稱之為王大夫，惟不書其名以避家諱。他如言及劉崇龜之事，不書其名而稱其字曰子長，亦以避家諱也。卷十一云：「文德中，劉子長出鎮浙西，行次江西。」卷十二云：「顧雲在江淮，遇高逢休諫議。時劉子長僕射，清名雅譽，充塞搢紳。其弟崇望，復在中書，云：『以逢休與子長舊交，將造門希致先容。』」今按：《新唐書‧劉崇望傳》云：「兄崇龜，字子長」，《摭言》書崇望之名，而不書崇龜之名者，以龜字為家諱也。若夫言及沅江龜甲者，「龜」字乃「鱉」字之訛；卷十二云：「亦由沅江出龜甲，九肋者蓋希矣。」今按：《廣事類賦》卷三十九《鱉賦》云：「九其肋」，自注引《摭言》此條，「龜」作「鱉」。《格致鏡源》卷九十四鱉類引《摭言》，亦作「鱉」。《水族加恩簿》「鱉有九肋君之稱」，是其明證。言及銀龜噴香者，「龜」字疑「猊」字或「獸」字之訛；卷九云：「秦韜玉有貴公子行，云銀龜噴香挽不斷。」不得沿襲謬誤而謂「龜」字非定保之家諱也。其一條云「盧大郎補闕」，自注云：「盧名上字與僕家諱同，下字曰暉」。今考此條下文，盧補闕係晚唐時人。卷四云：「盧大

〔註2〕按：《舊唐書》原作「屬徐、泗之亂，江淮盜起，山越亂，攻郡」。

郎補闕，咸通十一年初，舉廣明，庚子歲遇大寇犯闕，竄身南服。自是龍鍾場屋復十許歲。大順中，方爲宏農公所擢，卒於右衮。」遍檢《新唐書・宰相世系表》，盧氏有單名暉者，官魏州刺史。其兄名昭、名暕，其弟名畯，皆係單名。有名元暉者，字子餘，並無官階，皆與此條不合。且《摭言》不避「元」字，卷一云：「開耀二年，劉思元下五十一人。」卷五云：「如龍戰於野，其血元黃。」卷六云：「莫若舉前倉部員外郎吳太元爲洛陽令。」卷十二云：「若在鈞天，如臨元圃。」不得牽合附會，而謂「元」字爲定保之家諱也。至於僖宗乾符間，有蔚州刺史王龜範，《舊唐書・僖宗紀》云：「乾符三年六月，敕福建觀察使李播、荊州刺史楊權古、蔚州刺史王龜範等並宜停任。」雖與定保時代相接，然定保之家諱，龜字係下一字，非上一字，且《摭言》不避「範」字，卷三云：「團司先於光範門裏東廊供帳」，又云：「韋昭、范先輩登第」。則其人另是一家，與定保固無涉矣。考古人之世系者，信以傳信，亦疑以傳疑，庶不蹈虛妄之弊也夫。

唐摭言跋中篇

南唐後主癸酉歲，鄉貢進士何晦撰《唐摭言》十五卷。《直齋書錄解題》云：「鄉貢進士何晦撰。其序言太歲癸酉下第於金陵鳳臺旅舍。癸酉者，開寶六年也。時江南獨未下，晦蓋其國人歟？」今按：宋太祖開寶六年，南唐後主在位第十三年也。是時南唐奉宋之正朔，而士大夫恥用宋之年號，往往但書甲子，屢見於金石文字。此序亦其例也。其成書後於王定保五十六年，惜久佚不傳，無以知其體裁之同異。晦之事蹟，亦不見於它書。所幸定保之本末始終，散見於《摭言》及它書者，猶可得其大略也。

今考《通鑒》以定保爲南昌人，卷二百八十二。蓋定保自稱琅邪，特標其族望。而實則王氏自東晉以後，即僑居金陵。後周以來，又徙居關內。《舊唐書・王方慶傳》云：「雍州咸陽人也，周少司空石泉公褒之曾孫也。其先自琅琊南度，居於丹陽，爲江左冠族。褒北徙入關，始家咸陽焉。」故長安太平里有先世舊第。定保生於懿宗咸通十一年，當其時，已寄居南昌。《摭言》卷三云：「定保生於咸通庚寅歲，時屬南蠻騷動，諸道徵兵，自是聯翩，寇亂中土，雖舊第太平里，而跡未嘗達京師。」今按：庚寅係咸通十一年。以《通鑒》及新、舊《唐書》考之，是歲南詔蠻寇成都，連年征戍不息，而王仙芝黃巢輩接踵起矣。南昌係洪州附郭之邑，洪州即豫章郡，乃江南西道節度，治所撫袁吉虔饒江等州，皆其屬郡。據新、舊《唐書・地理志》及《新唐書・方鎮表》。廬山亦在其境內。今觀《摭言》所述有言江西者，卷二云：「永樂崔侍中廉問江西」，又云：「符載後佐李隲爲江西副使。」卷十云：「劉魯風江西投謁所知」，又云：「胡汾與李隲舊

交，隋廉問江西，弓旌不至」，又云：「李常侍隋廉察江西時，與放鄉里之役」，又云：「崔安潛侍郎廉問江西。」卷十一云：「劉子長行次江西時，陸威亦寓於此。」有言洪州者，卷八云：「施肩吾以洪州之西山乃十二眞君羽化之地，慕其眞風，高蹈於此。」有言豫章者，卷十云：「中和未，豫章大亂」，又云：「繆島雲開成中常遊豫章」，又云：「任濤，豫章筠川人也」，又云：「來鵠，豫章人也」，又云：「閔廷言，豫章人也。」卷十一云：「劉軻少爲僧，止於豫章高安縣南果園。」今按：新、舊《唐書‧地理志》，高安屬洪州豫章郡，武德間曾置筠州。筠川即筠州也。有言南昌者，卷五云：「王勃著《滕王閣序》，都督閻公不之信，專令人伺其下筆。報云『南昌故郡，洪都新府』，又報云『星分翼軫，地接衡廬』。」有言撫州者，卷二云：「李相回競坐貶撫州司馬」，卷十五：「湯賓天祐中逃難至臨川。」今按新、舊《唐書‧地理志》，臨川郡即撫州也。有言袁州者，卷三云：「盧肇，袁州宜春人。與同郡黃頗齊名。」卷八云：「彭伉、湛賁，俱袁州宜春人。」卷十云：「陳象，袁州新喻人也。」卷十二云：「盧肇初，舉先達。或問所來，肇曰：『某袁民也。』」有言吉州者，卷二云：「盧吉州肇，開成中就江西解試。」卷十五：「陳岳，吉州廬陵人也。」有言虔州者，卷八云：「鍾輻，虔州南康人也。」卷十二云：「崔櫓酒後失虔州陸郎中。」有言饒州者，卷十五：「乾符中，顏標典鄱陽。」今按：《新唐書‧僖宗紀》云：「乾符五年二月，王仙芝伏誅。其將王重隱陷饒州，刺史顏標死之。」有言江州者，卷二云：「會有名郎出牧九江郡者」，又云：「時李相已量移鄧州刺史，行次九江。」卷十四云：「侍郎錢徽下三十三人重試，落第十人。徽貶江州刺史。」今按：新、舊《唐書‧地理志》，江州本九江郡。有言廬山者。卷二云：「合淝李郎中群，始與楊衡、符載等同隱廬山。」卷八云：「胡玢嘗隱廬山。」卷十一云：「劉軻復求黃老之術，隱於廬山。」綜覈全書，紀載故實最多者，莫若江南西道。誠以久居其地，不啻桑梓之鄉，故敘次較它道爲特詳耳。觀於自記廬山禱夢，則其應舉於江南西道有明徵矣。卷八云：「予次匡廬，其夕遙祝九天使者，俄夢朱衣道人，長丈餘，特以青灰落衣襟霏霏然，常自謂魚透龍門，凡三經復透矣，私心常慮舉事中輟。既三舉矣，欲罷不能。於是四舉，有司遂儳忝矣。」江南西道，唐末屬於鍾傳。定保登進士第之年，正傳爲節度使之日。據《新唐書》及《通鑑》。中和二年，傳得洪州。天祐三年，傳卒。首尾二十五年。定保以光化三年登第，其時傳之據鎮已十九年矣。其鄉舉必傳所薦送，故此書於傳之幕僚既臚列其姓名，復備舉其學術。卷十五：「陳象爲文，有西漢風骨，著《貫子》十篇。南平王鍾傳鎮豫章，以羔雁聘之，累遷行軍司馬、御史大夫。」又云：「湯賓晚佐江西鍾傳，傳女適江夏杜洪之子，時及昏暝，有人走乞障車文。賓命小吏四人，各執紙筆，倚馬待制，既而四本俱成。」又云：「陳岳晚年從豫章鍾傳，退居南郭，以墳典自娛，因之博覽群籍。光化中，執政議以蒲帛徵，傳聞之，復辟爲從事。」而當日鄉貢會饌之盛，尤能娓娓言之。卷二

云：「國朝自廣明庚子之亂，甲辰天下大荒，車駕再幸岐梁，道殣相望，郡國率不以貢士爲意。江西鍾傳令公起於義聚，奄有疆土，充庭述職，爲諸侯表式，而乃孜孜以薦賢爲急務。雖州里白丁，片文隻字求貢於有司者，莫不盡禮接之。至於考試之辰，設會供帳，甲於治平。行鄉飲之禮，常率賓佐臨視，拳拳然有喜色。復大會以餞之，筐篚之外，率皆資以桂玉。解元三十萬，解副二十萬，海送皆不減十萬。垂三十年，此志未嘗稍怠。時舉子有以公卿關節，不遠千里而求首薦者，歲常不下數輩。」蓋感其禮待之憂隆，故樂爲稱道也。定保自稱光化進士，而其登第在光化幾年，則書中未曾言及。《直齋書錄解題》云「定保光化三年進士」，蓋唐時《登科記》，宋末猶存，《新唐書‧藝文志》有崔氏唐《顯慶登科記》五卷、姚康《科第錄》十六卷、李弈《唐登科記》二卷。《郡齋讀書志》有樂史《登科記》三十卷，起唐武德，訖天祐末。《直齋書錄解題》有洪适《唐登科記》十五卷。《困學紀聞》卷十七云：「韓文公《歐陽生哀辭》：『閩人舉進士由詹始』，史因之。黃璞《閩川名士傳》：『其前有薛令之、林藻。』考之《登科記》，信然。」是王伯厚猶及見其書也。故陳氏得以知定保登第之年也。盧氏見曾《重刻摭言序》云「定保光化二年進士」，此語即本於陳氏，「二」字則「三」字之訛耳。

今按：定保自述云「恩門右省李常侍渥」，見《摭言》卷三。今按：孫棨《北里志》云：「亂離前兩日，與進士李文遠渭，渥之弟，今改名澣。其時初舉，乘醉同詣之。」據棨之自序，其書成於僖宗中和四年，所言亂離之事，指廣明元年黃巢陷京師而言。是歲定保年已十一，時代正相符合。《摭言》所言李常侍渥，疑即文遠之兄也。《北里志》又云：「今左史劉郊文崇及第年，遂令同年李深之邀爲酒糾。」深之，疑即渥之字，惜無他書可證，姑存此說以俟考。右省謂中書省，《通鑑》卷二十一云：「散騎常侍左屬門下，右屬中書。」恩門猶言恩地，指登第時座主而言。《摭言》卷三記王起門生裴翻和周墀賀起詩云：「恩門三啓動寰瀛」，此恩門即座主之證。《北夢瑣言》卷三云：「進士馮涓登第，恩地即杜相審權也。」《摭言》卷四列「與恩地舊交」一門，皆係門生與座主素識者，此恩地即座主之證。《北夢瑣言》卷八云：「唐相國裴公坦，太和八年，李漢侍郎下及第，自以舉業未精，辭歸鄠縣別墅。歲時恩地，唯啓狀而已。掩關勤苦，文格乃變，然始到京，重獻恩門文章」，此恩門與恩地爲座主通稱之證。蓋光化三年，主禮部試者即李渥也。至於光化二年之主試乃趙光逢，亦見於《摭言》。卷十五云：「光化二年，趙光逢放柳璨及第。」若是定保座主，則無容不書其官而但書其名。且恩門之稱，亦不應捨光逢而屬之渥矣。定保自述其同年，有盧延讓、楊贊圖、崔籍若，卷三云：「其次同年盧十三延讓、楊五十一贊圖、崔二十七籍若等十許人。」贊圖、籍若何年登第，未見明文。《全唐文》卷八百二十三載黃滔《與楊狀頭贊圖啓》，自稱末學，而稱贊圖爲先輩，且有指蹤傳授，感恩悚謝之語。今考滔係

乾坤寧二年進士，光化中除四門博士，其登第在定保之前，與啓之楊贊圖當另是一人，非定保之同年也。而延讓之登第在光化三年，《摭言》中實有顯證，見卷六。則定保之登第亦在是年可知。若夫光化二年之狀元係盧文煥，《摭言》但言其與柳璨同年，卷三云：「盧文煥光化二年狀元及第，頗以宴醵爲急務。同年皆患貧，無以致之。文煥命團司牽驢，時柳璨告文煥：『以驢從非已有。』文煥曰：『藥不瞑眩，厥疾弗瘳。』璨甚銜之。居四年，璨登庸，文煥憂戚日加。」今按：據《舊唐書・昭宗紀》，天祐三年十二月丙申殺崔允〔註3〕。次年正月丁酉朔，柳璨爲相。而《璨傳》則云：「允死之日，既夕，璨自內出，前驅傳呼相公來。人未見制敕，莫測所以。」《新唐書・璨傳》亦云：「崔允死，昭宗密許璨宰相。明日，遂以諫議大夫同中書門下平章事。」蓋昭宗以天祐三年十二月丙申晦面許璨爲相，次年正月丁酉朔乃宣制耳。自光化二年至天祐三年，正合四年之數。而不言與己同年，則定保非光化二年進士明矣。

定保所舉諮訪之前達，有丞相吳郡公展顏夕拜薨。見《摭言》卷五。原文尚有「翰林侍郎濮陽公融即定保之外舅吳融也」。說詳《下篇》。展即陸展，曾封吳郡公。據《舊唐書・昭宗紀》、《新舊唐書・陸展傳》。顏薨官至給事中。《北夢瑣言》卷六云：「顏給事薨謫官，沒於湖外。」唐人稱給事中爲夕拜，《通典》卷二十一〔註4〕云：「後漢並爲一官，故有給事黃門侍郎。日暮入，對青瑣門拜，故謂之夕郎。」今按：給事中與給事黃門侍郎官名相類，故借用此稱也。據《舊唐書・昭宗紀》，展以光化二年正月復相，薨以光化三年八月由知制誥爲中書舍人，是定保登第之時，正展、薨在朝之日，故得以從容諮訪而附載其事蹟於《摭言》也。卷八記展自定狀元，卷九記薨不與樊某官，卷十〔註5〕記薨爲陸龜蒙誌墓，卷十二記薨草貶薛保遜制。

定保登第之初，爲容管巡官。據《新五代史・南漢世家》。唐末置寧遠軍於容管，以龐巨昭爲節度使。《通鑑》卷二百六十七云：「寧遠節度使龐巨昭、高州防禦使劉昌魯，皆唐官也。黃巢之寇嶺南也，巨昭爲容管觀察使，帥群蠻據險以拒之，巢眾不敢入境。唐嘉其功，置寧遠軍於容州，以巨昭爲節度使。」胡《注》云：「按《通鑑》唐昭宗乾寧四年置寧遠軍於容州，以李克用大將蓋寓領節度使。」考之《新書・方鎮表》，容州置節鎮亦在是年，龐巨昭建節當在是年之後。至梁開平四年，巨昭畏劉隱之逼，請自歸於楚。馬

〔註3〕按：崔允，《舊唐書》卷一百七十九《柳璨傳》、《新唐書》卷二百二十三下《柳璨傳》均作「崔胤」。
〔註4〕按：衛宏《漢舊儀》曰：「黃門郎屬黃門令，日暮入對青瑣闈拜，名夕郎。」載徐堅《初學記》卷十二《侍中第一》，中華書局1962年版，第280頁。
〔註5〕按：卷十，原爲「十卷」，誤。檢《唐摭言》卷十「陸龜蒙」條，恰有「顏薨給事爲文誌其墓」的記載，據改。

殷遣其將姚彥章代守容管，次年容管爲劉岩所取。據《通鑑》卷二百六十七二百六十八。定保蓋始爲巨昭巡官，秩滿後避亂不還，客遊廣州，遂與同時士人並爲隱辟置幕府，待以賓禮。《新五代史‧南漢劉隱世家》云：「中朝人士以嶺外最遠，可以闢地，多遊焉。或當時仕宦遭亂，不得還者皆客嶺表。王定保、倪曙、劉濬、李衡、周傑、楊洞潛、趙光裔之徒，隱皆招禮之。定保，容管巡官；曙，唐太學博士；濬，崇望之子，以避亂往；衡，德裕之孫，唐右補闕，以奉使往。皆辟置幕府，待以賓客。傑，唐司農少卿，因避亂往，隱亦客之。洞潛，初爲邕管巡官，秩滿，客南海，隱嘗師事之，後以爲節度副使。」今按：定保始爲容管巡官，與洞潛始爲邕管巡官正同。洞潛以秩滿客南海，則定保當亦以秩滿客南海。蓋中原大亂，秩滿後不復能歸，故寄跡於隱之幕府。其時容管尚未屬於隱也。又按：李衡即李殷衡，與趙光裔同奉使者，宋人避宣祖諱，刪去殷字耳。詳見下文。《摭言》內有容管之事，卷八記戴叔倫貞元中罷容管都督，卷九記何澤之父鼎爲容管經略。是其在容管幕府時所記也。有廣南、廣州、南海之事，卷四記鄭繽鎮南海，卷九記何澤假廣南幕職，卷九記鄭繽鎮南海，卷十記鄭繽鎮廣南，又記顧蒙避地至廣州，卷十二記鄭愚鎮南海。今按：新、舊《唐書‧地理志》，南海縣係廣州附郭之邑，廣州本南海郡，乃嶺南東道節度治所。有韶州之事，卷九記韶陽曲江人何澤，又記曲江人李端。今按：新、舊《唐書‧地理志》，曲江爲韶州附郭之邑。又按：《新五代史‧何澤傳》，言「澤父鼎爲容管經略使」，與《摭言》合。其以澤爲廣州人，則敘述之誤也。有循州之事，卷九記崔沆謫循州見鄭隱。有連州之事。卷九記連州人邵安石。廣、韶、循、連，皆嶺南節度巡屬，是其在嶺南幕府時所記也。有湖南長沙湘南之事，卷十記長沙人李濤，又記湖南人周緘，又記湘南人何涓，又記高湘自長沙至京，又記李巢在湖南。卷十一記長沙王璘日試萬言。卷十二記崔詹事觀察湖南。卷十三記杜蘊廉問長沙，又記湖南王璘與李群玉聯句。今按：新、舊《唐書‧地理志》，長沙爲潭州附郭之邑，潭州一名長沙郡。據《新唐書‧方鎮表》，潭州乃湖南觀察使治所。有荊南之事，卷四記劉蛻以荊南解及第，卷六記盧延讓薄遊荊渚，卷十記盧汪家荊南塔橋，又記來鵠避地遊荊襄，卷十二記崔魏公在荊南，卷十三記白中令鎮荊南，卷十五記李石鎮荊。今按《新唐書‧方鎮表》，荊南節度使治荊州。定保由江西至長安，由長安至容管，皆可出於荊南湖南之途，是其往來道路時所記也。

　　嶺南幕中，自劉隱時即喜用衣冠之冑。《通鑑》卷二百六十七云：「梁開平二年十月辛酉，以劉隱爲清海靜海節度使，以膳部郎中趙光裔右補闕，李殷衡充官告使，隱皆留之。光裔，光逢之弟；殷衡，德裕之孫也。」胡《注》云：「史言群雄割據，各收拾衣冠之冑以爲用。」至劉岩襲位，所延士人尤多。《通鑑》卷二百六十八云：「梁乾化元年五月甲辰，以清海留後劉岩爲節度使。岩多延中國士人，置於幕府。」及建國稱尊，咸登諸顯位。

其爲宰相者，如趙光裔、楊洞潛、李殷衡、倪曙、劉濬等人，《通鑑》卷二百七十云：「梁貞明三年八月，清海建武節度使劉巖即皇帝位於番禺，以梁使趙光裔爲兵部尚書節度副使，楊洞潛爲兵部侍郎節度判官，李殷衡爲禮部侍郎並同平章事。」卷二百七十一云：「梁龍德元年，漢以尚書左丞倪曙同平章事。」卷二百八十云：「晉天福元年，漢主以宗正卿兼工部侍郎劉濬爲中書侍郎同平章事。濬，崇望之子也。」大都與定保先爲同幕而後爲同朝，故《摭言》書中或紀其本身，卷二記唐乾符四年京兆等第，倪曙名在第六。今按：自是年至梁龍德元年，曙爲南漢宰相之歲，計四十四年。唐時京兆等第，惟是年十人之名獨見於《摭言》，蓋即曙述之以告定保也。卷十五記韋承貽策試，夜紀長句，自注云：「光化初，幾爲圬墁者有所廢。楊洞見而勉之，遂留之如故。」今按：光化初，正定保應試之時，楊洞疑即楊洞潛，傳寫者脫去「潛」字。蓋定保紀承貽之詩於《摭言》，洞潛因自述其事以告，遂增加此注耳。或紀其先祖，卷三記會昌三年贊皇公爲上相，卷七記李太尉德裕頗爲寒進開路。今按：據新、舊《唐書》、《通鑑》，贊皇公即李德裕，乃殷衡之祖也。或紀其父與伯父，卷十一記劉子長，卷十二記劉子長及其弟崇望。今按：崇望，濬之父也。子長，濬之伯父崇龜也。詳《上篇》。或紀其伯父與弟昆，卷三記趙光允自補袞拜小儀，卷九記趙隲主文黜郭薰，卷十二記趙隲擢韓袞狀元，卷十三記趙隲試題爲王者被袞以象天賦，卷十五記趙光逢爲相。今按：據《新唐書·趙隱傳》，隲爲隱之兄。光逢、光裔、光允，皆隱之子。是隲乃光裔之伯父，光逢乃光裔之兄，光允乃光裔之弟也。又按：卷十記追贈不及第人，有趙光遠，云：「丞相隱弟子」，是亦光裔之從昆弟也。蓋僚友讌談，各述其家世舊聞及身所經歷者以相告語，而定保遂敘次之，以載於己書也。

當書成之時，劉巖猶未建國，故書中不避巖字，卷九卷十一併言路巖，卷十記姚巖傑，卷十一載任華上嚴大夫箋，云「僕隱居巖壑」。亦不避巖兄隱之名，卷二、卷九、卷十、卷十二皆言羅隱，卷九言鄭隱，卷十言趙隱，卷八又立「及第後隱居」一門。其他言隱居者尤多。今據巖之割據嶺南，實承隱舊業，故追尊隱爲烈宗襄皇帝，與祖父並列，稱爲三廟。則南漢建國之後，隱字亦當避矣。並不避巖父謙之名。卷三、卷九皆記裴思謙，卷五載皇甫湜《與李生第二書》，其中疊用謙字。巖之建國在梁貞明三年八月，則《摭言》必成於是月之前。書中言及趙光逢再相之事，卷十五云：「光逢膺大用，居重地十餘歲，七表乞骸，守司空致仕。居二年，復徵拜上相。」今考光逢再相在梁貞明二年八月，《通鑑》卷二百六十七云：「梁開平三年九月辛亥，以太常卿趙光逢爲中書侍郎工部侍郎、杜曉爲戶部侍郎並同平章事」，此初爲相也。卷二百六十九云：「貞明元年三月丁卯，以右僕射兼門下侍郎同平章事趙光逢爲太子太保致仕」，此初罷相也。又云：「貞明二年八月丁酉，以太子太保致仕趙光逢爲司空兼門下侍郎同平章事」，此再爲相也。卷二百七十云：「貞明四年四月，司空兼門

下侍郎同平章事趙光逢告老。己巳，以司徒致仕」，此再罷相也。今按：新、舊《五代史》所紀年歲月日均與《通鑑》相同。則《摭言》必成於是月之後。光逢以太子太保致仕，復起爲司空，《摭言》謂其「守司空致仕」者，嶺南去洛陽甚遠，傳聞之誤也。光逢再罷相，在南漢建國之後，《摭言》書已行世，故但言其再爲相，未言其再致仕也。由是推之，成書必在貞明二年九月以後，三年七月以前，故定保雖久仕南漢之朝，而《摭言》中絕無建國之事也。《新五代史》言定保爲岩所憚，詳見《下篇》。又言定保曾作《南宮七奇賦》，《南漢劉龑世家》云：「乾亨八年，作南宮，王定保獻《南宮七奇賦》以美之。」而不言終於何官。《通鑑》言定保由寧遠節度使入爲中書侍郎同平章事，未踰年而卒。其事在晉天福五年，即南漢大有十三年，《通鑑》卷二百八十二云：「晉天福五年，是歲漢門下侍郎同平章事趙損卒，以寧遠節度使南昌王定保爲中書侍郎同平章事，不踰年亦卒。」而其行事則概未敘及。

　　夫定保相南漢日淺，固不及有所設施。而其生平最恨宦官，凡結納中貴者，必備記姓名於《摭言》，以昭炯戒。卷九「敕賜及第」門言秦韜玉依附田令孜；「惡得及第」門言裴思謙依附仇士良，于梲、黃郁、李端〔註6〕依附田令孜；「芳林十哲」門言沈雲翔等交通中貴，芳林門名由此入內故也；「誤掇惡名」門言華京與大梁監軍相揖，楊篆〔註7〕受淮南監軍李全貴〔註8〕之衣。則其秉鈞當軸，必能裁抑閹豎之權。《摭言》卷十言劉蕡「指斥貴倖，不顧忌諱，有司知而不取，屈聲播於天下」。其論云：「雖抱屈於一時，竟垂裕於千載者，蕡得之矣」。觀於此，則定保欽慕於蕡甚切，蓋指斥貴倖先後有同心也。南漢高祖之末，猜忌士人而專任宦官，當在定保歿後。《通鑑》卷二卷二百八十三云：「晉天福七年四月，漢高祖寢疾，丁丑殂。高祖末年尤猜忌，以士人多爲子孫計，故專任宦官。由是其國中宦者大盛。」今按晉天福七年，即南漢大有十五年，距定保之卒二年。所謂末年，當即在此二年中也。蓋藩府之舊人已盡，新進者非其所倚信故爾。《通鑑》卷二百八十二云：「晉天福四年，漢門下侍郎同平章事趙光裔相漢二十餘年，府庫充實，邊境無虞。及卒，漢主復以其子翰林學士承旨尙書左丞損爲門下侍郎同平章事。」今按：晉天福四年，即南漢大有十二年，在定保入相前一年。光裔卒而損相，損卒而定保相，正相連接。又按：《新五代史‧南漢世家》言光裔〔註9〕「常怏怏思歸，龑乃詐爲光裔手書，遣使間道至洛陽，召其二子損、益並其家屬皆至。光裔驚喜，爲盡心焉。」據此，則龑蓋以光裔爲藩府舊人，深所倚信，故既

〔註6〕按：李端，《唐摭言》作「李瑞」。
〔註7〕按：楊篆，《唐摭言》作「揚篆」。
〔註8〕按：李全貴，《唐摭言》作「李全華」。
〔註9〕按：趙光裔，《新五代史》卷六十五《南漢世家第五》作「趙光胤」，中華書局1974年版，第811頁。

歿之後，復相其子也。定保亦藩府舊人，且爲龑夗所敬憚。則其爲相，自當在倚信之列，不至若新進者之見猜矣。假令定保尚在，未始不可以挽回。惜乎！甫執政而遽亡，相業不傳於後也。定保爲相較同幕諸人最遲，較趙光裔、楊洞潛、李殷衡遲二十三年，較倪曙遲十九年，較劉濬遲四年。且趙光裔與定保同僚，而其子損爲相，亦先於定保。疑因南漢高祖龑憚定保直言，故使出鎮容州，寧遠軍節度，唐時治容州。南漢沿襲其制，即定保初仕爲容管巡官之地也。至年逾七旬，始召之入相。定保生於唐咸通庚寅，卒於南漢大有庚子，年七十一歲。特書闕有間，無由得其詳耳。若夫南漢未建國時，定保已居廣南幕府。而入幕以後，未聞遷改職名。蓋彼時嶺南聽命於梁，定保不受梁官，故尚稱唐職，猶之羅昭諫在吳越幕府，不肯屈節於梁也。詳見《下篇》。此雖史傳未著明文，而論世可以知人，所當曲會其出處之微意矣。雖南漢建國以後，定保改受新命之官，較諸昭諫之終爲唐人，《困學紀聞》卷十八云：「羅昭諫詠松曰：『陵遷谷變須高節，莫向人間作大夫。』其志亦可悲矣。」未可同年而語。然南漢非唐之讐國，定保亦非唐之達官。君子律己貴嚴而論人貴恕，與人爲善者，何必更加責備之詞哉？

唐摭言跋下篇

　　王定保之《唐摭言》》流傳已久，論者多謂定保爲浮華之士，《摭言》爲瑣細之書。然夷考定保之立身，細繹《摭言》之用意，參稽唐末之士習人情，覺《摭言》固有資於法戒之書，定保亦有補於風教之士，未可指其瑣細，目以浮華也。何則？

　　唐末進士罕能諳練典章，《摭言》卷十五云：「奈何近世薄徒，以含毫舐墨爲末事，洎乎評品是非，商〔註 10〕較今古，竟不能措一辭、發一論者，能無愧於心乎！」而定保則出自世族清門，多聞舊事，於貢舉之法度尤所究心。《摭言》卷三云：「故治平盛事，罕得博聞。然以樂聞科第之美，嘗諮訪於前達間。時蒙言及京華故事，靡不錄之於心，退則編之於簡策。」其編輯此書，能溯古制以尋原始，卷一云：「《周禮》：鄉大夫三年舉賢者貢於王庭。漢革秦亂，講求典禮，繇是天下上計集於大司徒府。」又云：「鄉貢里選，盛於中古乎！今之解送，則古之上計也。兩漢之制，蓋本乎《周禮》者也。」故國學之隆替，卷一云：「開元以前，進士不由兩監者，深以爲恥。爾後，物態澆漓，稔於世祿，以京兆爲榮美，同華爲利市，莫不去實務華，棄本逐末。故天寶十二載，敕天下舉人不得言鄉貢，皆須補國子及郡學生。廣德二年制京兆府進士，並令補國子生。奈何人心既去，雖拘之以法，猶不能勝。

〔註10〕商，原作「適」，不成句，據《唐摭言》卷十五改。

矧或執大政者不常其人，所立既非自我，則所守亦不堅矣。繇是貞元十年已來，殆絕於兩監矣。」
鄉貢之重輕，卷一云：「有唐貞觀已前，兩監之外，亦頗重郡府學生。然其時亦由鄉里所升，
直補監生而已。爾後，膏粱之族率以學校爲鄙事。若鄉貢，蓋假名就貢而已。景雲之前，鄉貢
歲二三千人，蓋用古之鄉貢也。爾來鄉貢漸廣，率多寄應者。大曆中，楊綰疏請復舊章，貴全
乎實。尋亦寢於公族，垂空言而已。」**廣文生名次之後先**，卷一云：「始，其春官氏擢廣
文生者，名第無高下。暨大中之末，咸通、乾符以來，率以爲末第。大順二年，孔魯公在相位，
思矯其弊，故特置吳仁璧於蔣肱之上。明年，公得罪去職，及第者復循常而已京。」**兆府等
第之得失**，卷二云：「神州解送，自開元、天寶之際，率以在上十人，謂之等第，必求名實
相副，以滋教化之源。暨咸通、乾符，則爲形勢吞嚼，臨制，貞實之士不復齒，所以廢置不定，
職此之由。」莫不臚陳積弊，慨念盛時，此其識力之高可知也。

　　唐末進士罕能講習藝文，而定保則篤志沉潛，勤學好問。《摭言》卷五云：「近
世浮薄，率皆貴彼生知，恥乎下學。質凝問禮者，先懷愧色；探微賾奧者，翻汩沈流。風教頽
坏，莫甚於此。」**此書所述，於經史則推重陳岳**，卷十云：「陳岳，嘗著書商較前史，
得失尤長於班、史之業。評三傳是非，著《春秋折衷論》三十卷，約《大唐實錄》，撰《聖紀》
一百二十卷。以所爲述作，號《陳子正言》十五卷。」**於對策則推重劉蕡**，卷十云：「時
劉蕡對策萬餘字，深究治亂之木，又多引《春秋》大義。」**於詩則推重太白、少陵**，卷
四載杜工部贈鄭虔詩二首，又云：「及虔即世，甫賦《八哀詩》，其一章誄虔也。」卷七云：「李
太白始自西蜀至京，因以所業贄謁賀知章。知章覽《蜀道難》一篇，揚眉謂之曰：『公非人世
之人，可不是太白星精耶？』」卷十二載杜工部《莫相疑行》及《獻韋右丞》詩。卷十三云：「開
元中，李翰林應詔，草《白蓮花開序》及宮詞十首。白於御前，索筆一揮，文不加點。」**於文
則推重韓、柳、李、張、皇甫**，卷四云：「韓文公名播天下，李翱、張籍皆升朝，籍北
面師之。故愈《答崔立之書》曰：『近有李翱、張籍者從予學文。』後愈自潮州量移宜春郡，
郡人黃頗師愈，爲文亦振大名。」卷六云：「韓文公、皇甫湜，貞元中名價籍甚，亦一代之龍
門也。」卷十云：「來鵠師韓柳爲文，閔廷言文格高絕，與來鵠齊名。」卷十一云：「劉軻文章
與韓、柳齊名。」今按；定保服膺諸公之文，故書中所引甚多。有備記其全篇者，如卷二錄習
之《與弟正辭書》，卷四錄昌黎《瘞硯文》、習之《與陸傪書》、持正《答李生第一書》、《第二
書》，卷八錄習之《薦所知於徐州張僕射書》，卷五錄習之《上楊中丞書》、《感知己賦序》是也。
有約舉其大概者，如卷四載昌黎《與崔群書》，卷五載昌黎《答張籍書文昌》、《上昌黎書》，卷
十二載昌黎《王適墓誌》，卷十五載昌黎《歐陽詹哀辭序》是也。有摘敘其字句者，如卷十述
昌黎《孟東野墓誌》，卷十三述昌黎《李元賓墓銘》是也。有特標其題目者，如卷五言昌黎《毛
穎傳》，卷八言昌黎《與陸傪書》，卷十言《昌黎諱辨》，卷十五言李習之《歐陽詹傳》是也。

惟柳州文未曾引耳。夐昔趨向者，知所折衷，故其引《孟子》逸文以明遇合，卷三引孟子言「遇不遇，命也」。引《春秋》音讀以著切磋，卷五云：「大居守李相讀《春秋》，誤呼叔孫婼，小吏因委曲言之，公大慚愧，命小吏受北面之禮，號爲一字師。」引《唐實錄》以誌由來，卷一云：「按《實錄》：西監，隋制；東監，龍朔元年所置。」卷三云：「曲江遊賞，雖云自神龍以來，然盛於開元之末。何以知之？案《實錄》：天寶元年，敕以太子太師蕭嵩私廟逼近曲江，因上表請移他處。敕令將士爲嵩營造，嵩上表謝。敕批云：『卿立廟之時，此地閒僻。今傍江修築，舉國勝遊，與卿思之深避喧雜，事資改作，遂命官司。』」引《國史補》以徵遷革，卷一云：「元和中，中書舍人李肇撰《國史補》，其略曰：進士爲時所尚久矣。其風俗繫於先達，其制置存於有司。」又：「李肇舍人撰《國史補》亦云：『天寶中，袁咸用、劉長卿分爲朋頭，是時常重兩監。』」卷三云：「案李肇舍人《國史補》云：『曲江大會比爲下第舉人，其筵席簡率。爾來漸加侈靡，皆爲上列，所據向之下第舉人不復預矣。』」引《登科記》以知訛誤，卷十云：「韋莊奏請追贈不及第人。李甘，字鬸鼎，長慶四年及第，《登科記》已注矣。莊云不及第，誤矣。」引獨孤氏文以證襲沿，卷一云：「進士科始於隋大業中，獨孤及撰《河南府法曹參軍張從師墓誌》云：『從師祖損之，隋大業中進士甲科。』」實能博採群書，言皆有據，此其學術之邃可知也。

　　唐末進士罕能砥礪修途，而定保則志在端己直躬，先德行而後文學。《摭言》卷三云：「科第之設，擢士眾矣。知其美之所美者，在乎端己直躬，守而勿失；昧其美之所美者，在乎貪名巧宦，得之爲榮。」卷四云：「范宣之三立，德居其首；夫子之四科，行在其先。」卷十五云：「有德者未必無文。其上也，文不勝德；其次也，德不勝文。」此書名爲記科舉雜事，而實隱寓規勸之詞。故奢侈者必諷之，卷三云：「咸通中，進士及第，車服侈靡之極，稍不中式，則重加罰金。」又云：「矧諸尋芳逐勝，結友定交，競車服之鮮華，騁杯盤之意氣，沽激價譽，比周行藏，始膠漆於群強，終短長於逐末。」輕薄者必誡之，卷十二云：「輕薄之徒，終喪厥德。旅獒之戒，人子其惟慎諸。」又云：「苟名實相遠，則服之不衷，身之災。沈酗之失，聖人所戒。其如名教何？」好奔競者必警之，卷三云：「奈何昧道，由徑未旋踵，而身名俱泯，又何科第之庇乎？」卷九云：「是知瓜李之嫌，薏苡之謗，斯不可忘。崔公脅制，仁者所不爲也。」又云：「善惡蔽於反己，得失倖於尤人，豈不驟達終危，雖榮寔辱。」受屈抑者必稱之，卷十所紀皆高才不遇之士，故其論云：「邪曲而得，不若正直而失」，又云：「工拙由人，得喪者命。非賢之咎，伊時之病。」舉子多怨尤者則婉言以導之，卷二云：「子曰：『不怨天，不尤人，下學而上達。』反之於己，何得喪之不常？望之於人，則愛憎之競作。」卷八云：「臨深履薄，歧路紛如。得之則恃己所長，失之則尤人不盡。干祿之子能不慎諸？」卷十云：「小人之儒也尤人，君子之儒也反己。《詩》曰：『風雨如晦，

雞鳴不已。』」主司被謗議者則平心以論之。卷十三云：「飛書譭謗，自古有之。言之公，足以改過；不公，足以推命。睚眥讐之，無益於己。夫子之謂桓魋，孟子之稱臧倉，其是之謂與。」而於士大夫之行誼足以爲法者，尤好極力闡揚。卷四有「節操」一門，其論云：「矧乃五常者，總之於仁；百慮者，試之於利。禍福不能回至德，貧富不能窺至仁，又何窮達之異致矣。」又有「師友」、「氣義」兩門，其贊云：「孰以顯廉？臨財不苟。孰以定交？宏道則久。窮乃益堅，達以胡有。君子行之，小人則否。」即下至僕隸之微，有一善可書者，亦不欲任其湮沒。卷十五有「賢僕夫」一門，其論云：「其有跡處皀隸，而行同君子者，苟遺而不書，則取捨之道賤，賢而貴愚；忠孝之本，先華而後實。」此其性情之厚可知也。

唐末進士罕能繫念舊君，如羅袞《駁昭宗謚議》、杜荀鶴甘心媚梁之類。而定保則惓惓然有故國之思。當《摭言》告成之歲，唐亡已及十載，猶以唐進士署其標題。書中言國朝者，即指唐代，卷一云：「國朝舊式，天下貢士十一月一日赴朝見。長壽二年云云，建中元年云云。」今按：長壽係武后年號，建中係德宗年號，則所謂國朝舊式者，即唐代之故事也。且有徑言我唐者。卷一云：「我唐沿隋法漢，始自武德辛巳歲四月一日，敕諸州學士每年十月隨物入貢，斯我唐貢士之始也。」於唐代諸君仍稱之曰文皇帝、卷一云：「蓋文皇帝修文偃武，天贊神授」。卷三云：「文皇帝撥亂反正，特盛科名。」高宗皇帝、卷七云：「李義琛與弟義琰、從弟上德三人同舉進士，義琰相高宗皇帝。」武宗皇帝、卷十一云：「賈島又嘗遇武宗皇帝於定水精舍。」大中皇帝、卷十五云：「白樂天去世，大中皇帝以詩弔之。」昭宗皇帝。卷七云：「昭宗皇帝頗爲寒進開路。」且也，言及懿宗則曰聖顏，卷九云：「咸通中降聖之辰，聖顏大悅。」今按：咸通乃懿宗年號。言及僖宗則曰大駕。卷四云：「廣明庚子歲，遇大寇犯闕，時大駕幸蜀。」今按：廣明乃僖宗年號。凡此書法，皆臣子紀述君父之詞，則其乃心唐室而義不附梁，實與羅昭諫不謀而合。卷二云：「羅隱負冤於丹桂。」卷十載羅隱光化中在兩浙幕府題新牓詩，又載韋莊請特賜羅隱科名錄升三級之奏。蓋定保志節與昭諫同符，故傾慕甚切耳。故書中涉及梁主之事，皆刺其暴戾兇殘。卷三紀其因睚眥而欲殺許書。卷六記其在昭宗前叱韓偓。卷九記其追殷文圭不及，遂遷怒於士人，致有白馬驛之禍。卷十一記其信張策媒孽而害趙崇。即偶涉梁臣，必無褒而有貶。卷七言李德璘名過其實，入梁終夕拜；卷十三言梁姚洎爲學士，議者以洎爲急灘頭上水船也。皆係貶詞。卷四言孫展進士及第，入梁爲省郎，亦無褒詞。雖同幕之何澤，因入貢於梁，留仕不歸，亦深鄙其邀寵於篡奪之國，《新五代史・何澤傳》云：「澤外雖直言，而內實邪佞。」而列諸「表薦及第」門內，譏刺其忝竊科名，則定保之惡梁可知。特以嶺南曾奉梁之正朔，故定保紀何澤入貢，不能遽斥梁爲

僞庭。卷九云：「何澤後漂泊關外，梁太祖受禪，澤假廣南幕職入貢，敕賜及第。」今按：《摭言》列「表薦及第」一門，所記者惟澤及殷文圭二人。文圭乃諂附梁而反覆持兩端者，故與澤並舉。此定保之微意也。猶之吳越既受梁之封爵，故昭諫與羅袞唱酬，不得不謂梁爲上國耳。卷十云：「羅隱，梁開平中累徵夕郎不起，羅袞以小天倅大秋姚公使兩浙，袞以詩贈隱，隱答曰：『遙望北辰當上國，羨君歸棹五諸侯。』」況昭諫說錢武肅舉義，曾有自爲東帝之言。《通鑒》卷二百六十六云：「梁開平元年，鎮海節度判官羅隱說吳王鏐舉兵討梁，曰：『縱無成功，猶可退保杭越，自爲東帝。奈何交臂事賊，爲終古之羞乎？』其後武肅竟稱制改元。」《通鑒》卷二百七十五云：「後唐天成元年，是歲吳越王鏐以中國喪亂，朝命不通，改元寶正。其後復通中國，乃諱而不稱。」《考異》云：「至今兩浙民間，猶謂錢鏐爲錢太祖。」彼時即昭諫尚存，亦未必有所顧忌。《舊五代史·羅隱傳》云：「開平初，太祖以右諫議大夫徵，不至。終於錢塘。」今按：《澗泉日記》言昭諫卒於梁開平三年，下距後唐天成元年，凡十七年。是武肅改元，昭諫未及見也。而南漢建國，獨憚定保不從，必遣之出使荊南，然後即位。《新五代史·南漢劉龑世家》云：「龑初欲僭號，憚王定保不從，遣定保使荊南。及還，懼其非己，使倪曙勞之，告以建國。定保曰：『建國當有制度，吾入南門，清海軍額猶在，四方其不取笑乎？』龑笑曰：『吾備定保久矣，而不思此。宜其譏也。』」蓋絕梁固其所深願，《通鑒》卷二百六十九云：「梁貞明元年，劉巖謂僚屬曰：『今中國紛紛，孰爲天子？安能梯航萬里，遠事僞庭乎？』自是貢使遂絕。」今按：是時定保在巖幕府，諒必贊成其議。而稱帝則非所樂聞。此其氣概之峻可知也。

夫以定保識力之高如此，學術之邃如此，性情之厚如此，氣概之峻如此，可謂文行兼備，有古君子之風，而不僅以深明科第源流爲有功於掌故矣。《新五代史·南漢世家》云：「乾亨四年春，置選部貢舉，放進士明經十餘人，如唐故事，歲以爲常。」今按：《通鑒》載南漢開貢舉之事，以爲從楊洞潛之奏。然定保於掌故最熟，諒必與聞其事。《南漢世家》云：「爲國制度，略有次序，皆用此數人焉。」其上文列數人之名，以定保居首，是其證也。乃《直齋書錄解題》言定保「爲吳融子華壻，喪亂後入湖南，棄其妻弗顧，士論弗齒」。今考吳融之卒在天復三年四年之間，《新唐書·吳融傳》云：「進戶部侍郎。鳳翔劫遷，融不克從，去客閿鄉。俄召還翰林，遷承旨，卒官。」《北夢瑣言》卷五云：「唐自大中至咸通，白中令入拜相，次畢相誠。近代吳融侍郎，乃趙崇大夫門生，即世日，天水歎曰：『本以畢、白待之，何乖於所望！』歎其不大拜也。」今按：唐時翰林學士，例以久次，位高者一人爲承旨。據《新唐書·韓偓傳》及《通鑒》。昭宗在鳳翔時，韓偓爲承旨。天復三年正月己巳，車駕還京。二月癸未，朱全忠脅上，貶偓爲濮州司馬。融之召還翰林，當在還京之後。其遷承旨，當在貶偓之後。趙崇遇害於白馬驛，在天祐二年六月戊子。

融歿時，崇尙無恙，則必在是年以前。昭宗以天復四年閏四月甲辰遷都洛陽，改元天祐，至是以後，詔敕皆出全忠之手，天子不得與聞。彼時融若尙存，崇亦斷不望其拜相。然則融之卒，必在天福三年三月以後，四年四月以前矣。定保成《摭言》時，上距融歿已十有餘歲，而書中於融之遺文逸事稱述最詳。卷五記其評羊紹素、章象賦卷，又記其推重盧休詞賦，又記其不和戴司顏送僧詩。卷六記其稱譽盧延讓。卷十記其深知李洞，又記其擬李巨川代韓建謝賜御容表，又記其奠陸龜蒙文之大略，又記其爲王大夫草《薦方干表》。卷十一記其論蘇拯《與蘇璞書》。卷十二記其含容盧延讓。卷十三記其頃刻草十餘詔。蓋定保應舉時，行卷爲融所並許。《新唐書‧吳融傳》云：「龍紀初，及進士第。」《摭言》卷五記「吳融，廣明、中和之際，久負屈聲，雖未擢科第，同人多贊謁之如先達。」據此是未第之時，同輩已投以行卷，則顯仕之日，後輩必投以行卷可知。《摭言》卷一云：「定保嘗諮訪於前達間，翰林侍郎濮陽公融。」今按：《新書》本傳，融係越州山陰人。此稱濮陽公者，蓋舉其封爵而言。所謂諮訪前達者，亦應舉時投謁之證也。其登進士第，融亦有延譽之恩。卷六言盧延讓光化三年登第，由受知於融。卷十一言許晝光化三年落第，由見鄙於融。然則光化三年通榜之柄，融實司之。定保登第，當亦由其延譽之力矣。則不獨懿親，而實爲知己，宜定保於融極其欽服，卷十稱其才力浩大，八面受敵。卷十三稱其簡備精當。既沒世而不能忘也。夫背死忘生，事本相因，而及士之不肯背死者，亦斷不肯忘生。定保於久歿之婦翁，尙不忍於恝置，而謂於生存之伉儷竟甘忍於棄捐，此豈事理所當然而人情所宜有哉？試思定保果無情於故劍，何肯志李元賓之瘞硯，以自刺其得新忘故之非？卷四錄韓文公《瘞硯文》〔註11〕，云：「隴西李元賓始從進士，貢在京師，或貽之硯。四年，悲歡否泰，未嘗廢用。凡與之試藝春官，十〔註12〕二年登上第。行於褒谷間，役者誤之地，毀焉。乃匣歸，埋於京師里中。」又云：「全斯〔註13〕毀不忍棄，埋而識之仁之義。」定保誠負薄倖愆尤，又豈肯志孫泰之厚義古風，以相形見絀？卷四云：「孫泰，操守頗有古賢之風。泰妻即姨妹也。先是姨老矣，以二子爲託，曰：『其長損一目，汝可娶其女弟。』姨卒，泰娶其姊。或詰之，泰曰：『其人有廢疾，非泰不可適。』眾皆伏泰之義。」更觀於所記公乘億之妻聽誤傳而迎喪，遇億於路；見卷八。趙骙之妾被

〔註11〕 按：《瘞硯文》，《韓昌黎文集》題爲《瘞硯銘》，馬其昶校注、馬茂元整理《韓昌黎文集校注》卷八，上海古籍出版社 2014 年版，第 630 頁。

〔註12〕 按：十，《唐摭言》、《韓昌黎文集》並作「實」。高似孫《硯箋》卷四（高似孫著、王群栗點校《高似孫集》，浙江古籍出版社 2015 年版，第 950 頁）、徐松《登科記考》（中華書局 1984 年版，第 465 頁）均引錄此文，均作「實」。另外，《瘞硯文》爲李觀（字元賓）而作，韓愈有《李元賓墓銘》，卻稱「年二十四，舉進士，三年登上第」。

〔註13〕 按：此句乃《瘞硯銘》之讚語，原作「全斯用，毀不忍棄」，脫一「用」字。

豪奪而送返，逢毅於途。見卷十五。使定保果棄其妻，又何心於述此，亦足明其必不然矣。

　　至若定保所以致謗者，則又有故。蓋《摭言》不虛美，不隱惡，如卷二「恚恨」門，卷九「防慎不至」門，卷十一「怨怒」門，卷十二「輕佻」、「酒失」兩門，卷十五「沒用處」門。於士之躁進詭隨者，尤明揭其非，無所假借。詳見卷九「惡得及第」、「芳林十哲」、「四凶」等門。當五代十國之世，或本人猶在，或家有子孫，見定保所書，必憾其直筆，故造茲謗語，以逞其報復之謀。好事者從而紀之，直齋又從而述之耳。夫昔之輯五代十國雜事者，莫善於孫光憲《北夢瑣言》，盧氏見曾《重刻瑣言序》云：「其書皆唐氏賢哲言行，暨五代十國之事。五代之際，記載多缺，得此書猶可考證。」其書成於周世宗顯德初年，《瑣言》卷十云：「周先帝命內臣李廷玉賜馬與南平王。」今按：周先帝即周太祖，光憲記此必在世宗即位以後。《瑣言》卷六云：「劉隱爲廣帥，巖嗣之，自建號曰漢，改名龑，在位經二紀而終，次子嗣。」今按：南漢劉龑以晉天福七年四月殂，子玢立，天福八年三月其弟晟弒之而立。玢在位不及一年。《瑣言》所謂次子嗣必指晟而言。周顯德四年晟殂，子銀立。《瑣言》但紀龑子，不紀龑孫，蓋是時晟猶在，銀未立也。然則其書之成，當在顯德四年以前矣。去定保之卒僅十數載，是光憲仕荊南與定保仕嶺南正同時也。《通鑒》卷二百七十五敘光憲爲荊南高季興掌書記，在後唐天成元年，即南漢白龍二年。是時定保正居位也。荊南距嶺南不遠，定保嘗奉使焉。《瑣言》內曾引《摭言》，《瑣言》卷八載顧況子非熊事，其末云：「王定保《摭言》云：『人傳況父子皆有所遇，不知所適，』由此而言信有之矣。」今按：《摭言》卷八云：「顧況全家隱居茅山，竟莫知所止。其子非熊亦隱於舊山，或聞有所遇。」《瑣言》所引，即隱括此條耳。又能述南漢朝臣本末，《瑣言》卷十：「唐劉瞻相公生一子，即劉贊也，其舅即李殷衡侍郎也。」又云：「其渭陽李侍郎充使番禺，爲越王劉氏所縻，爲廣相而薨。」則定保之行事，光憲必知之矣。荊南以江陵爲治所，《瑣言》紀吳融曾寓居江陵，《瑣言》卷四云：「唐吳融侍郎寓於江陵。」今按：《摭言》卷六記融在荊渚時，稱盧延讓於成汭之事。《新唐書》融傳云：「流浪荊南，依成汭久之。」《瑣言》所紀寓於江陵，即依樓成汭時也。且屢述其言行，《瑣言》卷四記其以文筆事韋昭度，撰《僧貫休詩序》、《祭陸龜蒙文》。卷五記其渡津時有神助。卷六記其與陸龜蒙爲益友，龜蒙歿，爲之作傳，以貽史官。則融之家事，光憲必悉之矣。假令定保實棄融女，光憲不難於據事直書。何以《瑣言》但記李頻、黃匪躬之棄妻，而不言定保？且此條以羅袞事爲主，而頻與匪躬附之。其中又言翰林吳侍郎，考唐末吳姓官侍郎而兼翰苑者惟融一人，所言吳侍郎其爲指融無疑。融女若眞爲定保所棄，何不連類附記，而竟無一字之波及耶？《瑣言》

卷五云：「唐羅員外袞策名，不歸故鄉。蜀先主致書於翰林令狐學士、吳侍郎，選書記一員，欲以桂陽應聘。」又云：「近代李頻、黃匭躬皆嶺表人。頻即遺其糟糠，別婚士族。黃即三十年不返鄉里，於時妻母皆在，又何心乎？」今按：此條標目云「羅袞不就西川辟」，注云：「李頻、黃匭躬附。」光憲博訪審問以著書，於是非無所偏徇。《瑣言・自序》云：「遊處之間，專於博訪，常記於心。厥後每聆一事，未敢孤信，三復參校，然始濡毫。非但垂之空言，亦欲因事勸誡。」今按：《瑣言》所載之事，《新唐書》、《新五代史》、《通鑑》採錄者甚多，以其所言者無愛憎之私也。光憲別有《續通曆》十卷，輯唐朝及五代十國興亡之事。《郡齋讀書志》云：「太祖朝詔毀其書，以其所紀多非實也。」今按：此必因書中記後周時，宋祖龍潛之事，觸犯忌諱，故命毀其書。即此亦足證孫氏之直筆矣。其於定保，既無貶詞，且援據《摭言》以為可信，則定保固為清議所許，而非見擯於士林者，斷可識已。況自來為人主所敬服者，必其德誼可法，名望素隆，有以生人主嚴憚之心。若宋弘〔註14〕之糟糠不棄，乃能見重於光武，其明證也。如或行己有瑕，則雖庸懦之主，亦輕視而薄待之矣。焉有自矜其辯察權數，如南漢高祖者，《通鑑》卷二百八十三云：「漢高祖為人，辯察多權數，好自矜大。」顧獨重一士論不齒之人，又從而嚴憚之哉？然則定保之立身，初無疵類，特直齋未暇深考，遂誤信流俗之言耳。盧氏《重刻摭言序》云：「定保為吳融子華壻」，此語即本於直齋。而「棄妻弗顧」之語，則削而不載，其去取良有識矣，然未能剖析其誣。吾恐閱《書錄解題》者，仍謂定保有遺行，而盧氏為之隱諱，其疑終莫釋也。故詳為之辨，庶幾讀《摭言》者知定保之為人，未可以輕訾，而《摭言》之為書益覺其可貴爾。

郭光祿手札跋　代秀水杜小舫觀察作

　　近世言古文詞者，謂「韓、柳文集無所謂尺牘也，有之自歐陽公始。後人編集者，遂於書記外，列尺牘一類」〔註15〕，其說是矣，而未盡也。

〔註14〕按：弘，原作「宏」。《後漢書》卷二十六《宋弘傳》：
　　　　宋弘字仲子，京兆長安人也。（下略）時帝姊湖陽公主新寡，帝與共論朝臣，微觀其意。主曰：「宋公威容德器，群臣莫及。」帝曰：「方且圖之。」後弘被引見，帝令主坐屏風後，因謂弘曰：「諺言貴易交，富易妻，人情乎？」弘曰：「臣聞貧賤之知不可忘，糟糠之妻不下堂。」帝顧謂主曰：「事不諧矣。」
〔註15〕按：語出陳用光《惜抱軒尺牘序》，序作於道光三年（1823）正月初三日，姚鼐《惜抱軒尺牘》，安徽大學出版社2014年版，第1頁。

　　據《後漢書・北海靖王興傳》〔註 16〕及《蔡邕傳》〔註 17〕兩《注》所引《說文》，知牘為書板，其長一尺，故有尺牘之名。據《史記・倉公傳》中所稱之書，即贊中所稱之尺牘，知尺牘與書記本可通稱。據《漢書・陳遵傳》言「與人尺牘，主皆藏去」，知寶愛名人尺牘，在漢時已相襲成風。據《文心雕龍・書記篇》以「文舉屬章，半簡必錄」為「尺牘之才」，知尺牘編入集中，自孔北海即然，不始於宋世。觀於韓、柳集中書記門內，體格稍平，邊幅較狹者，未嘗非尺牘之附列其間，特不別著為類耳。善乎李申耆先生之言曰：「尺牘之美，非關造作，每肖其人。」〔註 18〕誠以言為心聲，尺牘隨意抒寫，而性情自然流露，讀者不啻如見其人。此名賢尺牘所以可貴，得之者必當什襲珍藏也。

　　吾師前淮揚觀察兼署兩淮都轉特贈光祿寺卿郭公，取義成仁，大節彪炳，其文詞之卓犖，固屬必傳。即尺牘之雅馴，亦非恒流所能企及。文瀾自癸丑至己未，首尾七年奉吾師，手諭百有六函，凡二百七十餘紙。哲嗣子貞既抄錄副本，擇其最要者編入集中，文瀾復取原札裝成兩冊，謹為之跋，曰：

　　前人述師生之誼者，或曰感恩知己，或曰心悅誠服。語雖微別，而義實相因。蓋感恩者感其惠，感恩而知己者感其惠，兼服其德。誠服者服其德，心悅而誠服者服其德，兼感其惠。故感恩者未必盡知己，而知己者未有不感恩；心悅者未必盡誠服，而誠服者未有不心悅。自來感恩而心悅者，以惠為重。惠者，一人之私也。知己而誠服者，以德為重。德者，天下之公也。然則因感恩知己而心悅誠服者，雖一人之私言，而實天下之公論矣。吾師待文瀾，略分言情，獎許栽培，有加無已。手札內殷拳期望之意，誘掖策勵之詞，知己感恩，於斯為極，豈獨委署要劇，詳請真除，荷薦拔之仁哉？吾師與文瀾籌畫政務，不棄芻蕘，有一言一事之愜懷，必加採錄。手札內商榷公事者居其大半，慰勉深摯，指示周詳。捧誦循環，心悅誠服，又豈獨鑒賞翰墨、酬答詩文，深教誨之澤哉？此兩冊之讜論格言，文瀾所當奉以周旋，銘德志

〔註 16〕　《後漢書》卷十四《北海靖王興傳》：「及寢病，帝驛馬令作草書尺牘十首。」李賢《注》：「《說文》云：『牘，書版也。』蓋長一尺，因取名焉。」
〔註 17〕　《後漢書》卷六十下《蔡邕列傳》：「初，帝好學，自造《皇羲篇》五十章，因引諸生能為文賦者。本頗以經學相招，後諸為尺牘及工書鳥篆者，皆加引召，遂至數十人。」李賢《注》：「《說文》曰：『牘，書板也，長一尺。』」
〔註 18〕　按：語出李兆洛《駢體文鈔序》。

惠者也。昔諸葛武侯開誠布公，集思廣益〔註 19〕，所下教令，史稱其「皆經事綜物，公誠之心，形於文墨」〔註 20〕。陶桓公勤於吏職，自惜分陰，史稱其「遠近書疏，莫不手答，筆翰如流，未嘗壅滯」〔註 21〕。文瀾敬觀吾師手札，而知古人之不我欺也。至於筆法之精妙，他人所視爲難能者，在吾師特餘事爾。

海外墨緣冊跋尾

甘泉汪孟慈先生以所得朝鮮權彝齋敦仁。之札裝潢成冊，題曰《海外墨緣》〔註 22〕。其議論大端，在乎發明古義，而於本朝諸儒之撰述欽悅尤深，蓋彼中績學之士也。余考朝鮮封域，兼有高麗、新羅、百濟之故地。此三國者，在唐時夙稱文物之區。其人心企慕華風，舊史言之最悉。

是故朱子奢之發題，本傳云：「貞觀初，高麗、百濟同伐新羅。乃假子奢員外散騎侍郎充使，雅有儀觀，東夷大欽敬之。遂爲發《春秋左傳》題。」〔註 23〕邢璹之講說新羅，傳云：「仍遣左贊善大夫邢璹攝鴻臚少卿，往新羅。上謂璹曰：『新羅號爲君子之國，頗知書記，

〔註 19〕　《三國志》卷三十五《蜀書五・諸葛亮傳》：「評曰：『諸葛亮之爲相國也，撫百姓，示儀軌，約官職，從權制，開誠心，布公道。』」又卷三十九《蜀書九・董和傳》：「亮後爲丞相，教與群下曰：『夫參署者，集眾思，廣忠益也。』」宋・許月卿《次韻陳肇芳竿贈李相士》：「集思廣益眞宰相，開誠布公肝膽傾。」

〔註 20〕　語出陳壽《表上諸葛氏集目錄》，載《三國志・諸葛亮傳》。

〔註 21〕　語出《晉書・陶侃傳》。

〔註 22〕　汪喜孫，字孟慈，號荀叔。汪中之子。《海外墨緣》的相關情況，可參藤冢鄰先生《汪孟慈所謂〈海外墨緣〉的抄本與金阮堂》（刊《中國文哲研究通訊》，2004 年第 3 期第 14 卷）、柳向春先生《汪喜孫及其〈海外墨緣〉冊子》（刊《中國典籍與文化》，2008 年第 3 期）。

　　李祖望《鍥不捨齋文集》卷三有《汪孟慈先生海外墨緣冊子答問十六則》，茲迻錄其序（《清代詩文集彙編》第 637 冊，第 30 頁）：

　　敘曰：東國權敦仁者，字彝齋，其人溫文爾雅，有儒者風。來朝京師，與汪孟慈先生接。後以書來，先生匯裝成冊，爲題「海外墨緣」四字，顧所職不可得詳。據來書稱，四月膺嶺南巡察之命，五月來接藩維，去京都爲七百里。聞東國衣冠爵秩多沿唐制，巡察於唐代職當居三品，藩維則方伯矣，故冊末葉有「承流宣化」印，相傳後總尚書事。而僻在東土，得讀中朝通儒朔彥說經考古之書，知識見聞當不在山井鼎、物觀諸人之下。〔皆日本國人著《七經孟子考文及補遺》諸書，採錄《四庫》。〕惟於小學、史傳、金石數事，略而弗道。所推戴皆當時文獻，本之《詩》、《書》，稽之典籍。誠以我國家聲教覃敷，不遺退邇，如彝齋者，故亦得涵濡若此，其同文概可知也。道光乙巳夏五月展觀，或有震其博聞強識，指冊所言以問者，爰條對而應之。

〔註 23〕　事見《舊唐書》卷一百八十九上《朱子奢傳》。

有類中華。以卿學術，善與講論，故選使充此。到彼宜闡揚經典，使知大國儒教之盛。』璹等至彼，大爲蕃人所敬。」〔註24〕此身至於其國而爲所敬者也。白居易之詩遠播，本傳載元稹爲居易集序，云：「又雞林賈人求市頗切，自云『本國宰相，每以一金換一篇。甚僞者，宰相輒能辨別之』。自篇章已來，未有如是流傳之廣者。」〔註25〕馮定之文傳鈔，本傳云：「長慶中，源寂使新羅國，見其國人傳寫諷念定所爲《黑水碑》、《畫鶴記》。」〔註26〕此書行於其國而爲所羨者也。歐陽詢之字堪爲範，本傳云：「人得其尺牘文字，咸以爲楷範焉。高麗甚重其書，嘗遣使求之。高祖歎曰：『不意詢之書名，遠播夷狄。』」〔註27〕蕭穎士之學可爲師，本傳云：「是時外夷亦知穎士之名，新羅使入朝，言國人願得蕭夫子爲師。其名動華夷若此。」〔註28〕此名聞於其國而爲所服者也。

　　然則朝鮮人之虛心向善，固自昔而已然矣。況我朝稽古右文，度越前代，凡儒林之彥、藝苑之雄，並皆接跡六朝，追蹤兩漢，有唐代諸公所不能及者。宜遠人之宗仰，倍甚於往時也。觀此冊者，上足以徵國家教澤之宏，次足以見學校人材之盛，下足以知藩邦歸附之誠，其可貴甚矣。豈得以尋常尺牘視之哉！

趙千里畫跋

　　右圖係絹本，長廣各八寸餘，所畫山水、樹石、樓臺、人物，纖悉細緻，款署伯駒二小字。今考宋之趙伯駒，字千里，係南渡時宗室，善畫山水、花禽、竹石，尤長於人物。高宗極愛重之，見夏文彥《圖繪寶鑒》卷四。嘗命畫集英殿屏，賞賚甚厚。官至浙東路鈐轄。見鄧椿《畫繼》卷二。其畫之流傳最著者，有《蓬瀛仙館圖》，設色畫樓閣人物極工致。見阮文達公《石渠隨筆》卷一四《朝選繪冊》內。又有《仙山樓閣圖》，梁中丞章巨《退菴題跋》卷十六《跋仇十洲仙山樓閣軸》，云：「古畫家多作仙山樓閣，余舊藏唐楊升一小卷，下此則有趙千里一小軸，是仿本。」及《子虛上林賦圖》、《蘭亭圖》，見《退菴題跋》卷十二。並稱名跡。昔唐子畏《跋蘭亭圖》，云：「宋室趙伯駒，丹青高手，南渡畫家之冠。寸楮傳世，價重南金。況此燦然全璧乎？」是千里之畫在前明已稱難遇，而近日則存者益稀，故梁茝鄰中丞得其山水冊，劇加欣賞。《退菴隨筆》卷十二《跋趙千里山水冊》云：「在桂林

〔註24〕　事見《舊唐書》卷一百九十九《東夷》，係開元二十五年（737）事。
〔註25〕　事見《舊唐書》卷一百六十六《白居易傳》。
〔註26〕　事見《舊唐書》卷一百六十八《馮定傳》。
〔註27〕　事見《舊唐書》卷一百八十九上《儒學上‧歐陽詢傳》。
〔註28〕　事見《舊唐書》卷一百九十下《文苑下‧蕭穎士傳》。

時，有書賈以山水舊絹冊八葉求售，不辨爲何人所作。細閱之，設色古麗，布置靜穆，的是宋、元高手。幕中陳生桂舫精於畫者，疑爲趙千里，然亦臆揣之耳。近歲養?浦城，乃發舊藏書畫遍加審阢，恭兒目力素好，乃於末幅之極左邊看出『白句』二細字，大僅分許，決爲『伯駒』之右半字，爲從前裱工裁去左半。」此圖爲陳生伯平所購藏。其布置之規模，似與《仙山樓閣》、《蓬瀛仙館》相近。然無明文可證，未可遽定其標題。附識於此，以質諸精於鑒賞者焉。

畫論

顧亭林《日知錄》云：「古人圖畫，皆指事爲之，使觀者可法可戒。自實體難工，空摹易善，於是白描山水之畫興，而古人之意亡矣。」〔註29〕又引謝在杭《五雜組》曰：「自唐以前名畫，未有無故事者。蓋有故事，便須立意結構，事事考訂，皆不得草草下筆。非若今人，任意師心，動輒託之寫意而止也。」其論極爲精確，疏陋之家所當奉爲針砭者也。惟是古人多畫名物制度者，固由人心之務實，亦因成法之易循。《五雜組》云：「古人爲之轉相沿倣，蓋緣所重在此，習以成風，要亦相傳法度，易於循習耳。」至於後世，古畫存留者日見其少，間有一二眞跡，率爲人所珍藏，習畫者罕能獲見。於是實體無從措手，遂改爲寫意空摹。此豈好爲簡易者哉？勢使之耳。

然則欲畫學之復興者，莫若臨古畫爲縮本付諸梓，以永其傳矣。蓋名畫之可貴，等於法書，而縑素均難經久。其有或鏤於金者，則鼎之象物，無異鍾之銘勳也。或鐫於石者，則射陽之碣，孔子見老子畫像，東漢時物。無異曲阜之碑也。或刻於木者，則顧長康之繪，宋本《列女傳》有顧愷之圖。無異劉子政之傳也。然而鏤鐫之費重，不若刻之費輕。故復齋彞器之形、宋王順伯《鍾鼎款識》。武氏石室之象，東漢時物。在山東嘉祥縣。久已摹諸簡冊，流播四方。是昔之託於金石者，今則託於木矣。倘得好事而有力者更能推廣其例，取元、明以前舊畫，擇其有關於掌故之作，善爲鉤勒，輯成一編。俾有志於工畫者得所據依，不至踵謬沿訛，爲通人指謫，匪特與棗本閣帖並驅而爭先，即楊甲之圖六經、聶崇義之圖三禮〔註30〕，亦何以遠過此，實不朽之盛業也夫。

〔註29〕語出《日知錄》卷二十一《畫》。
〔註30〕楊甲《六經圖》、聶崇義《三禮圖》。

推算八字考

　　論推命者，以李虛中爲最著。韓昌黎爲虛中作《墓誌》〔註31〕，云：「最深於五行書，以人始生年月日所值日辰支干，相勝衰死王相斟酌，推人壽夭貴賤。」或據此文以爲虛中之術，但用年月日而不用時。紀文達公《閱微草堂筆記》云〔註32〕：「疑虛中推命，亦以八字，或昌黎略其詞，或韓文傳寫漏一字。觀方崧卿《舉正》、朱子《考異》，韓文訛脫原多也。」其說最爲允當。

〔註31〕　按：即《殿中侍御史李君墓誌銘》。
〔註32〕　按：見《槐西雜志》三。袁樹珊《命理探原》卷十三《雜說·李虛中推命非不用時考》（潤德堂叢書本）云：
　　　　《閱微草堂筆記》云：「世傳推命始於李虛中，其法用年月日而不用時，蓋據昌黎所作《虛中墓誌》也。其書《宋史·藝文志》著錄，今已久佚。惟《永樂大典》載《虛中命書》三卷，尚爲完帙。所說實兼論八字，非不用時，或疑爲宋人所僞託，莫能明也。然考《虛中墓誌》，稱其「最深於五行書，以人始生之年月日所值日辰支干，相生勝衰死生·互相斟酌，推人壽夭貴賤利不利」云云。按天有十二辰，故一日分爲十二時。日至某辰，即某時也，故時亦謂之日辰。《國語》「星與日辰之位，皆在北維」是也。《詩》：「跂彼織女，終日七襄」，孔穎達《疏》：「從旦暮七辰一移·因謂之七襄。」·是日辰即時之明證。《楚詞》：「吉日兮良辰。」王逸《注》：「日謂甲乙，辰謂寅卯。」以辰與日分言，尤爲明白。據此以推，似乎「所值日辰」四字，當連上「年月日」爲句，後人誤屬下文爲句，故有不用時之説耳。余撰《四庫全書》總目，亦謂虛中推命不用時，尚沿舊説。今附著於此，以誌吾過。」
　　　　按：詳觀此考，足可破世人「虛中論命不用時」之惑。
　　　　胡玉縉《四庫全書總目提要補正》（中華書局1964年版，第862～863頁）載：
　　　　李虛中《命書》三卷
　　　　詳勘書中義例，首論六十甲子，不及生人時刻干支。
　　　　紀昀《槐西雜志》三云：「世傳推命始於李虛中，其法用年、月、日而不用時，蓋據昌黎所作《虛中墓誌》也。其書《宋史藝文志》著錄，今已久佚，惟《永樂大典》載《虛中命書》三卷尚爲完帙，所說實兼論八字，非不用時，或疑宋人所僞託，莫能明也。然考《虛中墓誌》，稱其『最深於五行書，以人始生年月日所值日辰，支干相生勝衰死王相斟酌，推人壽夭貴賤利不利』云云，案天有十二辰，故一日分爲十二時，日至某辰，即其時也，故時亦謂之日辰，《國語》『星與日辰之位皆在北維』是也。《詩》，「跂彼織女，終日七襄」，孔穎達《疏》：「從旦至暮七辰一移，因謂之七襄」，是日辰即時之明證。《楚辭》『吉日兮良辰』，王逸注：『日謂甲乙，辰謂寅卯』，以辰與日分言尤爲明白。據此以推，似『所值日辰』四字當連上『年月日』爲句，後人誤屬下文爲句，故有不用時之説耳。余撰《四庫全書總目》，尚沿舊説，今附著於此，以誌余過。虛中推命，亦以八字，或昌黎約略其詞，或韓文傳寫漏去一字，觀方崧卿《舉正》及朱子《考異》，韓文訛脫原多。」玉縉案：劉毓崧《通義堂文集·推算八字考》亦云：「以各書參考之，古人推算星命者本採用時，其證有六」，文繁不錄。

今以各書參互考之，古人推算星命者本兼用時，其證蓋有六焉。

《詩·小雅·小弁》云：「天之生我，我辰安在。」毛《傳》云：「辰，時也。」《鄭箋》云：「此言我生所值之辰安所在乎？謂六物之吉凶。」案：辰釋爲時，古之常訓。《爾雅·釋訓》云：「不辰，不時也。」《齊風·東方未明》云：「不能辰夜。」《秦風·駟驖》云：「奉時辰牡。」《小雅·車舝》云：「辰彼碩女。」《大雅·抑》云：「遠猶辰告傳」。皆訓「辰」爲「時」。《桑柔》云：「我生不辰。」《箋》亦訓「辰」爲「時」。毛訓「我辰」爲「我時」，即指十二時而言。《太玄·玄〔註33〕數》篇：「辰寅卯。」范《注》云：「辰，十二時也」。鄭云「所值之辰」，亦指十二辰而言。《楚語》：「擇其令辰」，韋《注》云：「辰，十二辰也」。是用時以推命者，周世已如此矣。《楚詞》云：「攝提貞於孟陬兮，維庚寅吾以降」，不言時者，蓋省文耳。其證一也。

《周禮·春官》馮相氏，云「掌十有二歲、十有二月、十有二辰、十日、二十有八星之位」；《秋官》哲蔟氏，云「以方書十日之號、十有二辰之號、十有二月之號、十有二歲之號、二十有八星之號」。鄭《注》云：「日謂從甲至癸，辰謂從子至亥。」案：司天者以歲月日辰配星，與推命者以年月日時配星，其事正同。蓋十日以干爲主，十二辰以支爲主，各舉其一以爲例耳。其證二也。

《左氏·昭七年傳》云：「公曰：『何謂六物？』對曰：『歲時日月星辰是謂也。日月之會是謂辰，故以配日。』」服《注》云：「時，四時也。辰，十二辰也。星，二十八宿也。」杜《注》云：「歲日月十二會所會謂之辰。謂以子丑配甲乙。」案：此以歲月日辰合之四時二十八宿定其吉凶，亦與推命之道無異。服氏云「十二辰」者，必謂每日之十二時，故鄭氏箋《詩》，即引「六物」以說「我辰」也。其證三也。

《昭五年傳》云：「故有十時，亦當十位。自王以下，其二爲公，其三爲卿。」杜《注》云：「日中當王，食時當公，平旦爲卿，雞鳴爲士，夜半爲皂，人定爲輿，黃昏爲隸，日入爲僚，晡時爲僕，日昳爲臺，隅中日出，闕不在第。尊王公，曠其位。」案：杜氏此注甚精，必本於先儒舊說。夫春秋之世，十二時既各有別名，顧氏炎武《日知錄》申杜《注》，云：「其日夜半者，即今之所謂子也。雞鳴者，丑也。平旦者，寅也。日出者，卯也。食時者，辰也。隅中者，巳也。日中者，午也。日昳者，未也。晡時者，申也。日入者，酉也。黃昏者，戌也。人定者，亥也。」則其本名之古更可知矣。《爾雅·釋天》以歲陽歲名代干支，與此相似。先有甲寅，後有閼逢攝提格；

〔註33〕兩「玄」，原均作「元」。

先有子丑，後有夜半雞鳴。不得因別名而廢本名也。《日知錄》謂「古人不以甲子紀年，無一日分為十二時之說。《素問》中有言歲甲子者，有言寅時者，皆後人偽撰入之」，未免太泥。況十二時原有高下之分，則言命者安得不據此以推貴賤耶？其證四也。

《舊唐書‧呂才傳》載其敘祿命之詞，云：「又《漢武故事》，武帝以乙酉之歲七月七日平旦時生。」案：所謂平旦者，即是寅時。呂才係唐初之人，在李虛中之前，而其論命亦於歲月日之外更及於時。其上下文述魯莊公、秦始皇、魏孝文帝、宋高祖之祿命，不言時者，以史傳無考故也。《日知錄》謂呂才《祿命書》亦止言年月日不及時，未免欠審。安得謂唐人推算不用時乎？其證五也。

晉何禎《元壽賜名序》云：《御覽》三百六十二引此文，不言何時人。孫氏星衍《續古文苑》採之，附案語於後，云：「《隋書‧經籍志》：晉金紫光祿大夫何禎集一卷。」《北堂書鈔》五十九引虞預《晉書‧何禎傳》云：「禎字元幹。」然則「禎」當作「楨」也。「新婦荀氏所生女，以歲在丁丑四月五日日始出時生，此月斗建巳，其時加卯，中巳卯皆東南令月吉日善時也。又於《易》卦震位在卯，巽位在巳，而此女孫正用茲日期時始瞻日月。」案：何氏乃魏末晉初之人，此序作於魏世。晉代有兩丁丑，一在元帝建武元年，一在孝武帝太元二年。今考《隋書‧經籍志》，虞預之《晉書》訖於明帝。若禎於孝武帝時仍在，則預焉得為之傳？則丁丑非太元二年矣。禎之集列於山濤、羊祜、杜預、王濬等集之前，若禎於元帝時仍在，何得與開國諸臣並列？則丁丑亦非建武元年矣。惟魏高貴鄉公甘露二年亦係丁丑，距晉武帝之受禪不過八年，於時代較合。禎之曾否仕魏，雖未可知，而此敘之作則魏時，非晉時也。一篇之中，時字四見，則魏晉以前推命之舊法本皆用時，有明徵矣。李虛中之生後於何氏數百年，豈有反不用時之理哉？其證六也。

有此六證，則昌黎之《墓誌》其為脫略無疑。況乎選擇家之用時，《吳越春秋》卷三云：「今日壬午，時加南方。」卷四云：「今年三月甲戌，時加雞鳴」；又云：「今三月甲辰，時加日昳。」卷五云：「今日丙午日也，丙陽將也，是日吉矣，又因良時。」錢氏大昕《養新錄》云：「選擇家以子初為壬時，丑初為癸時，寅初為艮時，卯初為甲時，辰初為乙時，巳初為巽時，午初為丙時，未初為丁時，申初為坤時，酉初為庚時，戌初為辛時，亥初為乾時。後讀《舊唐書‧呂才傳》，言『依《葬書》，多用乾、艮二時』，則隋以前已有此稱。」〔註34〕卜筮家之用時，《吳越春秋》卷三云：「今年七月辛亥平旦，大吉為白虎而臨辛，功曹為太常所臨亥。」卷四云：「今年十二月戊寅之日，加卯而賊戊，功曹為螣蛇而臨戊。」《養新錄》云：「六壬之占，載於正史者，《晉書‧戴洋傳》：『十月丁亥夜半得賊問，功曹為賊神，加子時。』案：六壬式以月將加所得時，視干支所加神，以決休咎。十月月將在寅，寅為功曹。

〔註34〕見《十駕齋養新錄》卷十七《二十四時》。

夜半爲子時，以寅加子，故以寅子決賊之衆寡。」〔註 35〕皆古人成法。則推命家之用時，獨可謂非古法乎？至於今所傳李虛中《命書》，其言官名多雜以宋制，論者指爲依託，是固然也〔註 36〕。若因此而謂虛中原書用六字而不用八字，則又矯枉之過矣。

何楨《元〔註37〕壽賜名敘》考證

自來文集說部內，涉及星命者，於古人始生年月日時，多有稱述，而女子之八字則紀載甚希。其流傳最古信而有徵者，莫若何氏元壽，詳見其祖楨所作之《賜名敘》。今就《敘》中所言者核之，其年爲丁丑，《敘》云：「以歲在丁丑。」案《晉書・何充傳》云：「魏光祿大夫楨之曾孫也。」今考魏代惟一丁丑，係高貴鄉公甘露二年。《藝文類聚》五十六、《御覽》五百八十七並引《文士傳》，曰：「何楨，字元幹。青龍元年，天子特詔曰揚州別駕。何楨有文章才識。」夫青龍係魏明帝年號，元年歲在癸丑，在甘露丁丑之前二十四年。又考《晉書・文帝紀》云：「甘露二年秋七月，奉天子及皇太后東征，

〔註 35〕 見《十駕齋養新錄》卷十七《六壬》。
〔註 36〕 《四庫全書總目》卷一百〇九「子部十九・術數類二」著錄《李虛中命書》三卷，稱：
舊本題鬼谷子撰，唐李虛中注。虛中字常容，魏侍中李沖八世孫。進士及第。元和中官至殿中侍御史。韓愈爲作墓誌銘，見於《昌黎文集》。後世傳星命之學者，皆以虛中爲祖。愈《墓誌》中所云「最深五行書，以人之始生年月日所值日辰支干，相生勝衰死王相斟酌，推人壽夭貴賤利不利，輒先處其年時，百不失一二者」是也。然愈但極稱「其說之汪洋奧美，萬端千緒」，而不言有所著書。《唐書・藝文志》亦無是書之名，至《宋志》始有李虛中《命書格局》二卷。鄭樵《藝文略》則作李虛中《命術》一卷、《命書補遺》一卷。晁公武《讀書志》又作《李虛中命書》三卷。焦氏《經籍志》又於《命書》三卷外別出《命書補遺》一卷。名目卷數，皆參錯不合。世間傳本久絕，無以考正其異同。惟《永樂大典》所收，其文尚多完具，卷帙前後亦頗有次第。並載有虛中自序一篇，稱司馬季主於壺山之陽遇鬼谷子，出《逸文》九篇，論幽微之理。虛中爲掇拾諸家，注釋成集云云。詳勘書中義例，首論六十甲子，不及生人時刻干支，其法頗與韓愈墓誌所言始生年月日者相合。而後半乃多稱四柱，其說實起於宋時，與前文殊相謬戾。且其他職官稱謂，多涉宋代之事，其不盡出虛中手，尤爲明甚。中間文筆有古奧難解者，似屬唐人所爲。又有鄙淺可嗤者，似出後來附益。眞僞雜出，莫可究詰。疑唐代本有此書，宋時談星學者以己說闌入其間，託名於虛中之注《鬼谷》，以自神其術耳。今以其議論精切近理，多得星命正旨，與後來之窈渺恍惚者不同，故依晁氏原目，釐爲三卷，著之於錄，以存其法。而於其依託之顯然者，則各加案語，隨文糾正，俾讀者毋爲所惑焉。
〔註 37〕 玄，原作「元」。何楨《元壽賜名敘》載《太平御覽》卷三百六十二，據改。

假廷尉何楨節使淮南宣慰將士。」據此則元壽初生之歲，正楨官廷尉之時矣。其月爲乙巳，《敘》云：「此月斗建巳。」案：年上起月之法，丁壬之年正月爲壬寅，故四月爲乙巳。其日亦爲乙巳，《敘》云：「四月五日，其日又巳。」案：《三國魏志‧高貴鄉公紀》甘露二年載夏四月癸卯之詔，其下文云：「甲子，以征東大將軍諸葛誕爲司空。五月辛未，帝幸辟雍會。」夫五日爲巳日，則十七、二十九日皆係巳日可知。甲子在四月，辛未在五月，則四月二十九日爲己巳無疑。以是推之，二十四日爲甲子，十七日爲丁巳，初三日爲癸卯，於干支次序正合。而初五日之爲乙巳，固顯然有至確之證矣。其時爲己卯。《敘》云：「日始出時生，其時加卯中。」案：日上起時之法，乙庚之日子時爲丙子，故卯時爲己卯。自世俗推命者觀之，必指其傷官見官，月支日支兩巳字，下皆有庚金，官星。丙火傷官。梟神奪食，歲干丁火係食神，歲支丑下有癸水，梟神。以爲五行不利。而楨之作《敘》，顧盛言其吉者，《敘》云：「新婦荀氏所生女，令月吉日善時也。豈依先祖之靈實臨祐之？」誠以推命之理，必綜論其全體，而不泥乎一端。然後能觀其會通，而神明於法。《潛研堂集‧星命說》引朱石君先生之言，曰：「八字當論大局，刑沖未足爲病。」是故有旺財以生官，則官星得氣。雖無正印以伏傷官，而傷官不爲害矣。乙命以壬水爲正印，此命明暗，皆無壬字。月支、日支兩巳字，下皆有戊土，正財。時干己土係偏財。歲支丑下亦有己土，偏財。合偏正財計之，共有四重。得比肩以助食，則食神有權。加以偏財制梟神，而梟神無可虞矣。月干乙木係比肩。時支卯下亦有乙木，比肩。況乎官星既得氣，則劫財無慮萌芽。乙命以甲木爲劫財，此命明暗，皆無甲字。食神既有權，則七殺不能混雜。歲支丑下有辛金，七殺。其爲清貴合格，昭然可知，並不待參其運於四時，《敘》云：「己卯皆東南春夏、天地動發、萬物滋生。」定其方於八卦，《敘》云：「又於《易》卦，震位在卯，巽位在巳，震爲長男，巽爲長女。而此女孫正用茲日斯時，始瞻日月。」乃識爲祥淑之命也。雖元壽事蹟未見於它書，賜名之吉徵，《敘》云：「玄〔註38〕髮素顏，婦人之上姿也。壽考無疆，生民之至願也。故賜名曰玄〔註39〕壽焉。」無以考其驗否。然楨本淳篤之士，《御覽》三百八十五引《何楨別傳》曰：「楨，廬江潛人。十餘歲，耽志博覽，研精群籍。」又七百二引《晉書》曰：「何楨，字元幹，常以縛筆織扇爲業，以供奉養。」《北堂書鈔》五十七引虞預《晉書》曰：「何楨，字元幹，爲尚書郎。少而好學，特詔參秘書。」何氏亦昌大之門，《晉書‧何充傳》云：「充弟準，見《外戚傳》。」《何準傳》云：「字幼道，穆章皇后父也。」《后妃傳》云：「穆章何皇后，諱法倪。父準，見《外戚傳》，以名家膺選。」《魏志‧胡昭傳》：「弘農太守何楨等。」《注》引《文士傳》曰：「楨子龕，後將軍；勗，車騎將軍；

〔註38〕 玄，原作「元」。
〔註39〕 玄，原作「元」。

悝，豫州刺史。其餘多至大官。自後累世昌阜，貴達至今。」蓋必有徵於前代，始著爲文；又必有驗於異時，始編入集。則玄〔註40〕壽之克符《敍》語，諒亦事理所宜然者已。此《敍》所言之丁丑，在魏爲甘露二年，在蜀漢爲延熙二十年。後主年號。其時去東漢未遠，即術數之學亦具有淵源，士大夫挈究其理者，說多可據。故三命之用時，既因此《敍》以識爲古法；說詳《推算八字考》。而五行之有要，復由此《敍》以得其大綱。市肆間之言術數者，未足以語於此也。爰錄其全文於左方，並以玄〔註41〕壽之八字附列於後，質諸好考古而喜推命者焉〔註42〕。

何楨《玄〔註43〕壽賜名敍》，曰：

新婦荀氏所生女，以歲在丁丑四月五日日始出時生，此月斗建巳，其日又巳，其時加卯，中巳卯皆東南春夏、天地動發、萬物滋生，令月吉日善時也。又於《易》卦，震位在卯，巽位在巳，震爲長男，巽爲長女，而此女孫正用茲日斯時，始瞻日月，豈依先祖之靈實臨祐之？玄〔註44〕髮素顏，婦人之上姿也。壽考無疆，生民之至願也。故賜名曰玄〔註45〕壽焉。《御覽》三百六十二引，孫氏星衍《續古文苑》亦載此文。

蜀漢延熙二十年魏甘露二年四月初五日卯時

食丁丑己財 辛殺 癸梟

比乙巳丙傷 戊財 庚官

乙巳丙傷 戊財 庚官

財己卯乙比

〔註40〕 玄，原作「元」。

〔註41〕 玄，原作「元」。

〔註42〕 吳汝綸《日記卷第五・考證》（吳汝綸《吳汝綸全集》第四冊，黃山書社 2002 年版，第 302 頁）載：

晉何禎《元壽賜名序》云：「新婦荀氏所生女，以歲在丁丑四月五日日始出時生，此月斗建巳，其日又巳，其時加卯，中巳卯皆東南春夏、天地動發、萬物滋生、令月吉日善時也。又於《易》卦震位在卯，巽位在巳，震爲長男，巽爲長女，而此女孫正用茲日期時始瞻日月，豈依先祖之靈實臨祐之？元髮素顏，婦人之上姿也。壽考無疆，生民之至願也。故賜名元壽焉。」劉伯山曰：「何氏乃魏末晉初之人，此序作於魏世。」按：魏甘露二年四月初五日卯時，蜀延熙廿年也。

——丁卯十二月庚辰朔

〔註43〕 玄，原作「元」。

〔註44〕 玄，原作「元」。

〔註45〕 玄，原作「元」。

蘇文忠公八字考

　　蘇文忠公生於宋仁宗景祐三年十二月十九日卯時，歲在丙子，月建辛丑。論者皆無異詞。惟日元之干支，諸家記載不同，故時干亦因之而異。施氏《年譜》以爲「壬戌日，癸卯時」，王氏《年譜》以爲「癸亥日，乙卯時」，馮氏應榴云：「先生《送沈逵赴廣南詩》中，施《注》云：『東坡以景祐三年歲在丙子十二月辛丑十九日壬戌癸卯時生』」，則其所定《年譜》必首載之，而今亡矣。翁方綱云：「一本作乙卯時」，當即指王宗稷所編《年譜》也。今考壬戌日則當爲癸卯時，癸亥日則當爲乙卯時。考《宋史》及李燾《續通鑑長編》，是年十二月不書朔。《長編》書「九月丙子朔」、「十月乙巳朔」、「十一月乙亥朔」，是九月小盡，十月大盡也。以此推之，若十二月朔承小盡則甲辰朔，承再大盡則乙巳朔。十九日之一爲壬戌，一爲癸亥，因是而岐。王宗稷、施德初同南宋時，必各有所據，而今則無考。馮氏《合注》據王氏論子平之語，以癸亥乙卯爲是。王氏《年譜》云：「議者以先生十二月爲辛丑，十九日爲癸亥日。丙子癸亥，水向東流，故才汗漫而澄清。子卯相刑，晚年多難。」馮氏應榴云：「惟以日者祿命之書揣之，似癸亥乙卯與先生生平相合。」又據錢氏大昕引《遼史朔考》，以壬戌癸卯爲非。馮氏應榴云：「又考宋仁宗景祐三年，即遼興宗重熙五年，據錢大昕云『《遼史朔考》，重熙五年，十二月朔』，宋乙巳，則十九日生，當是癸亥日乙卯時，非壬戌癸卯也。」今按：《朔考》固有明徵，子平亦可旁證。蓋壬戌日癸卯時，則三刑交重，歲支子字，時支卯字，子卯相刑。月支丑字，日支戌字，丑戌相刑，七殺無制。日支戌下有戊，上七殺。壬命以甲木爲食神，有食神，則七殺有制。此命明暗，皆無甲字。劫財層疊。時干癸水係劫財，歲支子下、月支丑下，亦皆有癸水劫財。合局過多，歲干丙字，月干辛字，丙與辛合。歲支子字，月支丑字，子與丑合。日支戌字，時支卯字，卯與戌合。日干壬字，日支戌字，下有丁字，壬與丁合。有官而見傷，月支丑下有己土，官星。時支卯下有乙木，傷官，有印而受制。月干辛金係正印，月支丑下、日支戌下皆有辛金正印。歲干丙火係偏財，口支戌下有丁火正財。丙丁兩火用事，則辛金受制。非清貴之格也。癸亥日，乙卯時，則食神司權，時干乙木係食神，時支卯下亦有乙木食神。梟印用事，月干辛金係梟印，月支丑下亦有辛金梟印。正財得地，歲干丙火係正財。且也，有傷官以生財，日支亥下有甲木傷官。有七殺以助梟，月支丑下有己土，七殺。有比劫以佐食，歲支子下、月支丑下皆有癸水，比肩。日支亥下有壬水，劫財。乃純粹之品也。然則日爲癸亥，而非壬戌，時爲乙卯而非癸卯，可無疑矣。公身宮在箕，命在磨蠍，《志林》云：「退之以磨蠍爲身宮，而僕以磨蠍爲命宮。」詩集《贈虔州術士謝晉臣》云；「生時宿直斗牛箕。」王《注》云：「子仁曰：『先生蓋自謂生時與退之相似，蓋命宮在斗門，而身宮亦在焉。』」李《注》云：「韓退之詩。」樊《注》：「蘇內翰云：『吾生

平遭口語無數，蓋生時與退之相似，吾命宮在斗牛間，而身宮亦在箕。』」早年即負宰相之望，而終身未登執政之班。

　　宋時宰執生辰，皆有恩賜，《十駕齋養新錄》云：「《宋史‧禮志》：『大中祥符五年十一月，以宰相王旦生日，詔賜羊三十口、酒五十壺、米麵各二十斛，令諸司供帳，京府具衙前樂，許宴其親友。俄又賜樞密使副參知政事羊三十口、酒三十壺、米麵各二十斛。』」當紹聖、元符之際，宰執膺寵利者莫若章惇。方其初生，其父俞云：「此兒五行甚佳，將大吾門。」見《揮麈餘錄》卷一。自世俗論之，必謂惇之八字較勝於坡公矣。然坡公之心，固不願以彼易此。觀於元符元年《以黃子木拄杖爲子由生日之壽》，其詩云：「靈壽扶孔光，菊潭飲伯始。雖云閒草木，豈樂蒙此恥。」即以孔光、胡廣比惇。紹聖四年，《和陶己酉歲九月九日》詩云：「悵望南陽野，古潭霏慶宵。伯始眞糞土，平生夏畦勞。飲此亦何益，內熱中自焦。」《自序》云：「胡廣飲菊潭而壽，然《李固傳‧贊》云：『其視胡廣、趙戒，猶糞土也。』」此亦以胡廣、趙戒比惇也。是時坡公安置海南，而浩然剛大之氣未嘗少挫。視惇之邀榮於一餉者，不啻草芥之輕。未幾，而天道好還，惇竟遠竄。迨公論積久而大定，惇之子孫不得列位於朝，其後裔皆羞稱爲遠祖，又誰復祀其生朝？而坡公則不特褒贈帝師，賞延於世，抑且人傳元祐之學，家有眉山之書，尸祝其生朝者，歷八百餘年而益盛。此以知善算八字者，欲驗命理之深微，當以智愚賢不肖爲先，貧富貴賤爲後。至於推測壽之修短，則當論名之崇卑。楊椒山所謂「人知壽於目前者爲壽，而不知壽於身後者斯壽之永」，《徐少湖壽序》。移此以論坡公之壽，庶幾其得之矣。鄭康成所謂「木神則仁，金神則義，火神則禮，水神則信，土神則知」，《禮記‧中庸》「天命之謂性」注。持此以論坡公之八字，庶幾其近之矣。昔坡公作《韓文公廟碑》，云：「匹夫而爲百世師，一言而爲天下法，是皆有參天地之化，關盛衰之運。故在天爲星辰，在地爲河嶽，幽則爲鬼神，而明則復爲人」。識者謂此碑之所以稱頌昌黎者，即無異於坡公之自道。然則坡公之值箕星、遇磨蠍，仿佛於昌黎者，正其身命之所以吉歟！爰就子平之法，疏其八字於左，以俟精於言命者剖析其理焉。

　　宋景祐三年十二月十九日卯時

　　財丙子癸比

　　梟辛丑己殺　辛梟　癸比

　　癸亥壬劫　甲傷

　　食乙卯乙食

書法苑珠林後〔註46〕

右《法苑珠林》一百卷，唐高宗時釋道世所作。其人本習儒業，垂暮乃逃於禪。卷一百《傳記篇·述意部》云：「吾少習周孔之文典，晚慕黃老之玄〔註47〕言。俱是未越苦河，猶淪火宅。可久可大，其惟佛教也歟！遂乃希前代之清塵，仰群英之遠跡，歸斯正道，拔自沉泥。」據其自述之詞，晚年始慕黃老，而歸心佛教仍在其後，則爲末年無疑。故撰輯此書，頗明體例。凡紀佛家事實，均標所出之書，或言依經，或言依論，如卷一《劫量篇·疫病部》云「依《智度論》」，又云「《佛說劫中世界經》」之類。或言依律，如卷十《千佛篇·出家佛髮部》云「又《四分律》」之類。莫不條舉件繫，以示有徵。其詳略異同，並附列於其間，藉備參考。如卷一《劫量篇·疫病部》，注云「諸經論列，名前後不同」之類。而語意未顯者，復設爲問答以申其指歸。如卷二三《界諸天篇·辨位部》問曰云云，答曰云云之類。在彼教之中，亦可謂能務實而不蹈虛矣。且陳隋以上之舊籍，唐初存者較多，各卷部末篇終，廣爲援引，由今核之，其無傳書者可以爲搜討之用，卷四《日月篇·地動部》引《河圖》、《禮統》、《帝王世紀》、《帝系譜》、《春秋感精》、《符說題辭》、李巡《爾雅注》、《洛書》、《甄曜度》、徐整《長曆》、《地說書》、桓譚《新論》、《詩推度災》、《春秋演孔圖》、《元命包》、《河圖始開圖》、《括地象》、《帝通記》、《師曠占》等書，幾二十種。他卷類此者不可枚舉。其無足本者可以爲校補之資。卷三十六《華香篇·引證部》引《搜神記》、《續搜神記》、《述異記》、《博物志》、《傅子》、《漢武故事》等書，將及十則。他卷亦多仿此。於藝苑學林自有裨益，不得因異端當斥而遂不節取之也。若夫每類之前率冠以序文，名爲述意；每類之後多括以韻語，名爲頌詞，亦措語清新，屬詞典雅，猶近於文人學士之風。視庸俗緇流以鄙言爲偈贊者，相去豈可以道里計耶？況其時釋家最著者，北宗有神秀，南宗有慧能，爭以提唱宗風，傾動天下，而書中絕無一字稱之。即其紀載前代諸僧，所推重者亦以數百計，而獨於達磨一派未嘗偶及其名。蓋道世乃西明寺僧，李儼《序》云：「屬有西明大德道世法師與道宣同寺，受其律學。」卷十《千佛篇·納妃灌頂部》云：「長安西明寺道宣律師者」云云。他卷言及道宣者皆稱爲律師，則其淵源可知矣。恒以戒品爲先，經藏爲本。李儼《序》稱其「戒品圓明，律義精曉，愛慕大乘，三藏遍覽」。與宗門之不立文字，率意自行者途徑迥殊。其不相和協者，雖未免於門戶之私，然而守律義之謹嚴、救空談之放恣，此固善於彼矣。要之，唐代僧徒能讀儒書者，元應而外，實惟道世。二人原屬同時，而元應年輩稍後。卷一百《傳

〔註46〕按：周叔迦、蘇晉仁校注《法苑珠林校注》未收錄此篇。
〔註47〕玄，原作「元」，據《法苑珠林》改。

記篇・雜集部》，道世之書列於前，元應之書列於後，是其明證。所纂集者，均有可觀。綜而論之，元應之《眾經音義條例》，與《經典釋文》相符，小學之餘裔也；道世之此書，體裁與《冊府元龜》相似，如總目子目之分，總序散序之別，相仿者頗多。史學之支流也。是故《眾經音義》以訓詁爲主，而事實略見於注中；此書以事實爲主，而訓詁僅具於篇末。誠以著述之道，各有所宜。此書錄《眾經音義》之名，蓋道世與元應志意本相合耳。昔者劉勰未出家而成《雕龍》，許淹既還俗而解《文選》。至於道世則佃修佛典，未注儒書，此有識者所深惜也。然其在釋藏之內，已爲出類拔萃之編，正不必責備而求全矣。

太上感應篇許注序　代阮文達公作

　　勸善之書流傳最古者，莫若《太上感應篇》，自《宋史・藝文志》即已著錄。箋釋之詳贍者，在前明則有許氏之注〔註48〕，在國朝則有惠氏之注。惠注古雅博奧，宜於啓迪高明。許注曉暢疏通，宜於警覺庸俗。體裁雖異，而勸善之意則同。顧惠法刊布最廣，自原板以外，嘉定所刻者，錢辛楣先生序之；大興所刻者，朱文正師序之。固已風行宇內，士大夫家有其書矣。至許注則原板久亡，康熙間關中梁氏重刻之本，嘉慶間歙縣江氏曾爲修補其板，而今亦無存〔註49〕。

〔註48〕（清）黃正元注、毛金蘭增補《太上感應篇圖說・凡例》（清光緒刻本）稱：
　　《太上感應篇圖說》始於雲間許鶴沙先生，借印者則有梁公化鳳，繼刊者則有朱公作鼎、王公繼文、郝公玉麟，流傳海內，令天下智愚賢不肖咸知福善禍淫不爽毫髮，莫不惕然自省，洵濟世之寶筏也。但人心厭故喜新，或因素見不鮮，多有塵積案頭、久不寓目者。是編句必有注，注必有傳，復繪圖以肖其狀，仍師鶴沙先生故步，而所引事實多採新聞，無非欲動閱者之目，興起其從善去惡之心。質之鶴沙先生，諒亦不以爲戾也。
　　金桂馨《逍遙山萬壽宮志》卷二十二（清光緒四年江右鐵柱宮刻本）載：
　　許纘曾，號鶴沙，江南上海人。順治己丑進士，授翰林院，擢春坊諭德，陞江西按察使司副使。廉明寬恕，尤嚴懲奸豪，訟息民和，境內肅清。順治己亥清復玉隆山林基址，用儆習頑，至今尸祝，配享眞公。
　　許纘曾輯《太上感應篇圖說》，文物出版社2015年印行，俟訪。
〔註49〕吳汝綸《日記卷第五・考證》（吳汝綸《吳汝綸全集》第四冊，黃山書社2002年版，第303頁）載：
　　《太上感應篇》自《宋史・藝文志》即巳著錄。注家在前明有許口，在國朝有惠棟。惠注錢辛楣朱文正皆有序；許注康熙間關中梁氏重刻之，嘉慶間歙縣江氏修補。
　　——丁卯十二月庚辰朔

　　同郡岑紹周提舉建功樂善嗜書，孜孜不倦，偶得江氏所印殘本，惜其闕略不完，欲購善本重刊，未果而遽歿。其子秋舲淦。及其從子仲陶錔。於坊肆，訪求足本，亟爲付梓，以成其未竟之志，而乞余爲作弁言。余按惠氏自序云：「《太上感應篇》即《抱朴子》所述漢世道戒，皆君子持己立身之學。證諸經傳，無不契合。」辛楣先生序〔註50〕云：「所言禍福，合於宣尼餘慶餘殃之旨。」文正師序〔註51〕云：「教弟子者，當與家訓、蒙求並授。」其發明《感應篇》之大旨已無餘蘊，又奚待余言。惟念惠注無圖，而許注有之。余家舊藏宋本《列女傳》，其上方繪像乃就顧虎頭所畫之圖摹爲縮本，而此圖款式與之相同，洵左圖右史之遺範也。《日知錄》云：「古人圖畫皆指事爲之，使觀者可法可戒」，此眞精於論畫之言。今檢許氏所繪諸圖，羅列掌故，淑慝區分，俾閱者一覽了然而觸目警心。雖顓蒙亦易生信從之念，其有資於法戒也大矣。余既重此書之有關勸懲深切著明，且嘉岑氏之好刻群書，世濟其美也。故樂得而序之。

楊羽士修族譜序　代

　　葛洪《抱朴子》引《玉鈐經》云：「欲求仙者，要當以忠孝和順仁信爲本。」〔註52〕吳筠《神仙可學論》引《眞誥》之說云：「伯夷、叔齊、曾參、孝己，如此之流，咸入仙格。」蓋道家之宗旨，雖主於玄〔註53〕妙沖虛，而其入德之門，初不外乎修明倫紀。是故唐之葉法善，世傳道術，當時學神仙者莫之能先。今觀其《乞歸鄉表》，有「獲拜先塋，聚族聯黨」之語，而《乞修祖塋表》、《乞贈父爵表》〔註54〕，亦皆至性至情流於楮墨。然則尊祖敬宗之誼，水源木本之思，道家與儒家亦曷嘗異哉！

　　天長楊寶池羽士以廉吏後人，去儒學道，爲文昌宮住持，建先祠於宮旁，爲大宗立後，而修其闔族之譜。薛孝廉序稱其「丕承先志」，楊廣文序謂「孝子慈孫未嘗不在神仙中」，均屬不易之論。今春屬方君文伯問序於余，因就道家之緒論而推闡其義以復焉。

〔註50〕錢大昕《重刊太上感應篇箋注序》，見《潛研堂文集》卷二十五。
〔註51〕朱珪序見伍崇曜輯《粤雅堂叢書》本《太上感應篇注》，《知足齋文集》未收。
〔註52〕見《抱朴子內篇》卷三《對俗》。
〔註53〕玄，原作「元」。
〔註54〕葉法善文載《全唐文》卷九百二十三。